入管解体新書

外国人収容所、その闇の奥

山村淳平

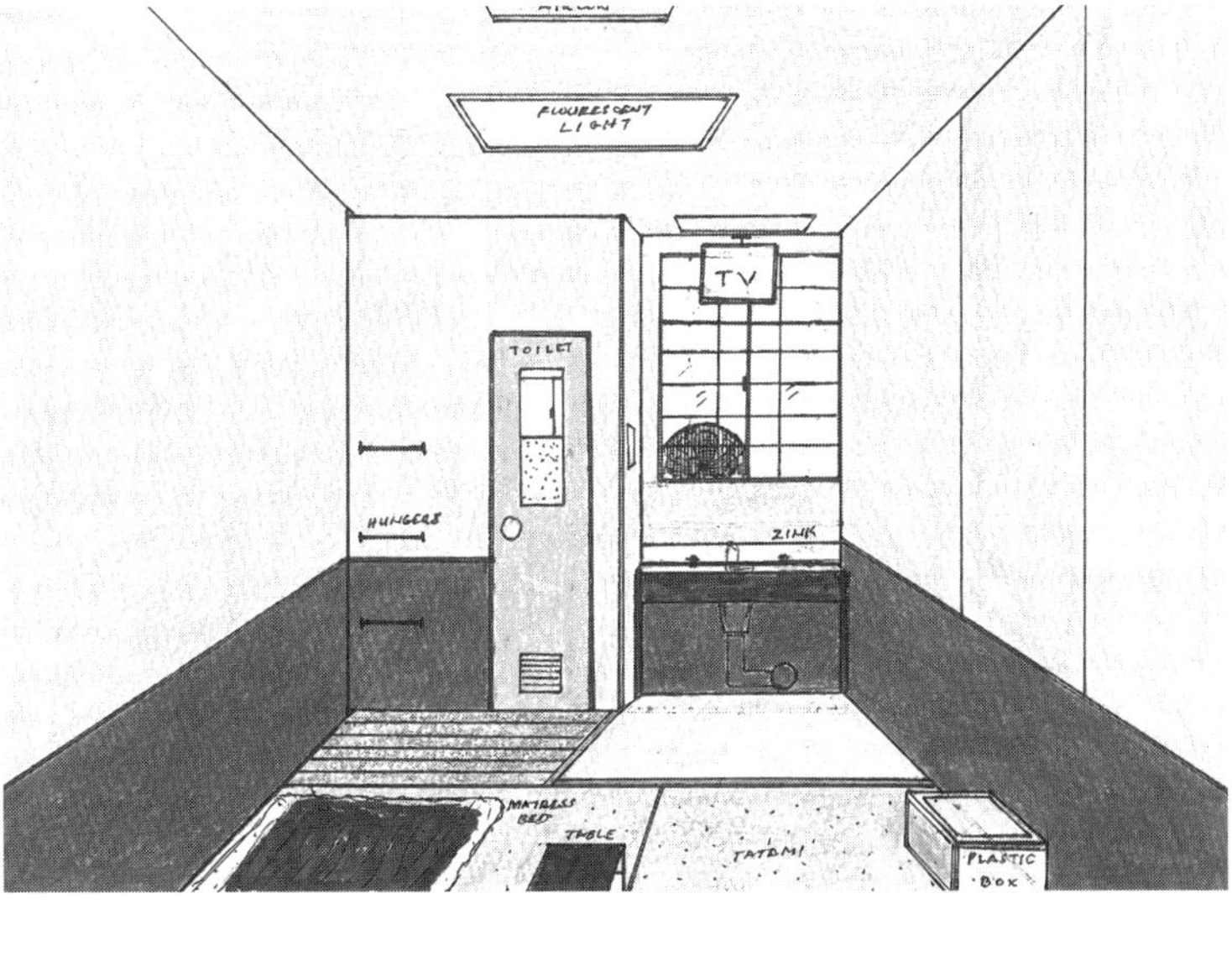

現代人文社

はじめに――入管をとおして、社会の病理をときあかす

わたしが出入国在留管理庁(入管)問題にかかわって20年以上たつ。ビルマ(ミャンマー)やパキスタンからの難民申請者たちが、わたしがつとめている診療所をおとずれたことからはじまった。彼らは入管が運用する収容施設(外国人収容所)にながいあいだ拘束され、こころとからだがむしばまれ、心的外傷後ストレス障害などの精神疾患をわずらっていた。

そのときはじめて移民・難民を収容する施設の存在をしり、そこに深刻な問題がひそんでいるとかんじた。そんなところに、アフガニスタン難民申請者6人が診療所にやってきた。収容は健康上不適切であるという主旨の意見書をかいてほしい、と担当弁護士から依頼されたので、精神科医と相談しながら、わたしは意見書をかいた。

しかし、アフガニスタン難民申請者は外国人収容所にいれられてしまった。収容所で、ひどいあつかいをうけるのではないだろうか。そんな懸念をいだき、彼らに面会するため、わたしは収容所にでむいた。

東京都北区十条にあった旧東京入管第二庁舎の門をくぐり、アフガニスタン難民申請者への面会を申請すると、機械的に対応する職員は無表情で、言葉もほとんどなく、「なにしにきたのだ」という態度があからさまであった。なんら説明もないまま、待合室で1時間以上またされたのち、ようやく面会がゆるされた。法務省の役人というのは、こんなにも横柄な態度をする人たちなのかしら、とおもったものである。どうやらわたしは、まねかれざる客のようだった。

さむい冬のさなかだったせいか、おとずれる人もすくなく、建物だけでなく、部屋や職員などすべての風景が、灰色でつめたい印象をうけた。こうして、わたしは外国人収容所の世界に一歩足をふみいれた。

２００２年１月のことである。

なぜ入管や外国人収容所にかかわるのか、おおくの人は疑問をもつかもしれない。

１９９０年代、わたしはアジアやアフリカで被災民や難民への支援活動にかかわっていた。そこでは栄養失調のこどもが、つぎからつぎへと、なくなってゆく。被災民や難民のキャンプ、そして都市のスラムは不衛生きわまりない。それでも人びとは、なんとしてでも生きのびようとしていた。その姿にわたしは圧倒された。日本ではけっしてえられない体験であり、わすれられない光景であった。そして、そのような状況を生じさせる根本原因や背景に、わたしはつよい関心をいだくようになった。

海外での経験をとおしてわかったのは、その社会構造である。一部の特権層によるおびただしい人びとへの支配、貧富の格差、多数民族による少数民族の抑圧によって社会がなりたっているということだった。

構造的な問題が背景にあり、社会的弱者、女性や子ども、少数派にしわよせがゆき、病気をひきおこしている。政治的に不平や不満があり、抗議活動をおこない、抵抗運動をくりひろげれば、軍隊や警察などの武力でおさえつけられる。社会の底辺に位置づけられる貧困層や少数民族は、とりわけ犠牲をしいられる。病気の原因というのは患者だけにもとめられるものではないということを、そのときはじめて実感した。

病気にたいして適切に対応するには、まず対象となる人間社会そのものをつかんだうえで、社会環境をよりよい方向へとみちびくことであろう。その人間社会を把握するには、社会の底辺に位置する人びと、あるいは社会の制度や枠からはみでた人たちをみることである。多数派をさぐっても、一面しかわからない。少数派の状況をさぐってこそ、社会の本質をより正確にとらえられるのである。

世界でおきている出来事にせっして、わたしは社会に目をひらかされた。この時点で、わたしは病気をなおすだけの医者ではなくなった。自身の身を多数派側におくことも、しなくなった。

2000年代には、横浜市の診療所に勤務することになり、並行して移民・難民コミュニティにも診療の手をひろげていった。すると、日本でもおなじ現象にであうことになった。社会環境が、移民・難民のこころとからだをむしばんでいたのである。

外国人収容所の訪問も、強制送還先国の現地調査も、移民・難民の医療相談も、わたしはいささかのためらいもなしにすすめられた。それは、90年代の被災民や難民のキャンプでの支援体験にもとづいている。どこであっても、少数派の現場に足をふみいれ、自身の足元をしっかりみきわめてゆくのである。

少数派というのは、自然災害や人為的災害などの社会異変がおきたとき、もっとも犠牲をこうむりやすい。しかし、歴史のなかで少数派の被害は、なかったかのようにほうむられてしまう。しかも、彼／彼女らは自身の声をつたえる手段をもっていない。そうならば、彼／彼女らの声を記録にのこすことが、なによりも大切ではないだろうか。少数派の声をつたえる過程で、その社会の状態を把握でき、ベールでおおわれたむこう側もみえてくる。

いまここで現在のことをのべたが、入管の過去をひもとけば、外国人排除は戦前から連綿とつづいている。いままでかたられることのなかった入管の実態をつかむことで、書物でしかしりえなかったべつの過去の出来事が、身近な現実としてよみがえってくる。すると、過去と現在がたちどころに一本の線でつながる。それがわかった瞬間、線のゆく先もみとおせる。それによって、日本社会の病巣にせまり、今後の治療と予防へと応用できるだろう。

目次

【本書をよりよく理解するための用語解説】

移民、難民、外国人

本書では、日本にながくくらす他国籍の人にたいして、おもに移民という表現をつかう。1997年の国連事務総長による報告書での移民の定義は「通常の居住地以外の国に移動し、すくなくとも12ヶ月間当該国に居住する人」である。

本国で迫害をうけ強制的に移動させられる難民は、移民とことなるかもしれない。ただ、難民もまた移動する民である。しかも、移動の理由が複合的にかさなりあい、現実的に両者の境界ははっきりしない。

外国人という表現は、かつてそれでよかったかもしれない。しかし、現代的かつ世界的な課題からすると、移民・難民におきかえた方がより適切であろう。かつての「在日外国人」である韓国籍・朝鮮籍の人びと(在日コリアン)もまた移民・難民であったし、その子孫でもある。在日コリアンの過去と現在は、現代のアジアからの移民・難民をうつしだしている。

なお、本書では文脈によって、移民・難民としたり、外国人としたりすることがある。

入管

法務省出入国在留管理庁の略語である。2019年から、入国管理局から格上げされた。

ほかの国において、移民・難民関連は内務省や国土安全保障省などの行政機関があつかっている。日本では、なぜか法務省が担当している。法務省には、ほかに刑事局、矯正局、外局の検察庁があり、そして刑務所や拘置所をかかえもつ。

ある弁護士が「入管は外国人専門の警察である」とのべた。外国人を取りしまり対象者あるいは犯罪予備軍として法務省がとらえているならば、その言葉には説得力がある。

在留資格

日本に滞在できる資格のことである。在留資格がなければ、日本ではたらくことも、すむこともできず、日本をはなれなければならない。この資格は、入管によってきめられる。

非正規移民

在留資格のない人は、入管用語で〝不法〟滞在者とよばれている。出入国管理及び難民認定法(入管難民法)に違反しているのだが、人としてのあやまちをおかしているわけではなく、在留資格のないまま滞在しているにすぎない。交通違反とおなじ行政処分の対象でしかない。〝不法〟という言葉によって、悪質なイメージを人びとにうえつける意図があるようだ。

いっぽう、オーバーステイあるいは非正規滞在者とも表現されてきた。短期滞在者から超過滞在者となったため、滞在者という言葉がつかわれてきたのだろう。しかし、現実的に

図　移民・難民の出入国

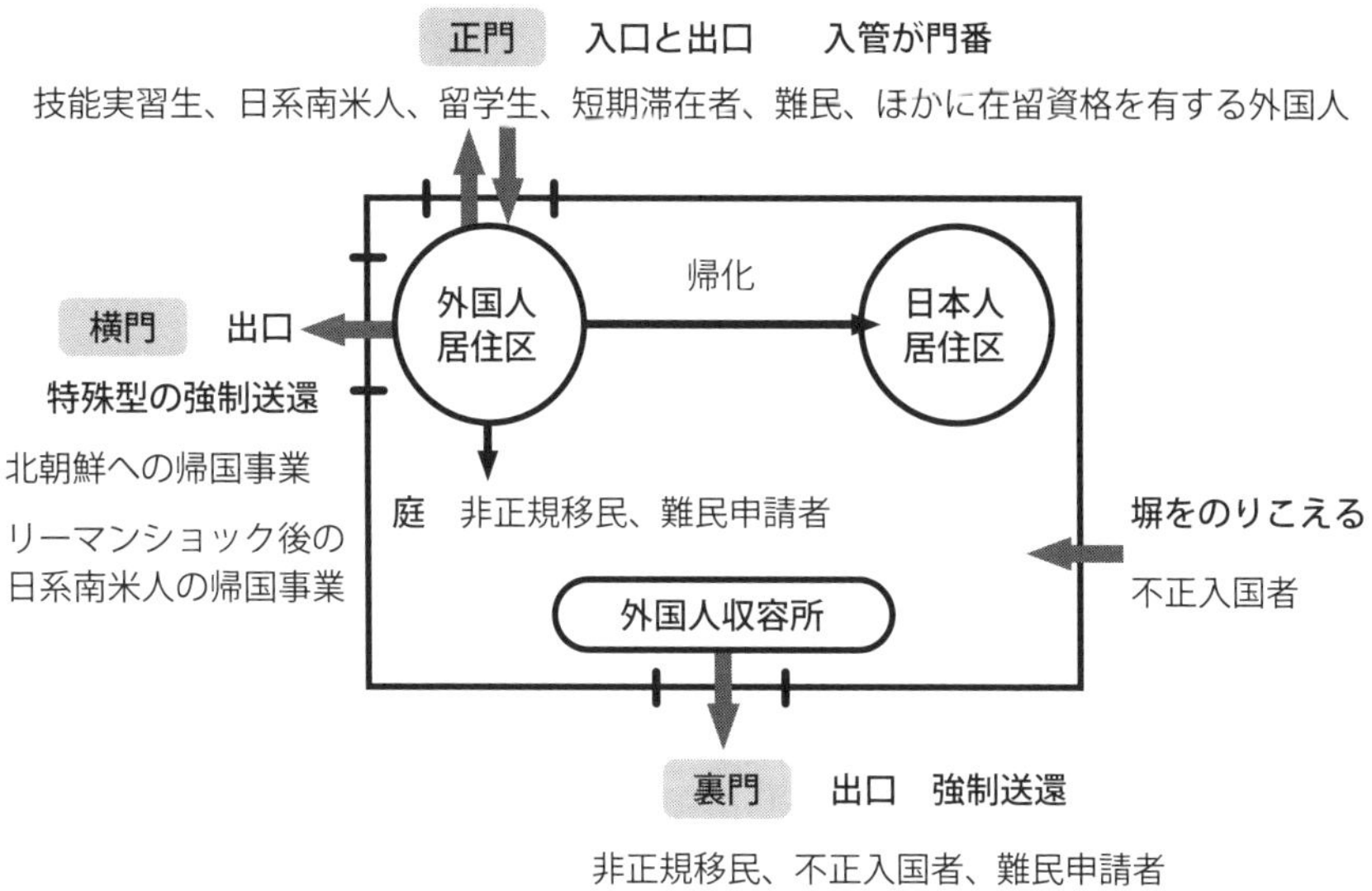

5年、10年とくらしながら、子どもをそだてている人びとである。たんに滞在しているのではなく、その地で隣人と良好な関係をきづいてきた生活者である。さきの移民の定義にてらしあわせれば、非正規移民という言葉がふさわしい。ちなみに英語ではundocumented migrantと表現されている。

難民申請者

入管難民法にもとづき、入管が難民認定制度を運用している。難民認定率は0％台なので、難民申請者は非正規移民とほぼ同義語となる。それでは、非正規移民や難民申請者は、いったいどのような人たちなのだろうか。うえの模式図で、わかりやすく説明しよう。

正規の在留資格をもった移民・難民は正門にはいったのち、外国人居住区でくらす。そこで入管によって厳重な管理をされ、一定期間すごす。3ヶ月の人もいれば、数十年から一生の人もいる。その期間がおわれば、正門からでてゆかなければならない。

在留資格がなくなってもすみたい人は、居住区をはなれ、非正規移民や難民申請者となり、入管管轄外の庭でくらす。塀をのりこえた人、すなわち不正入国者もまた庭でくらす。彼／彼女らは庭であそんでいるわけではなく、日本人のやりたがらない3Kの仕事につき、日本社会を底辺でささえている。

庭の人のうち、入管にみつかれば（取りしまり）、収容所につれてゆかれ（強制収容）、裏門からこっそりとおいだされる（強制送還）。収容所は、裏門の手前にあり、アンタッチャブルである。なにがおきているのか、だれにもわからない。

なお、強制送還の亜型として横門からおいだす方法がある。ひとつは、1959年から1984年にかけておこなわれた北朝鮮への帰国事業である。もうひとつは、2009年の経済不況時に実施された日系南米人の帰国である。当時、メディアをとおして〝人道支援〟とされたが、形をかえた非人道的な追放策であった。

外国人収容所

入管が運用する収容施設である。在留資格のない非正規移民や難民申請者を本国に送還するまでのあいだ、一時的に収容している。入管難民法に違反したすべての人、それが病人や妊婦そして子どもであっても収容している。無期限の長期収容・制圧暴行・病人放置など、おおくの問題が生じている。「交通違反とおなじ行政処分」にもかかわらず、刑務所かそれ以上の劣悪な収容環境に収容者はおかれる。

収容施設は全国に17ヶ所あり、入国者収容所および収容場といいあらわされている。ほかに東日本入国管理センター(茨城県牛久市)や大村入国管理センター(長崎県大村市)などの固有名称もある。それらを一括し、収容の実態をより正確にあらわす言葉として、本書では外国人収容所とする。

チョウバツ室と単独室

収容所には共同部屋のほかに、チョウバツ室と単独室がそなえられている。前者は、入管によれば保護室とされているが、じっさいには文字どおりチョウバツ(懲罰)する部屋となっている(48ページの写真を参照)。後者は、3畳ほどのひろさで、トイレと洗面つきの部屋である(51ページの絵を参照)。

収容者のあいだでは、保護室と単独室のどちらも、チョウバツ室とよばれている。収容者が懲罰というむつかしい単語をつかうはずもなく、入管職員が「チョウバツの部屋につれていく」とおどしているからである。これは、複数の収容者からきいた話である。

仮放免

外国人収容所から一時的に解放されることである。仮放免されたあと、1ヶ月か2ヶ月ごとに1回入管にでむき、仮放免延長手つづきをする。仮放免が不許可になれば、ふたたび収容される。仮放免中に、はたらくことは禁止されている。だが実際には、入管の就労禁止ルールよりも、「働かざるもの、食うべからず」の格言をまもっている人がほとんどである。

外国人登録証と在留カード

1947年、外国人登録令(のちに外国人登録法)がだされ、外国人は外国人登録証をもたなければならなかった。在日朝鮮人にたいする管理の一環として、外国人登録証は負の側面がつよかった。

だが、1990年代に非正規移民がおおくなってくると、彼/彼女らは自身を証明するものとして、外国人登録証明書をもつようになった。在留資格がなくても、地方自治体は外国人登録証明書を発行していたのである。それによって、自治体による行政サービスがうけられた。在留資格のない非正規移民や難民申請者であっても、母子健康手帳を手にいれることができ、場合によっては住民健診を無料でうけることもでき、検診や予防接種などの無料医療券ももらえた。そのかわり、地方税をはらわなければならなかった。

ところが、2012年から在留カード制度がはじまり、非正規移民や難民申請者は自身を証明するものがなくなり、行政サービスはうけられなくなってしまった。在留カードの発行元は入管である。入管は、厳格な入国審査・取りしまり・強制収容・強制送還をくりかえしながら、並行して非正規移民や難民申請者を日本に存在しない人にしてしまったのである。

ビルマ

1989年、正当性をもたない軍事政権が国民の同意をえずに、国名をとつぜんビルマ連邦から〝ミャンマー〟連邦に変更した。それ以降、民主化運動の先頭にたつ人びとは、抵抗の意をこめて、ビルマという国名を使用してきた。

2011年の選挙をへて民主政治へとすすみ、民主化運動の闘士たちのなかから、〝ミャンマー〟とよぶ人たちがあらわれてきた。だが、ビルマの現状はとても〝民主政治〟とはいいがたい。

〝民主政治〟の時期であっても、2017年のロヒンギャ迫害によって象徴されるように、ビルマ軍による少数民族地域への攻撃はかぞえきれない。きわめつけは、2021年2月1日におきた軍事クーデターである。ビルマと表現することで、〝ミャンマー〟がまだ軍事政権下にあることがつたえられる。

途上国、中進国、先進国

この呼び名は、進化論的かつ優劣をつける意味あいがつよく、しかも欧米中心の見方である。ほかに適切な言葉がみあたらないため、便宜上つかうことにする。

本書の図表には、筆者独自の調査によるものと入管統計をもとにしたもののふたつがある。いずれも筆者が作成し、表題や文脈からそれぞれを区別できるようにした。また、撮影者記入以外の写真は筆者が撮影しており、作者記入以外の絵は筆者がえがいた。

第1章

“外国人狩り”で追いつめられる人びと

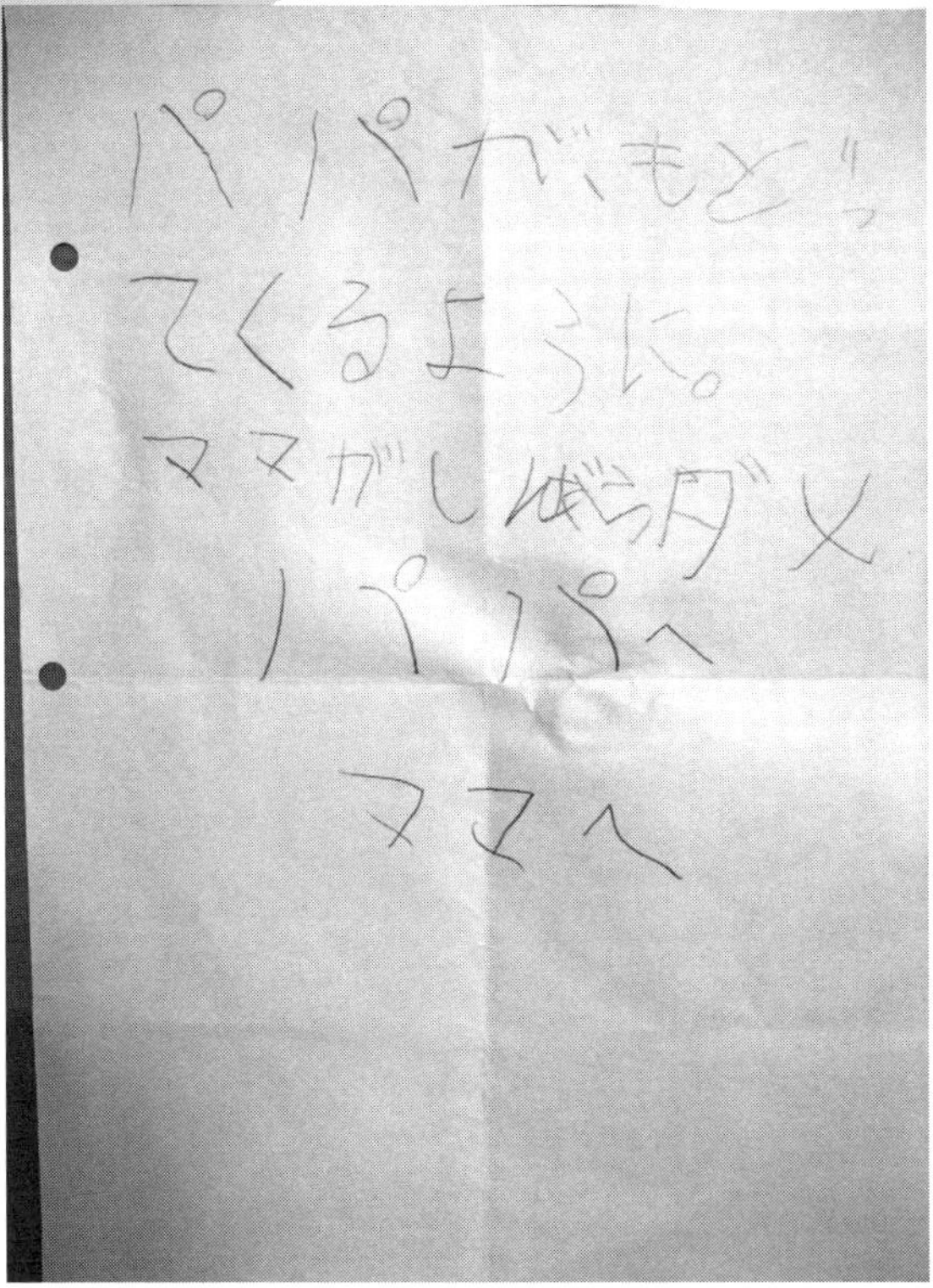

パパがもどってくるように。ママがしんだらダメ　パパへ　ママへ

収容されたビルマ難民申請者の父と心配する母にむけて、６歳の息子がかいたことば

【解説】

わたしがつとめている診療所（横浜市）は、1990年代から在留資格のない非正規移民や難民申請者をうけいれてきた。彼／彼女らはおもに神奈川県や東京都にくらしているのだが、ときに山梨県や栃木県などからも通院している。診療所では、各国の言語に対応し、互助会制度をもうけ、医療費負担をできるだけすくなくしているからである。また、みしらぬ土地で医療機関を受診すれば、入管へ通報するかもしれないと、彼／彼女らはおそれているからでもある。

そんなところに、2004年からきびしい取りしまりと強制収容がはじまった。〝テロ対策〟の名のもと、日本でそだった小学生の子どもをふくめ、非正規移民や難民申請者の家族全員を収容し、国外へ追放する〝不法〟滞在者半減5年計画である。法務省入管・東京都・警視庁の三者合同によって遂行された。

この取りしまりによって、彼／彼女らの日常生活はこれまで以上におびやかされた。はたらくこと、すむこと、教育をうけること、医療をうけることなど、さまざまな制限をしいられた。子どもでも、妊婦でも、病人さえも、かたっぱしからつかまえて収容する状況を「まるで外国人狩りのようだ」と表現した人がいた。非人間的なあつかいが、いま以上にまかりとおっていたのである。

そのころわたしはビルマ人コミュニティとふかくかかわり、支援団体をとおして、クルド人・イラン人・アフガニスタン人などの難民ともつながっていた。彼／彼女らや友人たちは、この〝外国人狩り〟によって収容を余儀なくされた。

〝不法〟滞在者半減5年計画がどのようにおこなわれているのか、移民・難民にどのような影響をおよぼしているのか、当時は全体像をつかめなかった。そこで、移民・難民の支援団体の協力をえて、わたしはおおくの移民・難民から聞きとりをおこなった。その報告が「なにかが、かわってきている」（『法学セミナー』第629号60〜63ページ　日本評論社　2007年）である。

それにしても、2004〜08年までの〝不法〟滞在者半減5年計画は、いったいなんだったのだろうか。なぜ、非人間的な政策がすすめられたのだろうか。あのような大規模で強圧的な政策は、さきにも、あとにもなかった。そこで、政策の「さき」と「あと」とを比較しつつ、あらためてその検証をこころみた。

2022年現在、〝外国人狩り〟のような取りしまりは、おこなわれていない。とはいっても、たんに形をかえているだけであって、長期にわたり収容し、仮放免条件をきびしくしながら、非正規移民や難民申請者をおいつめている状況にかわりない。非情な出来事は、今後もくりかえされるだろう。

あるビルマ人一家のかたり

2007年に東京都内にくらすビルマ人夫妻をたずね、2年前(2005年)にふりかかった災難についてかたっていただいた。非正規移民(のちに難民申請)としてくらしていたのだが、とつぜん入管職員と警官が家におしよせ、夫はつかまえられ、収容されてしまったのである。夫妻には、強制収容以外に、ビルマからのがれたこと、日本で子どもがうまれてからのことなどもかたってもらった。

ビルマからのがれて──妻ミヤ

わたしは国立ヤンゴン大学で植物学をおしえていました。専門書をつくったこともあります。1987年から軍事政権に反対し、人権侵害や国民への不正な支配に抗議するビラを大学やヤンゴン市内でくばっていました。すると上司から「反政府活動を二度とやらないように」と注意をうけました。大学にスパイがいて、いつも監視されていたのです。

1988年9月、軍による市民への虐殺事件がおきました。それに抗議していた大学の同僚たちはやめさせられたり、強制的に地方に転勤させられたりしました。わたしは納得がいかなかったので、自分で大学をやめました。

ビルマにいてはあぶなかったので、さきに来日した夫のあとをおって、1989年に日本にきました。わたしたちが日本をえらんだのは、平和で安全で民主的な国で、人権をまもってくれるアジアでただひとつの国だ、とおもったからです。それに、日本で仕事をしながら、もっと勉強したかったからです。

わたしたち夫婦はビザがきれてしまったのですが、そのままオーバーステイのままずごしていました。レストランの皿洗い・ウェイター・ビル掃除などで体力をつかったため、わたしは体調をくずし、仕事をやめました。

わたしたちはオーバーステイなので、健康保険にはいれません。だから、病気のときは治療費をたくさんはらわなければなりませんでした。2005年にわたしは卵巣の手術をうけたのですが、50万円もの医療費がかかってしまいました。いまは、それをすこしずつかえしています。

子どもがうまれて——妻ミヤ

1998年にアウンがうまれたとき、彼の体重はすくなかったので、丈夫なからだではありませんでした。風邪をひきやすく、アレルギーや喘息がいまもあります。健康保険がないため、医療費がたかく、生活がたいへんくるしいです。

アウン（Aung）は、ビルマ語でVictoryという意味です。わたし達はビルマ人であることにほこりをもっているので、ビルマ名にしました。アウンはカタカナの名前をいやがっているようですけど……。

アウンがうまれたとき、病院で同室だった日本人母親としたしくなり、いまも手紙のやりとりをしています。近所の人たちからもアウンに「おはよう」とあいさつしてくれ、担任の先生やPTAの母親も「しらないことがあれば、いつでもおしえますよ」と親切にしてくれます。友達も家にくるし、いっしょに公園でよくあそびます。

2005年、夫はオーバーステイでつかまり、入管に収容されました。それまで難民申請のことはしらず、友人のアドバイスで難民申請をしました。

夫の収容中、子どもと二人で生活しなければならず、たいへんでしたが、近所や仕事先の日本人がたすけてくれました。でも、いつビルマにもどされるかもわからず、不安でした。

外国人収容所では——夫ミョー

収容中に子どもや妻にもあえず、連絡をとることもできませんでした。妻や子どもは生活をどうやってすごしているのか、なにもわかりませんでした。友人が面会にきて、妻や子どものことをはなしてくれますが、面会時間は10分たらずで、くわしくはわかりません。妻に電話するにも、順番まちで30分以上またなければなりませんでした。

ここでわたしがたおれたら、家族はいったいどうなるのか、とても心配でした。食べ物がのどをとおらず、水といっしょにおしながしながら、むりにたべました。バナナは一本90円もして、収容中はできるだけお金を節約しました。

収容2ヶ月後に仮放免されました。わたしたちは難民申請をしましたが、「お金をかせぐために、日本にきている」と入管職員はうたがって、難民としてみとめてくれません。

突然収容され、連絡できないまま仕事をやすんだため、まえの職場にはもどれなくなりました。いろいろな仕事をさがしたところ、さいわいにも、いまのレストランの職につくことができました。同僚の日本人はみんな、よくしてくれます。

子どものおもい――妻ミヤ

2005年に夫が収容されたとき、警察の人が家にきました。小学校一年生のアウンは、ビルマにかえらなければならないことを警察の人からいわれました。ビルマがどこにあるのか、ビルマに帰国するとはどういうことなのか、なぜ日本をはなれなければならないのか、彼はなにも理解できないまま、なきながら警察の人に必死にうったえました。

「ぼくは日本でまだ勉強したい。勉強がおわっていない。日本に友達がいっぱいいる」

アウンはわたしたちの不安な気持ちをうけとめ、わたしたちをきづかい、おさない文字でノート紙面いっぱいにかきました（本章冒頭の写真）。

アウンはわたしがつくったビルマ料理には手をつけず、いつも日本料理をたべています。ビルマでは子どもはきびしくそだてられ、親や目上の人のいうとおりにしなければなりません。でも、アウンは、わたしたちのいうことをなかなかききません。アウンは日本で自由にそだったので、仕方ありません。いまアウンがビルマにかえれば、言葉がちがうし、友達からもひきはなされます。習慣のちがいにも、とまどうでしょう。

アウンは、わたしたちより日本語がじょうずです。わたしたちはひらがなやカタカナはわかりますが、漢字がさっぱりなので、アウンからすこし軽蔑された目でみられています。そこで、わたしたちはビルマでそだったので、漢字は理解できない、とアウンに説明しています。彼はそれで納得しているようです。

日本への期待——夫ミョーと妻ミヤ

日本は経済的にゆたかな国で、しかも平和でしっかりした民主主義の国です。それで、わたしたちはたすけをもとめ、日本にきました。しかし日本政府は、わたしたちを難民としてみとめず、外国人収容所にながく収容しました。犯罪者あつかいには、こころがとてもいたみました。日本の民主主義は、日本人のためだけなのでしょうか。

日本では外国の政治に関心をもつ人はすくない、とおもいます。いまビルマがどういう状況にあるのか、それをしっている人はわずかです。世界中には、平和じゃない国もあります。すこしでもいいので、ビルマやほかの国に関心をもってほしいです。

夫ミョーさんがえがいた風刺絵

アウンは日本でうまれ、日本でそだち、日本の小学校にかよっています。だから、日本語しかはなせません。でも、アウンは日本の国籍がなく、ビルマの国籍もなく、日本にいられるビザもありません。

それでも、わたしたちは日本の人たちの役にたちたい、とおもっています。子どもの学校のＰＴＡや防犯パトロールに参加したい気持ちがいっぱいあります。どこでも、なんでも、ボランティアをします。

いつ無事にビルマへかえれるのか、わかりません。それまで日本にすみ、アウンに日本で質のたかい教育をうけさせたいです。子どもには、わたしたちのような苦労はさせたくありません。たくさん勉強して、大学までいかせたいです。いまアウンは野球に熱中し、やりたいことをすきなようにさせています。ただ、わたし（ミョー）はもう47歳です。いつまで元気にはたらきつづけられるかどうか、わかりません。わたしたちの将来、とくに子どもの未来がどうなるのか、ほんとうに心配です。

ビルマの軍事政権がたおれ、平和がおとずれれば、子どもを国につれてかえります。わたしたちの祖国ですから。その日がくるまで、平和で安全な日本でくらせることをいのっています。それと、ビルマがいっこくもはやく民主化して、平和な国になることをねがっています。

おさなき者たちの試練

非正規移民のおおくは、数年日本でお金をかせいだのち本国にかえるつもりだった。ところが、結婚して子どもがうまれると、そのまま日本でくらすようになる。かりに本国にかえったところで、職のあてはなく、生活のめどはたたない。

難民は本国にかえれば、迫害をうける。ほとんどは、日本に難民申請制度があることをしらなかった。入管は積極的に広報しなかったからである。しかも、難民性がたかいにもかかわらず、たいていは不認定とされ、収容される。場合によっては、強制送還されてしまう。それをわかっていたため、ビルマ人をはじめ、おおくの難民は難民申請をためらっていた。

非正規移民や難民申請者のなかには、うまれそだったのが日本という子もめずらしくない。味噌汁をすすい、漬物や納豆をたべ、完璧な日本語をはなす。地域のスポーツクラブにかよい、水泳や野球をたのしむ。

だが、おおきくなるにつれ、みずからの境遇をしるようになる。ビルマ人アウン君のように、わずか6歳にもみたないうちに、人生最大の試練にたたされる。親が収容されるくるしみと悲しみを一身にうけ、自身の将来に不安をもつ。

日本人より目立つことをするな、と親から注意をうける。病気になっても、健康保険はなく、たくさんの医療費がかかり、親に迷惑がかかる。そのため、歯がいたくても、熱がでても、ガマンしなければならない。あらゆる点で自身を極力おさえる。

親の本国にもどれば、日本での勉強がムダとなり、たとえ12歳でも、小学1年生から勉強をやりなおさなければならない。

なによりたえがたいのは、日本の大切な友達とわかれ、ふるさとがうしなわれることであろう。ある非正規移民の少女は、小学校の入学式でないていた日本人の同級生に声をかけるやさしい心の持ち主である。それ以来、その子と大のなかよしになったという。人への気づかいをわすれない子を、そしてそのようにそだてた親をも、入管は収容し、送還する。おさなき者たち――日本の友達もまた――は、こころが裂けるほどのふかい悲しみをあじあわなければならない。

国籍がなんであれ、文化がどうあれ、安価な労働力の確保が優先されようとも、日本でうまれそだった子どものふるさとは日本である。次世代の主役である子どもたちがふるさとや友人をうしなえば、両国の損失ははかりしれない。

入管法違反を親に適用させたとしても、子どもにまでその責任をおわせることはできない。それでも、入管は取りしまりを強化し、学童期の子どもをふくめて、家族全員を収容し、国外へ追放している。

かつて、子どもも収容された時期があった。国内外の支援団体からのつよい抗議によって、2002年以降子どもの収容はすくなくなった。ところが、子どもがおおきくなり、成人にたっすると、収容されはじめた。しかも、飛行機で来日し、空港で難民申請する親子や若年者の収容は、いまなおつづいている。

なにかが、かわってきている

治療中断させられた非正規移民

2006年のあるとき、わたしがつとめている診療所に警察署から電話がかかってきた。通院していた韓国人キムさんを拘留したとのことである。糖尿病と高血圧以外に結核治療後の経過観察をつづけなくてはならないため、彼には警官といっしょに診療所にきてもらった。

キムさんは、手錠と腰縄をつけられたまま来所した。診察するうえで支障をきたすため、わたしはそれらをはずすことをもとめたところ、警官は拒否した。もし彼がにげた場合、同行した警官が責任をとらされるとの説明だった。診療所からにげるはずもないのだが、しかたなく警官2人の同席のうえ、手錠をはずすことを条件に診察した。となりに警官がいるためか、これまでとちがって、キムさんは緊張してなにもはなせなかった。

診療後キムさんに韓国の病院への紹介状をわたすことができたが、こうして警官が医療機関までつれてくることはめずらしい。むしろ、ふつうはなんの連絡もなしに国外追放してしまうのである。

フィリピン人ニールさんは難病のサルコイドーシスと診断され、わたしは彼の経過をみていた。ところが、彼も〝不法〟滞在を理由につかまり、警察署から電話連絡があった。サルコイドーシスはときに病状悪化のおそれがあり、ながきにわたり経過観察をしていかなければならない。フィリピンの医療状況では治療はとうていむつかしく、その点を警官にくわしく説明した。

釈放されなければ、せめて本国の病院への紹介状をわたすつもりだったが、主治医であるわたしになんの連絡のないまま、彼は国外追放されてしまった。日本での治療継続は不可能となり、彼の病気をなおす機会はうばわれてしまった。

診療所では、２００４年に11名、２００５年に7名、２００６年に7名の非正規移民の患者が取りしまりによって拘束された。警察署からのといあわせがあり、患者が通院しない理由がそれではじめてわかった。このような例は警察署から連絡があり確認できたのだが、そのほかにも連絡のないまま強制的に送還させられた患者は数おおくいるだろう。

東京都亀戸のひまわり診療所の平野敏夫所長もまた、取りしまりによる患者の治療中断を懸念していた。

わたしたちの診療所でも、非正規移民の患者が通院しなくなりました。こわくて通院をひかえているのか、あるいは帰国したかのどちらかでしょう。また、通院途中でつかまった患者もいます。労災患者さえ、逮捕されることがおおくなりました。病気をかかえている非正規移民は労組や支援団体の力でなんとか仮放免されますが、収容されたまま治療がなされない場合がほとんどです。

労働災害や交通事故による外傷の患者であっても強制的に収容され、外国人収容所での治療は継続されない。本来治療可能な病気までが悪化してしまい、ておくれとなった例もあった。

それだけではない。非正規移民はながいあいだ建築現場・工場・農業などの仕事をになってきた人びとであり、日本での生活基盤がすでにできあがっている。本国に強制送還させられれば、日本できずいてきた生活と人間関係のすべてを一瞬にしてうしなってしまう。

２００４年からはじまった入管による取りしまりは、外国人収容所問題と同様におおやけにされず、日本人のほとんどはその実態をしらない。いったい、なにがおきているのだろうか。非正規移民や難民申請者、そして支援団体の職員のかたりから、それをある程度つかむことができる。

移民・難民の証言

２００６年1月から4月にかけて、東京都および神奈川県にある12の外国人支援団体の事務所をおとずれ、聞きとりをおこなった。質問内容は、２００３年10月から入管・警視庁・東京都合同による〝不法〟滞在外国人への取りしまりが強化されたことにより、それがどのような影響をおよぼしているかである。さらに、支援団体とかかわりのある移民・難民を紹介してもらい、支援団体の事務所あるいは自宅で本人に直接あって、取りしまりの状況をききとった。

対象者は15名（すべて男性、平均年齢35歳、平均滞在年数9年）で、そのうち3名は在留資格をもっている。

路上・職場・自宅で同一人物への尋問回数についてみると、２００３年10月以降極端に回数がふえていた（**表1-1**）。しかも、対象者の友人や知人のほとんどはつかまっており、本国に帰国したという。以下は聞きとり内容である。まず、どこでどのように取りしまっているのだろうか。

■職場で

バス5台と警察犬をともなって、おおぜいの警官が建設現場にきて、そこにいた半数ちかくの外国人を警察署までつれていきました。そこで首に名前や番号をつけて、写真をとられました。「ビザ（在留資格のこと、以下同様）をみせろ」「仕事のため日本にきたのか」「資格がないから、仕事してはいけない」と、3～4時間といつめられました。

わたしは外国人登録証（外登証）をさしだし、問題がなかったので、かえされました。その後も、警官による尋問は仕事場で15回もありました。外登証をみせても、「とりあえず交番までくるように」といわれることがおおくなりました。

■アパートで

朝5時くらいに入管職員がアパートにきて、となりの部屋のドアをたたき、それで目がさめました。部屋にすんでいた外国人はつかまり、入管に収容されたのち強制送還されました。それが理由で、わたしはアパートをかえました。

ところが、警官と入管職員はわたしのアパートにまたきました。

以前わたしは外国人収容所に収容され、仮放免中の身だったので、

表1-1　尋問回数

	2003年10月以前	2003年10月以降
回数	例数	例数
0	10	2
1	3	3
2	1	4
3	1	1
5	0	1
10	0	1
15	0	1
30	0	1
50	0	1
合計	15	15

本当にその住所にいるかどうかをたしかめにきたのでしょう。つきまとわれて、じつにイヤな気分でした。

■駅で

仕事のかえりに池袋駅からでてくる乗客全員、外国人も、日本人も、すべてひとりひとり尋問されました。駅には警官がたくさんいました。

友人はオーバーステイだったので、警官がいっしょに家までパスポートをとりにいきました。彼はそのまま入管に収容され、強制送還されました。

■道で

道をあるいているとき、6回も尋問にあいました。警官がいきなり服をひっぱり、「ちょっとあれ（外登証）をみせてください」といわれました。以前は「すみません」とひとこと声をかけて、「外登証をみせてください」というのが普通で、外登証をしめすだけでおわってました。

でも、最近はいきなり腕をつかまえ、服をひっぱり、乱暴な態度です。人間としてあつかわれていない、とかんじます。

■都内の支援団体事務所ちかくで

支援団体の事務所で生活や労働の相談をした直後、ちかくのコンビニでつかまった人がいます。最近つかまえられることがおおくなり、わたしがしっているだけでも、20人以上います。

■交通事故の被害者であっても

交通事故にあったため、病院で手当てをうけたあとに警察署で取りしらべをうけました。そしたら交通担当者が刑事課の人をよび、彼はわたしの家までついてきました。

仮放免の許可書をもっていても、交通事故とは無関係なビザや仕事などを3時間以上やすまずにきいてきました。

■時間の喪失

50回以上も尋問されました。それで仕事におくれたため、上司にしかられました。通院途中にも尋問され、診察時間にまにあいませんでした。それ以後病院にいっていません。友人宅にいく途中に尋問され、最終電車にのりおくれました。弁護士との約束にもおくれたことがあります。

この先どうなるかわからない不安をかんじ、いつも職場の窓から警官がいるかどうかをたしかめています。

■行動の制限

教会のミサがあっても、でないようにしています。人前で、母語をあまりはなさないようにしています。電車などにのらず、外出してません。いつつかまるかわからず不安で、精神的におちつきません。

■就職のむつかしさ

会社でなんども摘発され、迷惑がかかったからでしょうか、「ガイジンは問題になっているからダメ」と社長にいわれ、家族のためにはたらくこともできなくなりました。ビザがあるから大丈夫と、社長にはなしても無理でした。その後も10社くらいにあたってみましたが、全部ことわられました。

■住居さがしの苦労

家をさがしたところ、33件の物件のうち1件もかりられませんでした。日本人の妻が家をみてまわったのですが、夫のわたしが外国人だから絶対ダメといわれ、ことわられました。

こうした拒否は以前にもありましたが、それは10件に1件ぐらいでした。今ではほとんどダメです。家をさがすのが、むつかしくなってきています。

■マスメディアの影響

最近、テレビや新聞で外国人のことがたくさんでるようになりました。しかも、それがおおきくあつかわれるようになってきました。警察とマスコミがあおっているようにおもいます。一般の日本人はそれをしらないから、「外国人はこわい」という印象をあたえています。

図1-1　支援団体の新規加入者数および相談件数

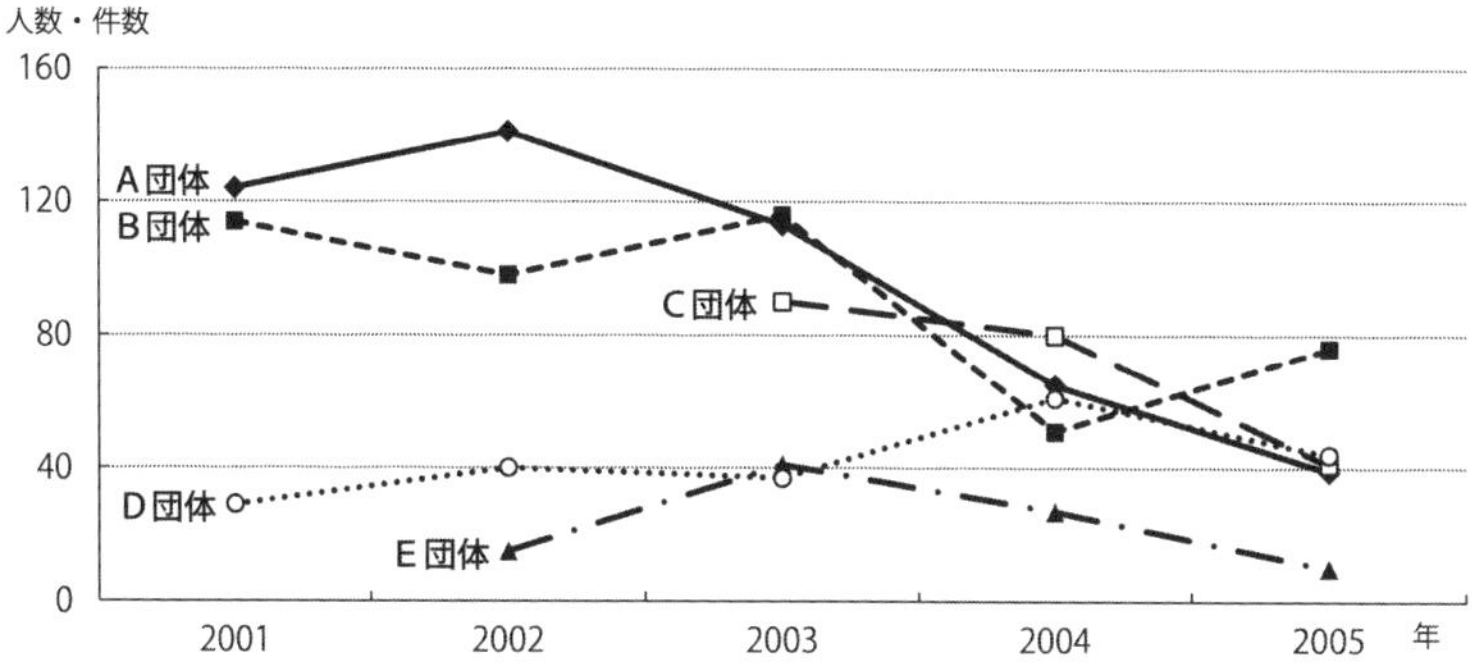

■日本人の態度の変化

なにかが、かわってきているようです。むかしとくらべると、いまはちがう目でみられています。肌の色がちがい、日本人のようにみえないから、外国人をこわがっているようにおもいます。

こわがらないでほしい。日本人とおなじように、わたしたちは目とこころをもっています。かたちや色がちがうだけなのです。

支援団体の対応

移民・難民の支援団体の活動内容は労働相談・生活相談・医療相談・法律相談・日本語教育など多岐にわたる。おもな支援対象者は、アジア出身である。支援団体の新規加入者数および相談件数は、２００４年以降減少傾向となっている（図1-1）。しかも、支援団体が実施している無料の外国人健診の受診者数もへってきている（図1-2）。

相談内容にも変化があらわれ、家族や知人がつかまったという相談、外出するのをひかえているため、電話による相談がふえているという。また支援団体の活動が制限され、問題解決に支障をきたしている。支援者の証言を以下に紹介する。

図1–2　外国人無料健診の受診者数

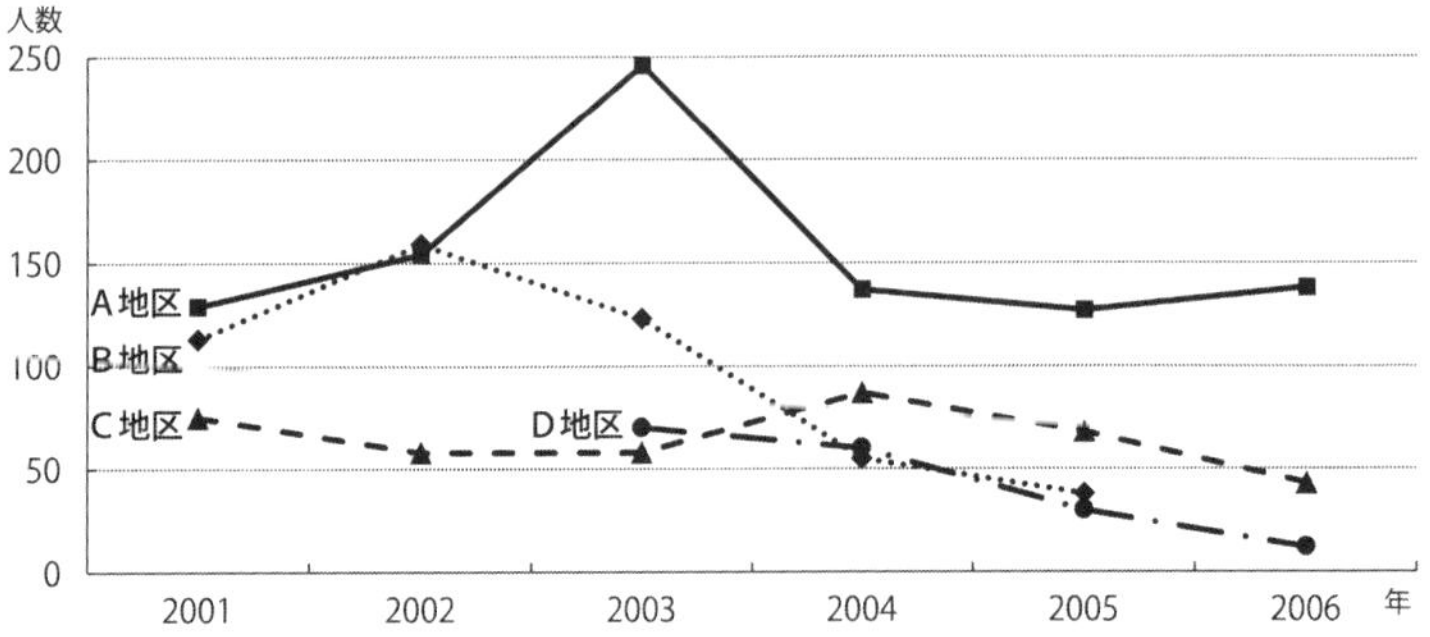

労災にあっても、会社に抗議しなくなりました。交渉すれば、会社が入管へ通報するからです。

雇用主が強気になり、「警察をよぶ」とおどすことがふえました。賃金未払いで外国人が会社に文句をいったら、警察がよばれてつかまったこともありました。また公安関係者が「オーバーステイや日系人には注意するように」といいふらしながら、会社をまわっています。

ビザなしだと雇用主もやとわなくなり、しかも簡単に解雇されることがおおくなりました。「取りしまりで職場に警官がくるので、やめてもらった」という経営者もいました。

日本社会の負の影響

非正規移民の取りしまりをきびしくすれば、つぎのことがおきてくる。

冒頭でのべたように、患者は通院できなくなり、治療を中断してしまう。支援団体が実施していた外国人無料健診の受診者数の減少も、医療へのつながりをとざすあらわれである。

移民・難民を公共の場でなんども尋問し身柄を拘束することは、人の自由だけでなく、医療をうける権利をもうばっている。病気にかかわることであれば、患者の治療を優先しなければならない。ところが、それを無視してまで取りしまり・強制収容・強制送還がつづけられている。

医療につなげるうえで支障をきたせば、患者は通院できず、病気は悪化する。わるくなった段階で受診すれば、医療費負担はおおきくなる。ところが、患者に多額の医療費をはらえる余裕はなく、最終的に病院がその負担をかかえこむ。医療費未払いがおおくなれば、病院は診療拒否をしかねない。そうなれば、患者は放置され、病気はさらに悪化するという悪循環におちいる。

医療を保障しなければ、患者は適切な治療からますますとおざかり、病気は社会の底辺でひそみつづけることになる。たとえば結核やＨＩＶなどの感染症は潜在化し、なんらかのきっかけで、日本社会全体へとひろがる危険性をはらむ。

また、労働者としての権利もうばわれる。雇用主はよりつよい立場となり、長時間労働・賃金未払い・不当解雇が容易におこなわれ、労災になっても保障されなくなる。

そうした無権利状態はほかの社会的弱者であるホームレス・老人・障がい者・非正規雇用労働者・母子家庭などにもおよび、貧富の格差はいっそうすすむ。社会的弱者の排除や切りすては、むしろ病気をふやし、社会を不安定化させる。

移民・難民の支援団体の活動阻害も、みのがせない。ここ十数年のあいだ、支援団体が力をつけはじめてきた。支援団体は将来の日本社会のあり方をみすえ、政府の移民・難民政策に異をとなえながら、状況改善につとめている。ところが、取りしまりにより相談者がへってしまい、支援団体の活動は制限をくわえられ、その芽がつみとられようとしている。

官僚の暴走

こうした状況はなぜ生じるのだろうか。いくつかの理由がかんがえられる。

まず労働政策の一環としてみることができる。それは外国人研修生・技能実習生(以下、実習生)制度に端的にあらわれている。非正規移民をいったんしめだし、そのいっぽうで安価でつかいやすい労働力を確保するため、実習生のうけいれを積極的にすすめているのである。実際に非正規移民は減少しているが、その穴をうめるかのように実習生は増加している。1997年から2006年までの10年間、非正規移民と実習生を合計した数は30数万人とほとんど変動していない。

非正規移民をおいだしているのも、実習生のうけいれを許可しているのも法務省入管である。人ではなくモノとしてあつかい、非正規移民や難民申請者をあくまで無権利状態にしておき、いつでも追いだせる状況をつくっておきたいのだろう。実習生は3年間の期限つきであり、非正規移民と同様、定住化させない基本方針がつらぬかれている。その根底には、アジア出身者への差別と蔑視が存在している。

法務省や警視庁に関連して、べつの視点を提供したい。現代社会のおおきなながれとして、世界的な人びとの移動がおきている。それにたいし、国家を運営する官僚はきびしい制限をもうけようとしている。〝不法〟や〝テロ対策〟の名のもと、移民・難民を選別し、監視し、統制し、排除するうごきが急速にすすんでいる。それは、官僚の権限を強化し、行政組織の巨大化をうながしている。

法律がつくられ、それにもとづき制度が運用される。そのほとんどを遂行するのは、官僚である。近代国民国家というのは、官僚制をとりいれながら、国家内の人びと、すなわち国民を効率的かつ効果的に支配するのを原理とする。

たとえ国家の行為が国民の権利を侵害することであっても、犯罪的な行為であっても、それを遂行する官僚が責任をとわれることはない。法律の名のもと、行為の正当性があたえられてしまうからである。

本来であれば、立法府の議会や司法府の裁判所がそれをチェックしなければならないのだが、その役目をはたしていない。第四の権力といわれているメディアにしても、官僚によってたくみにあやつられている。メディアは法務官僚からの情報を検証もせず、そのままたれながすことで、移民・難民を差別と偏見にさらしている。

選別と監視と統制と排除は、移民・難民だけにむけられるとはかぎらない。それはいずれ日本人にもはねかえり、移民・難民と同様にしばりつけられていくだろう。政府にとってこのましくない、あるいは異をとなえる移民・難民の支援団体の活動は制限され、その力はよわめられつつある。

在日アフガニスタン難民申請者数十人の強制収容の出来事があってひさしい。2001年アメリカ合州国でおきた9・11事件が引き金となり、日本で同年10月に〝テロリスト〟のうたがいでアフガニスタン難民申請者が取りしまりの対象となり、外国人収容所にいれられた。彼らがつかまえられたときの様子は「職場に警官が突然やってきた」と同様に、ものものしい雰囲気であった。

それは2004年以降の取りしまり強化につながり、現在にいたる。法務省や警視庁の官僚は、9・11事件を好機としてとらえたのだろう。人びとへの選別と監視と統制と排除は、すでにあのとき準備され、縦わりであった法務省や警視庁などの治安機関が一体化されながら、ここにきて加速されたのである。

わたしは、移民・難民の聞きとりをしながら、ふと既視感にとらわれた。日本の昭和初期の状況も、おそらくこうだったのではないだろうか。そして、巨大な権力をもった軍部と内務省の暴走が日本全体を狂気の時代へとかりたて、おおくの民間人が統制され、近隣諸国の人びとに害をおよぼしつつ、いっぽうでは民間人もまた犠牲になった過程をも理解できた。軍部と内務省を牛耳っていたのは、まさに官僚である。

ときをへても、官僚の本質はかわらない。異をとなえる者を武力でおさえつけていた軍部と内務省にかわり、法律という武器で人びとを支配する法務省と警視庁の官僚の暴走に歯止めをかけなければ、ふたたび悲劇がうみだされるだろう。

〝不法〟滞在者半減5年計画再考

効果なき半減計画

1993年に30万人ちかくいた非正規移民は、日本経済の衰退とともに日本をはなれるようになった。減少傾向の非正規移民に追いうちをかけたのが、2004年に開始された〝不法〟滞在者半減5年計画（以下、半減計画）による取りしまりである。取りしまりをおこなう根拠に、非正規移民は「凶悪犯罪に関与する者」「外国人組織犯罪の温床」などがあげられた。

2004年には22万人いた非正規移民は、2009年に11万人となり、文字どおり半減となった。その後、入管はUS visitを導入し、外国人登録証を廃止したうえで在留カードにきりかえながら、非正規移民

図1–3　非正規移民の推移

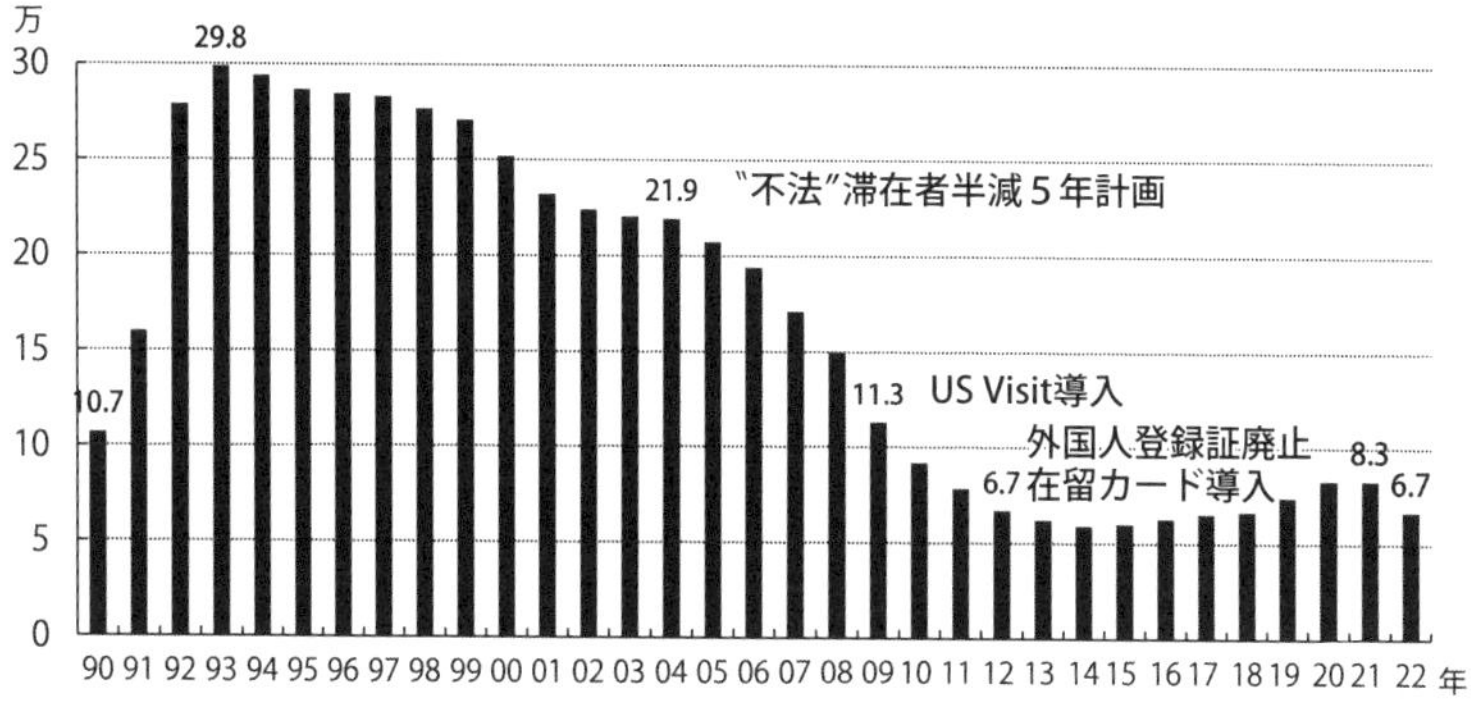

をしめだした（**図1–3**）。

「不法滞在者半減5年計画は、国民が安心して暮らせる社会の実現に貢献した」と入管は成功をほこった。だが、その減少が半減計画の効果によるものかどうかは、うたがってかかったほうがよい。

1990年代おわりから在留特別許可件数は年間4000人以上となり、2000年以降は1万人以上も在留特別許可があたえられていた。半減計画は、この在留特別許可件数をふやすことによって達成されたという側面がある。入管は半減計画の成功を自慢するが、在留特別許可をたくさんあたえたため、非正規移民がへったにすぎない。

じつは非正規移民減少には、もうひとつの側面がある。そもそも日本をはなれた非正規移民はいったいどれだけなのだろうか。非正規移民の減少数から在留特別許可件数をひいた数が、それにあたる。それを5年ごとでみると、半減計画がおこなわれた04〜08年の減少数は約2万人で、その前後の5年間とかわりなかった（**表1–2**）。

1999〜2013年の15年間をとおしてみると、毎年平均4000人が日本をはなれた計算となる。この減少は、90年代における経済の低迷、08年のリーマンショック、11年の東日本大震災の原発事故による影響なのだろう。経済のおちこみによって、正規移民でさえ日本を

表1–2　非正規移民の減少数と在留特別許可件数（5年区切り）

年	99〜03	04〜08	09〜13	14〜18
非正規移民減少数	56258	70767	56258	-4489
在留特別許可件数	33876	49343	33876	8492
非正規移民減少数－在留特別許可件数	22382	21424	22382	-12981

図1–4　非正規移民の減少数および在留特別許可件数

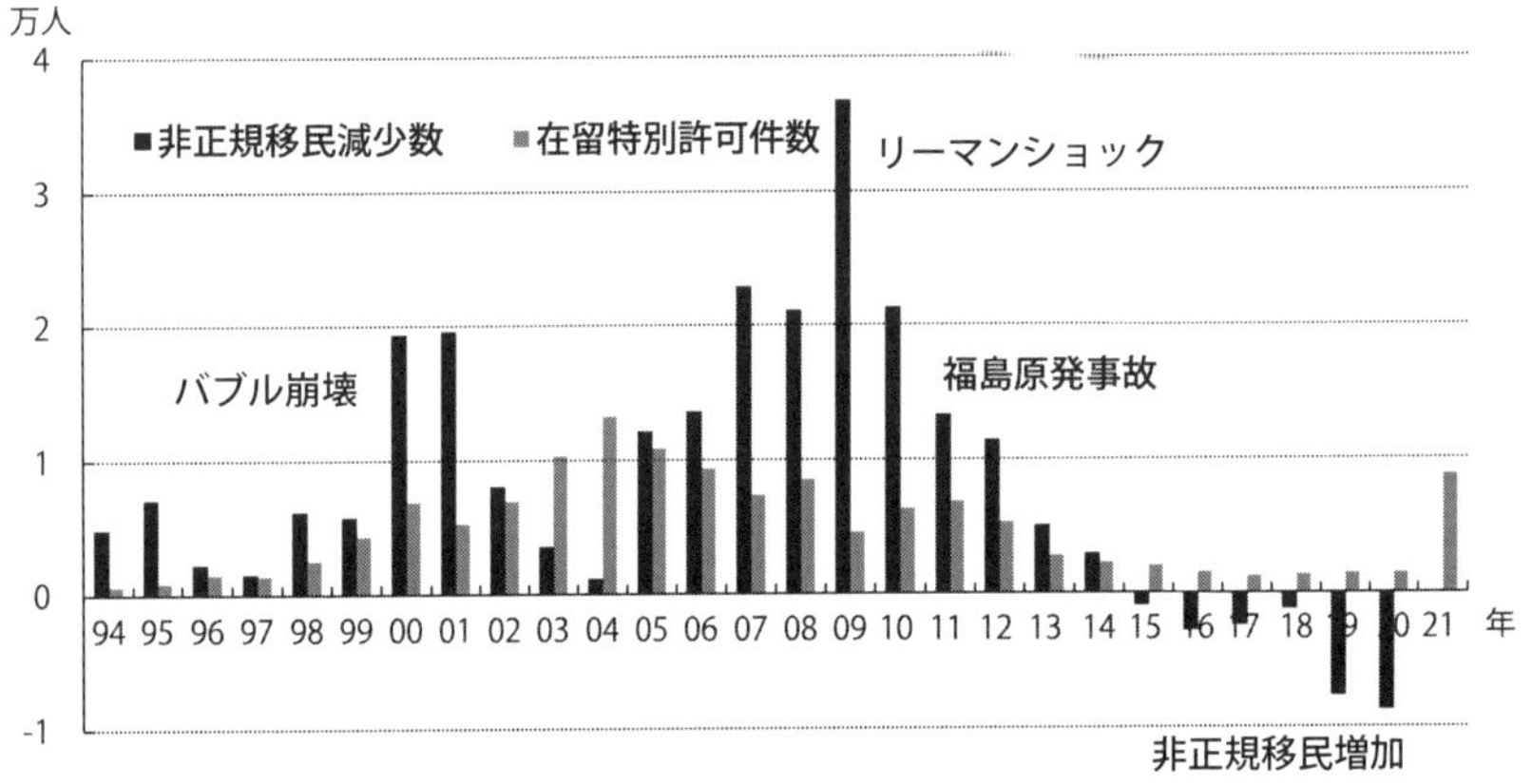

はなれたのだから、ましてや仕事がなくなり生活がたちゆかなくなった非正規移民が、日本をあとにしたのは当然である（**図1–4**）。

在留特別許可の増加および日本経済のおちこみにより非正規移民は減少したのであり、半減計画の効果はほとんどなかった、とかんがえてもさしつかえない。

2015年以降になると、非正規移民は増加に転じている。それは、技能実習生や留学生から非正規移民や難民申請者への移行がふえているからである。それまでの短期滞在と不正入国から非正規移民に移行するのとは、ことなった現象である。

かりに取りしまりをいくらきびしくしても、それにつづく収容や強制送還を強化しても、追放効果はえられない。非正規移民の増減はあくまで日本経済に左右され、経済が上むけば非正規移民はふえるし、経済がおちこめば非正規移民がへるのである。コロナ禍によって経済が停滞しているいま、まさに非正規移民の減少が進行しつつある。

〝偽装〟労働にはげむ法務官僚

それでは、入管はなぜ半減計画をおもいつき、実行したのか、という疑問がのこる。まさか、在留特別許可をこっそりあたえるためでもなかろう。

わたしは半減計画の状況を「昭和初期の状況もおそらくこうだったのではないだろうか」と前節でのべた。その時期の昭和12年(1937年)ごろから、天皇侮辱や反戦などほんのささいな発言でも、特高警察は人びとを不敬罪でつかまえていた。どうでもよい言動に躍起になっている特高警察を面白おかしくえがいた書籍がある。(二) 半減計画もまた、かつての特高警察による不敬罪取りしまりとおなじ、コッケイなまでのムダのきわみであった。

官庁の合理化がすすめば、効率わるい取りしまりはできなくなり、それにつづく収容所もへらされてしまい、強制送還も不可能となり、入管の仕事がなくなる。すると、収容所や入管職員の存在意義はなりたたなくなる。合理化にはげもうとすればするほど、自分で自分の首をしめかねない。

そこで、まったく効果がないとしても、入管は権威をたもつため自身の存在をアピールしつつ、〝偽装〟労働である取りしまりにはげんだのだろう。特高警察による不敬罪の取りしまりも、実際には〝偽装〟労働であった。なお、現在の入管は特高警察のながれをひいている。

それにしても、半減計画の〝偽装〟労働で、いったいいくらの税金がつかわれたのだろうか。官僚などの公務員は、国民からえらばれていない職である。安定した地位で、〝偽装〟労働や税金のムダづかいの批判があっても、自分たちの身のうえや給料に直接ひびかない。それでは、ひとりよがりとなってしまう。その唯我独尊を是正するには、どうしてもチェックが不可欠となるが、いまもってそれはなされていない。

（一）高井ホアン『戦前不敬発言大全』（合同会社パブリブ　2019年）および『戦前反戦発言大全』（合同会社パブリブ　2019年）は、一読の価値がある。

第2章
傷つけられる人びと

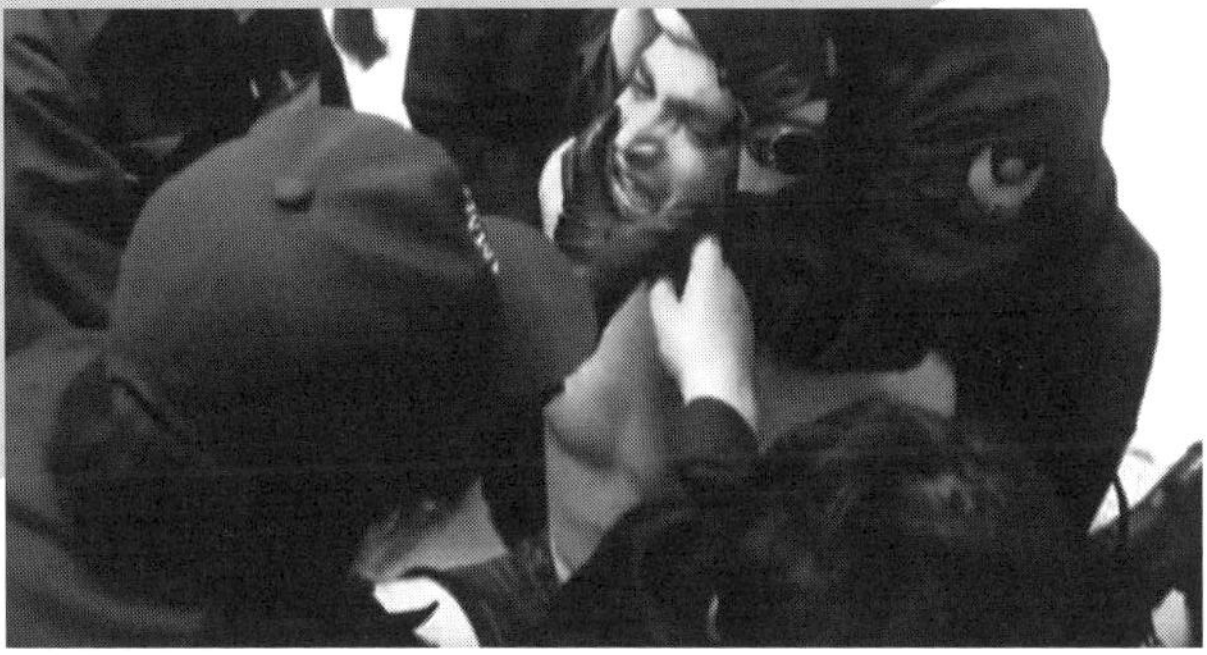

クルド人デニズさんへの暴行（弁護士提供）
入管職員がデニズさんの顎をつかみ、左下を指でつよくおさえている。傷痕がのこらないように、たくみに暴行をくわえている。左下顎のいたみがはげしかったため、デニズさんは４日間食事をとることができなかった。2019年１月の出来事である。

スリランカ人ジャヤンタさんへの暴行（弁護士提供）
2021年10月、東京入管局に収容されていたジャヤンタさんは暴行をうけた。そのとき、入管職員はジャヤンタさんの右目をなんども殴打した。のちに外部病院の眼科医の診察をうけたところ、高眼圧が指摘され、失明するおそれがあった。

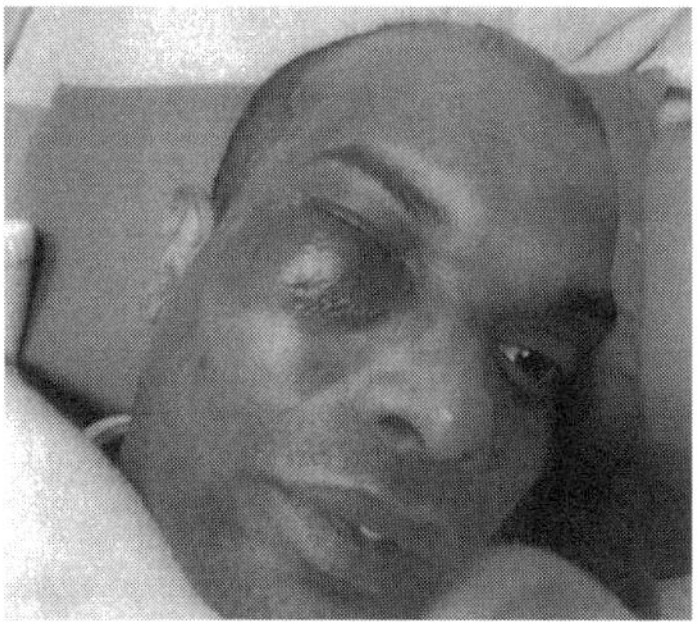

「収容所で日常的に暴行がありました。〝暴行はなかった〟とよくいえるなぁ」
（1994年12月23日 TBS「ニュースの森」 法務省入管局による暴行事件で、暴行を否定する法務官僚にたいしての元入管職員の証言）

「有形力の行使は必要最小限度であっても、ケガはありうる。――中略――当然、職員は相手にケガをさせる可能性を自覚したうえでやっている」
（2018年7月23日、山本太郎国会議員との話しあいでの東日本入国管理センター長の発言）

【解説】

わたしが外国人収容所および入管問題にかかわってきた20年のあいだ、収容所の状況は一進一退であった。収容環境はある面で改善されたものの、暴力的な収容と強制送還は、いまもってつづけられている。1950年の大村収容所設立以来、非正規移民や難民申請者の追放方針が、かわっていないからである。

しかも、入管は収容所での暴力や強制送還の実態をかくしつつ、メディアを情報コントロールしていた。メディアも入管に追随する報道をしていたため、日本社会は非正規移民や難民に関心をいだくことはなかった。ましてや外国人収容所は、みむきもされなかった。

ある日法務省の建物にある法曹記者クラブにでむき、わたしと弁護士が外国人収容所の状況と強制送還の実態を説明した。記者たちの反応はとぼしく、朝日新聞記者からして「いま、この時期にそれをはなす意味は?」という質問がでるありさまであった。当時、チャーター機によるスリランカ難民申請者の集団強制送還がおきていたのに、である。法務省の手のひらでおどらされる記者たちを、このとき実感した。

だが、あるときをさかいに、ながれがかわった。

2018年ごろから、共同通信社特別報道部の平野雄吾記者が積極的に、かつ継続的に入管問題を記事で発信しはじめた。それが起爆剤となり、つづいて大手メディアが入管問題をとりあげるようになった。わたしは入管にかんするあらゆる情報を平野記者に提供し、なおかつ移民・難民も紹介していた。入管によって被害にあった人の声を記録にのこすため、わたしと平野記者はいっしょに調査をすすめた。

彼はのちに『ルポ入管―絶望の外国人収容施設』(筑摩書房　2020年)をあらわした。わたしはDVD『外国人収容所の闇―クルドの人びとは今』(PARC　2020年)を制作し、入管収容の実態を映像でえがいた。

それまで『壁の涙』(現代企画室　2007年)という書籍をだし、雑誌などに投稿し、セミナーなどで入管問題をつたえていたものの、文章や話をするだけでは、社会へのひろがりの限界をかんじていた。映像は現場の雰囲気やナマの声をリアルにつたえられるし、おおくの人に手軽にみてもらえるだろう。そのようにかんがえたのである。

だが映像をつくってゆくなかで、その欠点もわかってきた。感覚的な要素がつよい、論理的な思考および問題の背景をあらわすのはむつかしい、ものごとの本質をつたえる手段ではない、ということである。情報をたくさんもりこめないのも難点である。その点では、文章のほうがはるかにまさる。

本章では、収容所内で暴力が多発し、被害者が裁判をおこすようになり、映像や写真が手にはいるようになった2017年以降の暴力事件を中心にのべる。それとともに、なぜこのようなことがおきるのか、構造的な背景の一端をしめす。

とつぜんの収容

暴力をうけたクルド人

非正規移民や難民申請者は収容される不安をたえずかかえ、おびえながらの毎日をすごしている。夜はほとんどねむられず、本国での内戦や拷問だけでなく、日本での収容所体験、そして暴行や強制送還などの悪夢にうなされる。朝おきれば、彼/彼女らは心臓がドキドキするという。

仮放免された人は、1ヶ月か2ヶ月ごとに入管にでむかなければならない。だが、いつ収容され強制送還されるかもわからないため、食料なども1週間分しかかわないことにしている。そして、とつぜん収容はやってくる。まえもってしらされることは、まずない。

クルド人のマモさん(男性28歳)は日本人の妻といっしょに仮放免延長手つづきのため、品川駅ちかくの東京入管局にでむいた。いつものように1階にある仮放免延長手つづきの窓口にいき、これまでと同様に、どこに移動したのかなどの質問をうけた。ちがったのは、入管職員がパスポートのコピーをとり、血圧と体温をはかったことである。そのとき、すこしおかしい、とマモさんはかんじた。

質問がおわったあと、別室にいくようにいわれた。その部屋にいくと、数人の職員たちが「あなたは家にかえれない」「仮放免できない」といった。どうしてなのか、と理由をたずねても、職員はなにもこたえなかった。

携帯電話で妻に連絡しようとすると、職員によって腕をつかまえられ、電話の会話途中で携帯電話をとりあげられた。職員10人がいっせいに部屋にやってきて、床にうつ伏せにさせられ、首をまげられ、顔を床につけられたため、息ができなくなった。お尻から足にかけて、職員の足でつよくふみつけられ、それが15〜20分間つづいた。首・肩・腰のいたみがつよくでてきて、顔や首は傷となった。

べつの部屋で3人の職員にかこまれ、しばらくみはられたのち、収容棟の4人部屋につれていかれ、数時間後にようやく妻や叔父たちに面会できた。

仮放免延長手つづきの部屋で夫マモさんをまちつづけた妻は、マモさんから電話がかかってきたとき、彼の声「どうしてなのか」しかきこえず、夫に異変がおきたことを察知した。だが、なにがおきたのかわからず、職員にたずねても、いっこうにこたえてくれなかった。ようやく収容されたことがわかり、いそいで夫の親戚に電話連絡し、はなればなれになった6時間後に、ようやく面会がゆるされた。

わたしの夫はいきなり収容され、暴行までうけました。それについて入管からの説明は、1年たったいまでもありません。

なんの説明もなく、有無をいわさず、いきなり暴力的に収容してしまう。しかも、収容されたマモさんは、ふたたび暴行をうけたのである。

図2–1　東京入管局の収容棟（スリランカ人の絵）

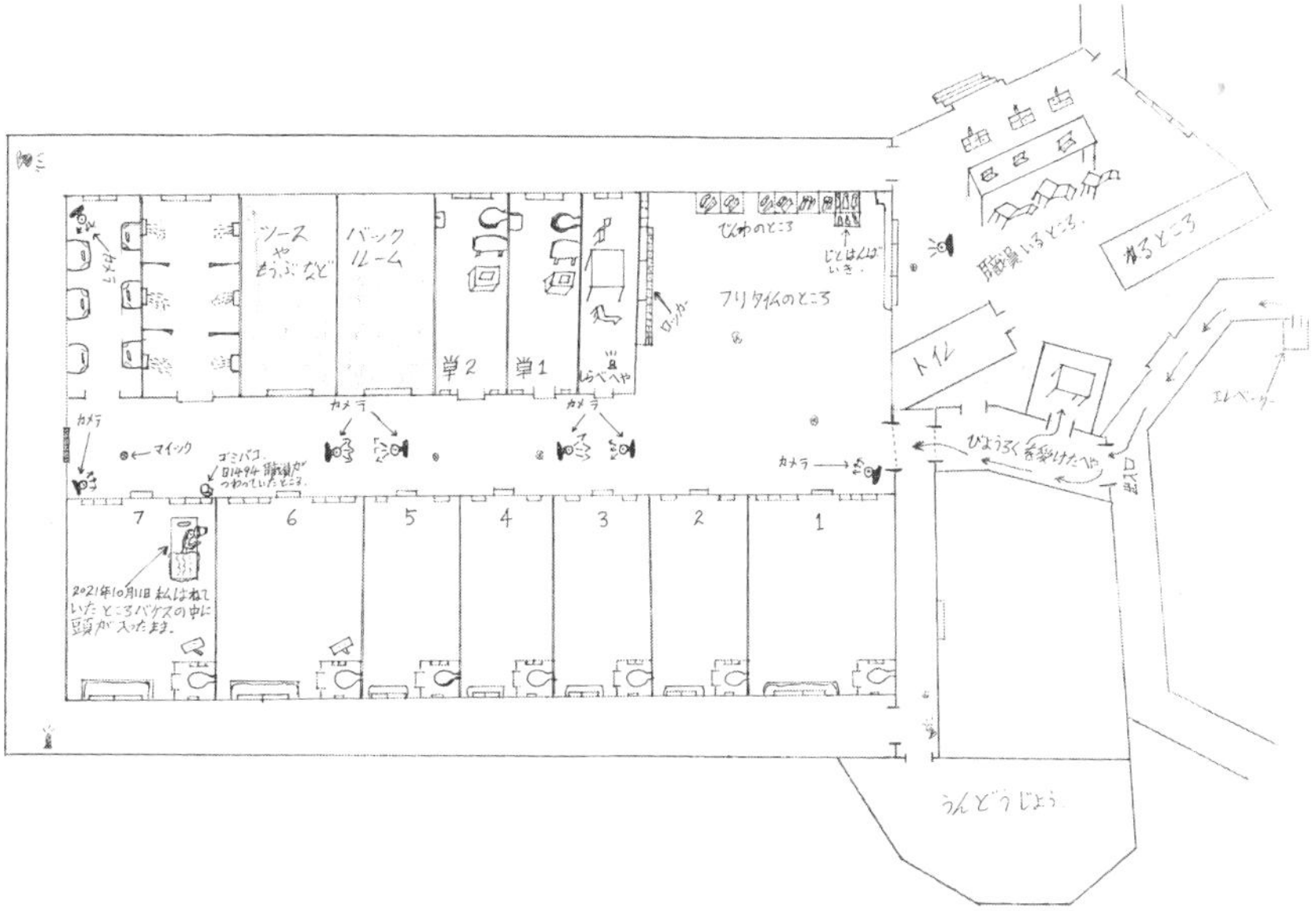

密室の収容棟

外国人収容所は、いったいどのような構造になっているのだろうか。それを情報公開でもとめても、黒ぬりでかえってくる。そこで、収容所の全体像をあきらかにするため、収容中のスリランカ人とフィリピン人に収容所の見取り図や部屋をえがいてもらった。

　まず、収容棟全体では、東京入管局も、東日本入国管理センターも、基本的におなじ構造である（**図2－1**）。外気と棟の各部屋は窓と廊下でさえぎられ、職員が廊下をひとまわりしながら各部屋をみまわっている。収容者によれば、名古屋入管局もほぼおなじである。

　ちなみに、わたしは東京入管局と東日本入国管理センターの各運動場を見学したことがある。東京入管局の運動場はわずか10畳程度のひろさでしかない。東日本入国管理センターの運動場のひろさは横が約20ｍ、奥行が約30ｍ、高さが約5ｍ、

図2–2　東日本入国管理センターの収容棟（フィリピン人の絵）

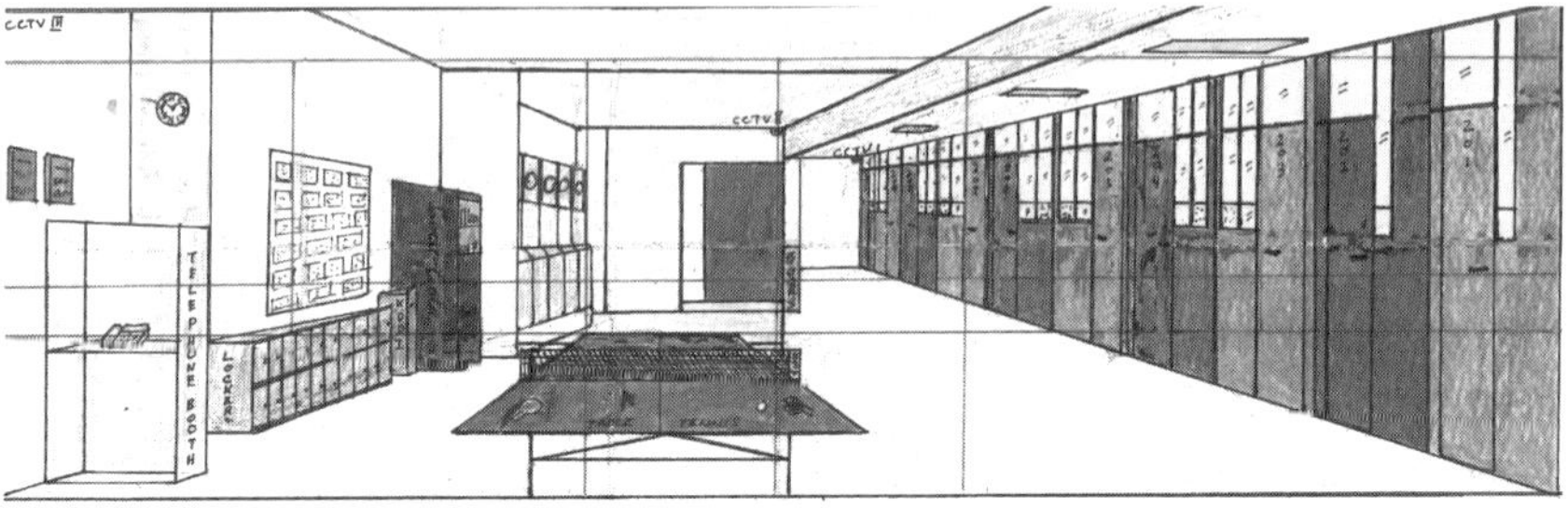

図2–3　東日本入国管理センターの収容部屋（フィリピン人の絵）

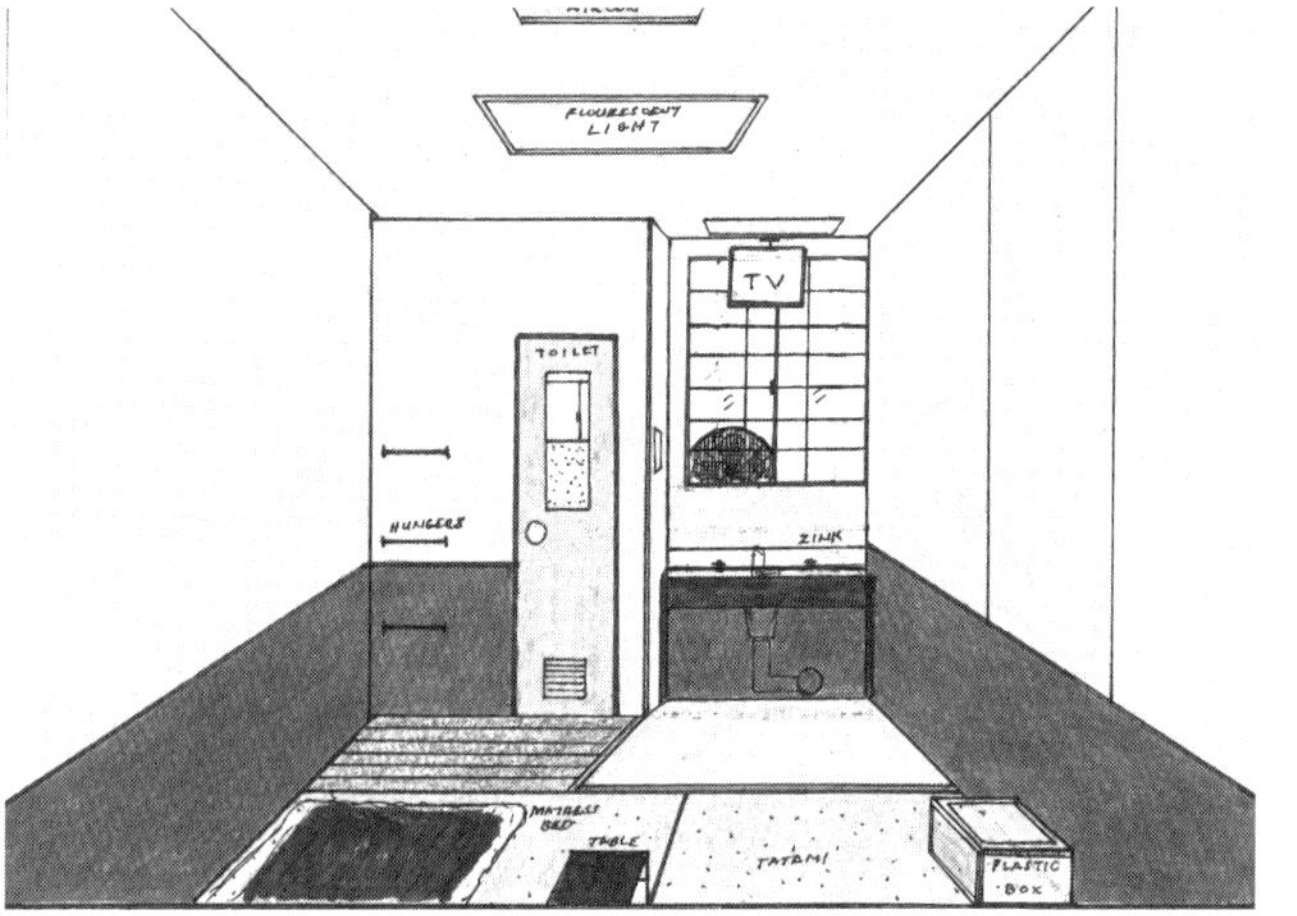

周囲すべて金網がはられ、地面はコンクリート、まわりも棟のコンクリートでかこまれ、土・花・草・木など自然のいっさいがない。天空も金網でおおわれ、収容者は外の景色をみられない。息がつまりそうで、不気味な運動場という印象であった。

各棟には、シャワー室・洗い場・洗濯機・フリースペース・卓球台・電話などがもうけられている（図2–2）。

トイレが併設された収容部屋は密閉状態で、2〜6人がつめこまれる。東日本入国管理センターの部屋の窓はスリガラスのため、収容者は外の景色をみることができない（図2–3）。このような一般収

表2‒1　暴行被害者の一覧（2017〜19年）

名前	国籍	性 年齢	収容所	収容期間	法的状態	きっかけ
デニズ	トルコ（クルド人）	男性 40歳	東日本入国管理センター	3年11ヶ月	難民申請 日本人配偶者	薬の要求
ムスタファ	トルコ（クルド人）	男性 35歳	東日本入国管理センター	8ヶ月	難民申請	喫煙の要求
マモ	トルコ（クルド人）	男性 28歳	東京入管局	8ヶ月	難民申請 日本人配偶者	部屋がえの要求
ハッサン	トルコ（クルド人）	男性 37歳	東日本入国管理センター	11ヶ月	難民申請	テーブルに頭をうつ
イスリ	トルコ（クルド人）	男性 41歳	東京入管局	8ヶ月	難民申請	弟の自殺未遂の抗議
サファリ	イラン	男性 50歳	東日本入国管理センター	3年 9ヶ月	難民申請	トイレに関する抗議
フーシャン	イラン	男性 46歳	東京入管局	2年8ヶ月	難民申請	ハンガーストライキ
サイード	イラン	男性 37歳	東京入管局	3年1ヶ月	難民申請 日本人配偶者	ハンガーストライキ
ガゼミ	イラン	男性 50歳	東京入管局	1年2ヶ月	難民申請	再収容への抗議

容棟のほかに、チョウバツ室と単独室をそなえた棟も存在する。

無法地帯の暴力

入管職員による暴行

２０１７年のある日、支援者から連絡があった。東京入管局に収容されているイラン人が職員によって暴行された、という。収容所での暴力はめったに外にもれでないため、ひさしぶりにきく。さっそく、わたしはそのイラン人に面会し、暴行された状況をくわしくききだした。

それを機に、収容者や支援者などを介して、暴行被害者がつぎつぎとみつかった。わたしが面会した人たちだけでも、３年間に９人である。全員すべて、ほんのささいなことをきっかけに、職員によるはげしい暴行がはじまっていた（**表2‒1**）。

彼ら以外にも、暴行をうけた収容者は数しれない。入管の暴力はふるくからみられていたが、２０１７年ごろからおおくなりはじめた。数人の暴行被害者は仮放免されたのち、わたしの勤務する診療所をおとずれた。さきにのべたクルド人マモさんは、そのうちのひとりである。

彼は2回も収容された。1回目の収容は、来日したときである。その後、日本人と結婚していたにもかかわらず、それでも強制送還の対象となり、再収容されてしまった。しかも2回目の収容時には、2回も暴行をうけた。仮放免延長の出頭のとき、そして収容中にである。

仮放免されたのち、首と肩と腰のいたみがつづいていたため、マモさんは診療所をおとずれた。そして、いたみの原因となった2回目の暴行のことをかたりはじめた。

そのとき自分の部屋にもどりたくないから、部屋にはいらないと拒否した。ところが、単独室につれていかれそうになった。つよい力でむりやりひっぱられたので、部屋の壁に頭をぶつけたり、手でドアをたたいたりして、自分を傷つけようとした。

すると職員5～6人がいっせいにやってきて、わたしをおしたおし、床に頭や顔をおしつけ、背中や腰をおさえた。首や腰のうえに職員の膝をおいたり、つよい力でおしたり、わたしの首や手首をまげたりした。この制圧で息ができなかったので、「ヤメテ、ヤメテ」といっても、職員は「指示にしたがわなかったら、こういう形にするよ」といってやめなかった。ずーっと息ができない状態が、5分間ほどつづいた。

その後、首と腰がいたむので、1週間後に外部病院につれていかれた。仮放免されたいま（暴行から半年後）も、腰のいたみはつづいている。

わたしたち収容者は武器をもっていない、犯罪もしていない、危険もない。なのに、なぜ息ができないほどの暴力をふるうのか。入管は、わたしたちをなんどもころしている。暴行した職員の顔は一生わすれない。

マモさんは隔離棟の単独室で11日間すごし、職員たちによって24時間監視されていた。15分の運動も15分のシャワーもひとりだけで、となり部屋の人ともはなせなかった。弁護士にしか電話をかけられず、妻や親戚との連絡はいっさい禁止されていた。食事をだされても、精神的におちこんでしまったので、たべることもできなかった。

2回も収容されたマモさんは、ある入管職員と仲よくなった。その職員はマモさんに「自分の仕事は拷問とおなじで、外国人へのイジメにもうたえられない。1ヶ月でやめる」と正直にかたった、という。収容所の対応に良心の呵責が生じ、たくさんの入管職員がやめていくらしい。

東京入管局の隔離棟の絵

こころの傷

イラン人サファリさん（男性50歳代）もまた、仮放免されたのち、憔悴しきった表情で診療所をおとずれた。彼は3年8ヶ月

旧横浜入管のチョウバツ室（入管用語で保護室）
（『密室の人権侵害』〔現代人文社　1998年〕）
この部屋で暴行がくりかえされている。

間も収容されていたのである。このとき、わたしははじめてサファリさんにあったのだが、おだやかな性格で、ていねいな言葉をつかい、誠実な人という印象をもった。おとなしい彼もまた、トイレのブラシの件で職員と口論となり、暴行をうけた。暴力行為は、マモさんとまったくおなじである。

首やからだをおさえつけられ、腕をうしろにねじあげられ、手錠をかけられ、口をふさがれ、首や顎などをしめられたので、息ができなかったという。1回の制圧につき5～10分間、それを3回ずつ執拗にくりかえされた。

入管職員によってつよくおさえつけられた体のいたみがしばらくつづき、診療所をおとずれたときも、いたみがのこっていた。

いまでも、入管職員から暴行をうけたことがフラッシュバックとなり、頭からはなれません。夜うなされることもあり、入管の夢をなんどもみます。入管に出頭するとき、また収容されないかと不安で、心臓がバクバクして、朝までねむれません。

暴行はからだのみならず、こころにもふかく傷をつける。いわゆるＰＴＳＤ（心的外傷後ストレス障害）である。サファリさんはそれをわずらっていた。

周到に訓練された制圧部隊

暴行事件で被害をうけた収容者が、東京入管に収容中の暴行時の情報を開示請求した。その文書のなかに「制圧部隊」という言葉がでてきており、制圧行動が組織的に訓練されていることをしめしている。

東日本入国管理センターが毎年だしている業務概況書の研修項目に、第二種補じょう緊縛方法・武道訓練・逮捕術訓練など制圧にむけた訓練が、たくさん記載されている。しかも、拳銃の射撃訓練まで実施されている。射撃訓練は、ちょっとおどろきである。

入管職員によれば、ほかの場所をかりて射撃訓練をおこなっているが、実際に数十年間拳銃は身につけていない、という。そうなら、拳銃訓練の必要性はまったくない。制圧暴行でさえ、収容者を傷つけている。ましてや、職員が拳銃をもっていたら、あやまって収容者を殺傷してしまうことだってありうる。

東京入管局の制圧部隊（入管のパンフレット）
暴行の傷あとがのこらないように、
職員はじゅうぶん訓練されている。

恥辱的な監視とワイセツ行為

外国人収容所でおきている暴力は、身体的な暴力のみならず、言葉の暴力もある。日本語をまったくはなせない収容者がなんども職員にたのみごとをしても、職員は「コラー、やめろといってんだろー」とヤクザみたいな言葉をあびせている、という。ほかにも、女性への恥辱的な暴力がみられる。

２０２０年にフィリピン人ジェシーさん（女性47歳）が診療所をおとずれたとき、かなりやせほそっていた。陽気な性格で、快活にはなすのだが、その内容はいたましい。

東京入管局での収容中、子どもにあいたい気持ちがいっぱいで、ジェシーさんは不安な日々をすごしていた。しだいにご飯がたべられなくなり、果物や水や青汁だけしかとることができず、嘔気もでてきた。体重は51kgだったのが、35kgにまでへってしまった。病院で治療を要する状態だったにもかかわらず、彼女は単独室にいれられてしまった。

単独室にいれられて一番つらかったのは、トイレのときや着がえるとき、部屋の上につけられた監視カメラでみられていることです。丸みえで、はずかしかった。

ブロックの廊下に男性職員がはいるとき、「男がはいるんだよ」と声かけているんですけど、わたしたちにはわからないから、着がえのときにのぞかれたこともあります。

３年間収容されたのち、ジェシーさんは仮放免されたのだが、いつふたたび収容されるのか心配している。胃がいたみ、ねむられない毎日をすごし、将来の不安をかくせない。仮放免延長手つづきにいくとき、手がふるえ、動悸がして、いつも緊張するという。「入管は、とてもこわい」とかたっていた。あきらかにＰＴＳＤの症状である。

ジェシーさんとおなじ棟だったクルド人ドルスンさん（女性24歳）も、恥辱体験をあじわっている。収容中に単独室にいれられ、トイレ使用や着替えをしているところを、部屋の天井につけられた監視カメラで男性職員にみられていた。シャワー室にいくときも、廊下の監視カメラでみられているので、服をきて出入りするが、なかにはバスタオルだけで出入りする女性収容者もいるという。

収容所の男性職員は、女性のはずかしいという感覚が理解できないようだ。だから、入管職員は平気で無理やりキスしたり、胸をさわったりするのだろう。(二) 収容された女性たちは、はずかしめられることで精神的ダメージをこうむる。彼女たちが声をあげられないのは、レイプ被害者とおなじで、おおやけにすれば、二度目の精神的被害をうけるからである。収容所内のセクハラやワイセツ行為は、外部にもれないまま、密室のなかで常態化している。

監視カメラからみた単独室の絵

モニター監視室（東日本入国管理センターのパンフレット）

不起訴用のビデオ撮影

ほんのささいなことをきっかけに職員による暴行がはじまっているが、不幸にも暴力でなくなった収容者がいる。第3章でのべるイラン人ムサビさんである。

本章冒頭写真のデニズさんへの暴

行が20年以上前であったら、デニズさんはムサビさんのようにころされていたかもしれない。ころされなくとも、瀕死のダメージをうけたことだろう。さいわいにも無事にすんだのは、ビデオ撮影があったからである。1997年のムサビさんのときは、ビデオ撮影はなかった。ビデオ撮影は、暴力の抑止効果をもたらしている。

ところで、情報開示請求しても入管は映像提出を拒否している。それなのに、どうしてビデオ撮影をするのだろうか。

2005年4月7日づけ法務省入管警備課の事務連絡には「制止措置等強制力を行使する際には、ビデオ撮影の励行」とある。弁護士団体によって入管職員が暴行容疑で検察に告訴されたが、ビデオ撮影などの証拠保全につとめたため、不起訴処分になったという内容であった。それ以降、職員が映像をとるようになったのである。

収容者に暴行をくわえても、検察から不起訴にしてもらうためにビデオ撮影している、というわけだ。おそらく、これは検察と入管の仕組んだワナで、さいしょから入管職員を不起訴にするための一環なのだろう。

入管職員の毎年の訓練にビデオ撮影がふくまれている。収容者のマイナスになる部分をうつしだし、自分たちのマイナス部分はけっしてとらないように、情報操作の訓練がなされているのだろう。DV加害者が自身の非の部分を撮影せず、DV被害者の興奮した姿だけをうつしだし、自分のほうがあたかも被害をうけているかのような場面をのこすという卑劣な手口をまねている。2010年の強制送還時のガーナ人スラジュさんの制圧窒息死亡事件が、まさにそれであった。

そのときのビデオ映像は、入管施設内から飛行機内までのスラジュさんの姿をとらえていた。スラジュさんは抵抗もせず、「どこにもいかない」と飛行機の搭乗を拒否していたのだが、入管職員によってエジプト航空の機内までかつぎはこばれた。機内では、「ストップ、ストップ」という入管職員の声がきかれ、ビデオ映像はそこでプッツリときれた。

ふたたびビデオ映像がはじまった。それは、護送車内でよこたわる無言のスラジュさんをうつしだしつつ、同時に入管職員数名がスラジュさんをぼうぜんとながめている光景であった。護送車がうごきだし、空港内の診療所につくと、看護師はすばやくスラジュさんに心臓マッサージを開始した。そこでビデオ映像はおわっている。

のちにスラジュさんの死亡が確認されたのだが、飛行機内の途中でビデオ撮影が中断されているため、暴行をうつしだした映像はのこっていない。2年5ヶ月のちに、検察は入管職員を不起訴とした。

ビデオ撮影したのは、スラジュさんがあばれることを想定していたからだろう。ところが、入管職員の予想に反してスラジュさんはおとなしくしていた。そこで入管職員がとった行動は、ビデオ撮影をいったん中止にしたうえで、スラジュさんが反抗的な態度をとるようにしむけたのではないだろうか。そうでなければ、おとなしくしている人にたいして死にいたらしめるほどの暴力行為は、説明できない。

墓穴をほるビデオ撮影

刑事裁判において、検察の不起訴用のビデオ撮影は、うまくことがはこんだ。ところが、このビデオ撮影がおもわぬ展開をみせる。入管職員によって暴行された被害者や遺族が、民事裁判で国家賠償請求をおこしはじめたのである。民事裁判において、入管は証拠としてビデオ映像の提出をせまられ、しぶしぶださざるをえなくなった。

ビデオ映像が公開され、メディアがとりあげると、被害の実態が白日のもとにさらされた。それによって、入管は裁判でつぎつぎと敗訴するようになった。入管は、ビデオ撮影で墓穴をほったのである。

第3章でのべるウィシュマさん死亡事件の真相を究明するには、入管容疑者の上司の筆による報告書よりも、ビデオ映像のほうがはるかにまさる。ビデオ映像によって、死亡までのウィシュマさんの状態が正確に把握できるし、死亡当日の具体的な状況もわかってくる。しかも、入管職員の言動もつぶさに観察できる。

それにもかかわらず、入管はビデオ映像の提出をかたくなにこばんでいる。ウィシュマさんの妹さんは監視カメラ映像の一部をみて、「動物のようにあつかわれていた」といきどおっていた。彼女の感想は、収容を経験した人すべてに共通するおもいでもある。わたしが面会した収容者もかたっていた。

動物園の檻《おり》にいれられているようだ。

わたしたちは、まだ「動物園の檻《おり》」の映像をみられずにいる。

図2-4　収容者数および収容期間１年以上の収容者の割合（その年のある日の時点）

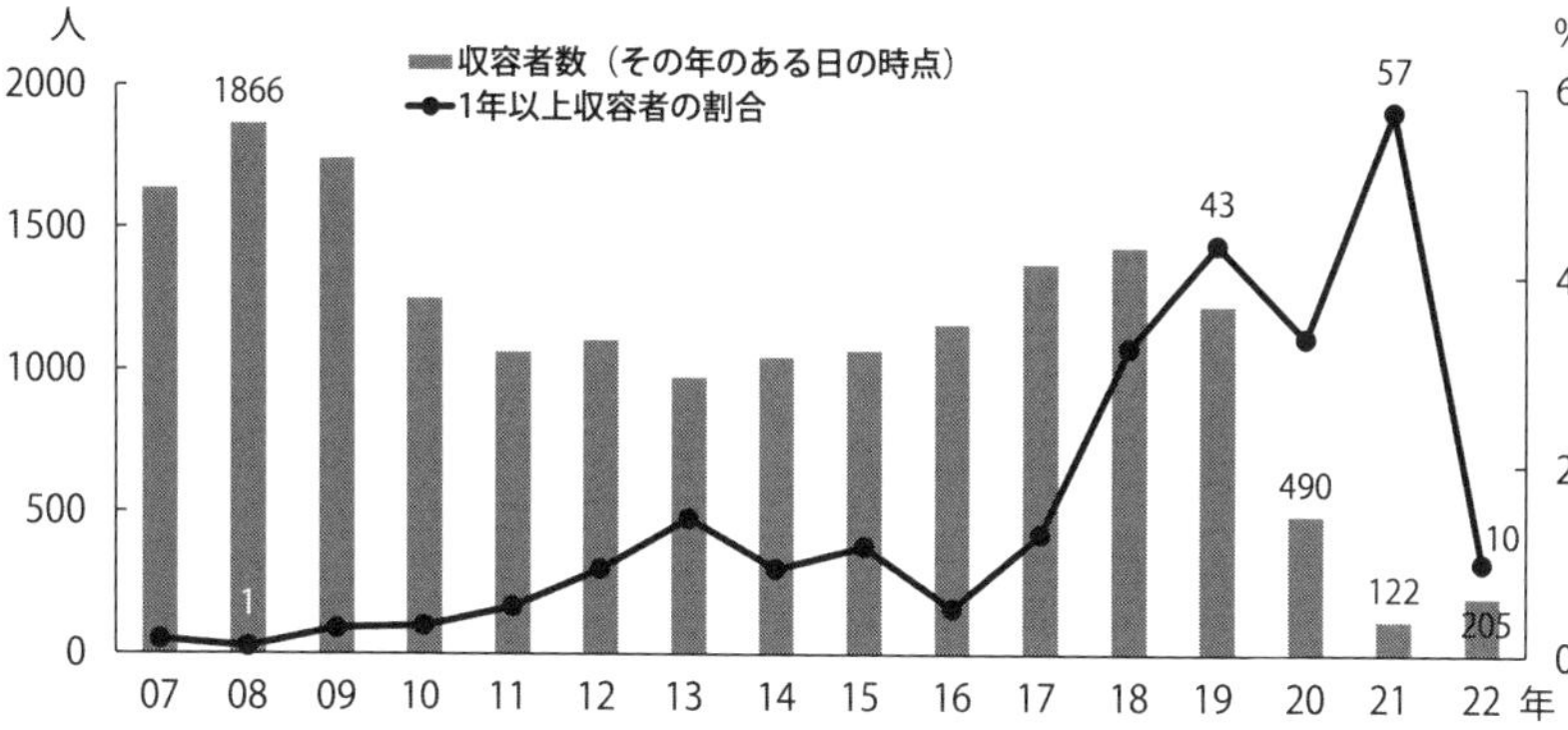

長期収容による負の連鎖

無期限の収容

全国17ヶ所の収容所における収容者総数は、２００８年をピークに、その後減少の一途をたどっている。また、収容期間1年以上の収容者の割合は、08年に1%だったのが、その後上昇し、19年には43%、21年には57%にもなった。ところが、22年には10%におちた（**図2-4**）。

20年からの収容者の減少は、コロナ感染症の影響によって、仮放免をたくさんだすようになったからである。その結果、ほとんどの収容所で空き部屋がたくさんみられるようになった。外国人収容所の存在意義はうしなわれたも同然である。

密室の暴力

単独室への隔離件数は、２０１7年以降おおくなっている（**図2-5a**）。そのうち職務の執行の反抗による隔離について収容所別でみると、19年の大村入国管理センターが１４０件でもっともおおい（**図2-5b**）。同年の大村入国管理センターの平均収容者数は１０４

図2–5a　隔離件数

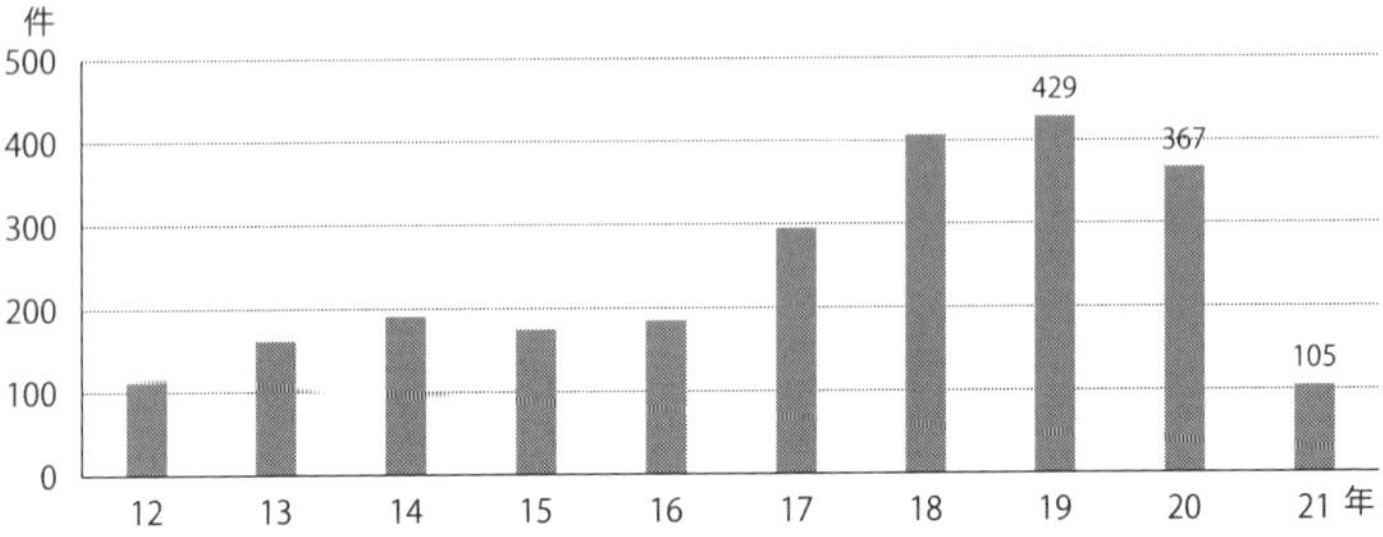

図2–5b　職務の執行の反抗による隔離件数（収容所別）

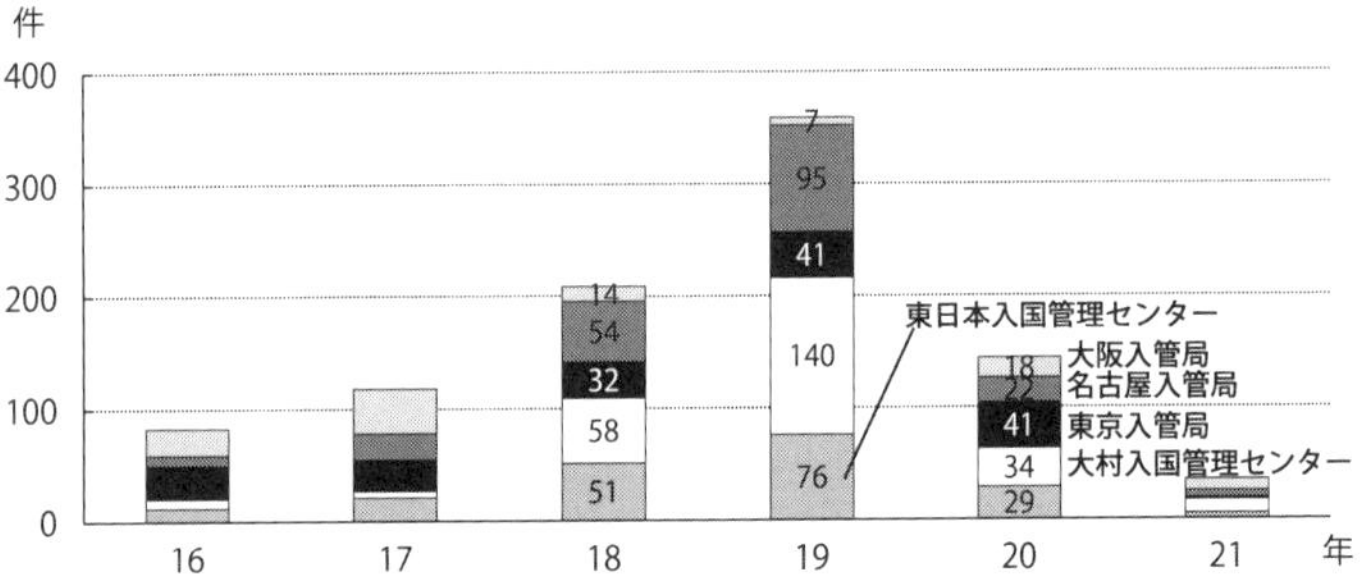

図2–6a　かい具使用回数

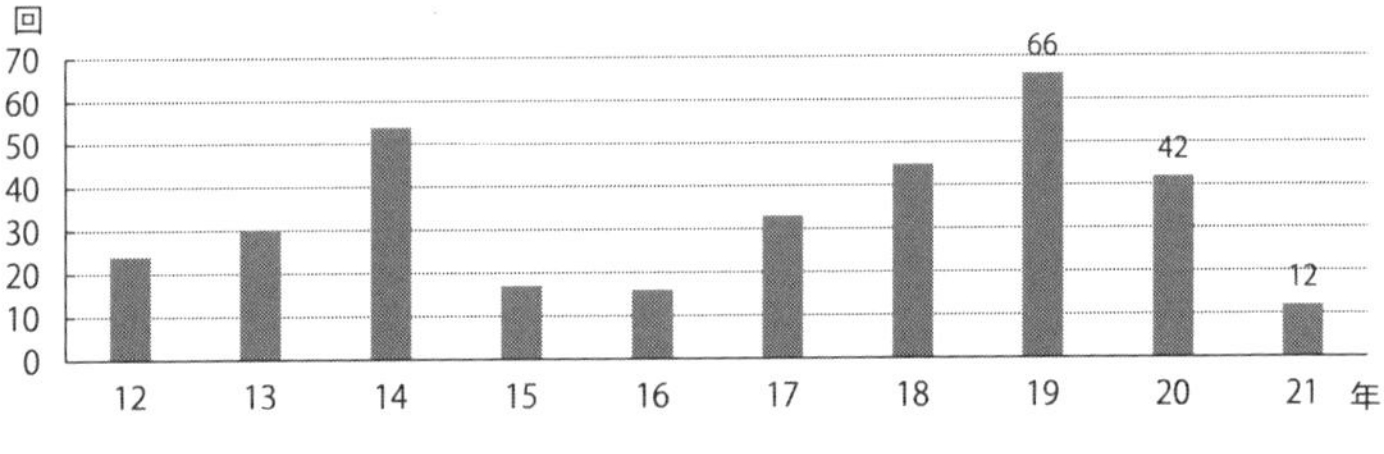

図2–6b　かい具使用回数（収容所別）

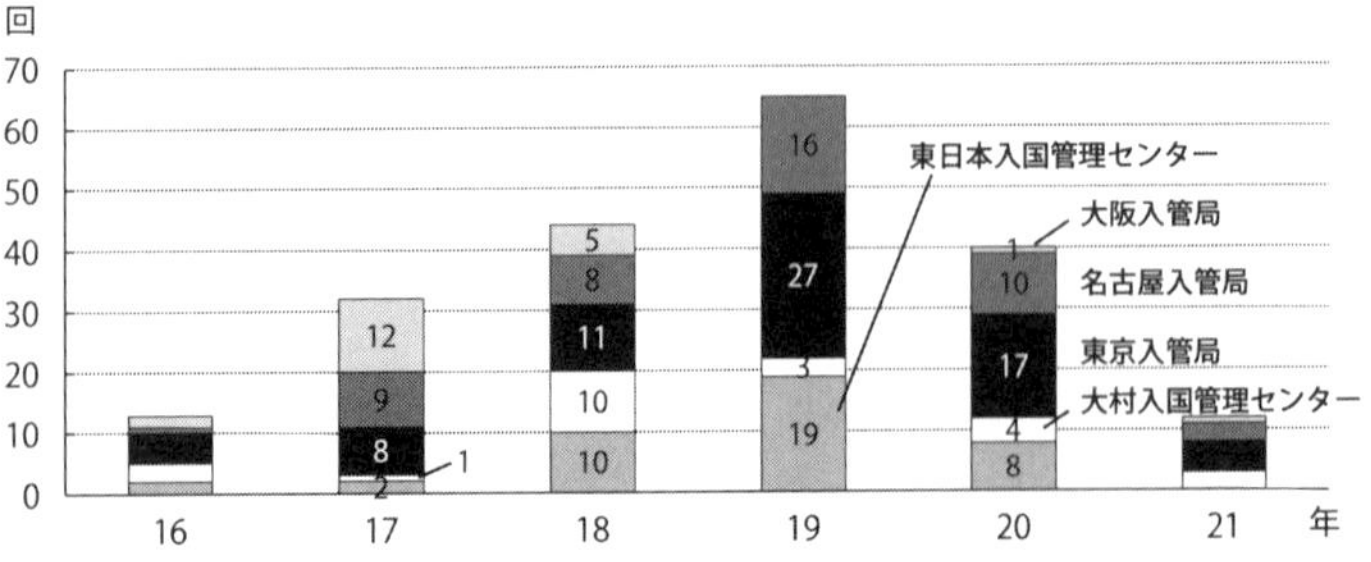

図2–7　自殺未遂者数

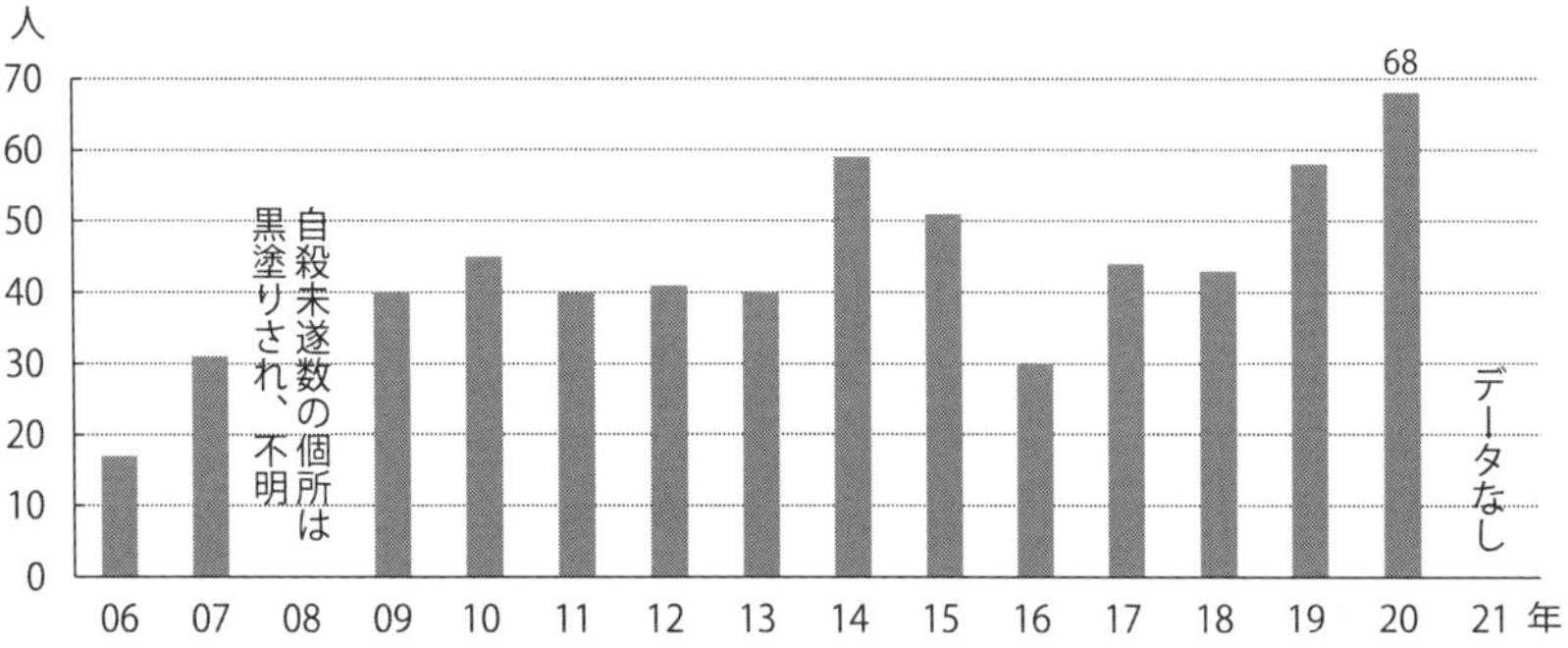

人なので、収容者全員が平均１・４回は職務の執行の反抗により隔離された計算となる。

かい具使用回数もまた、２０１７年以降ふえている（**図2-6a**）。それを収容所別でみると、２０１９年の東京入管局が27件ともっともおおい（**図2-6b**）。19年の東京入管局では、職務の執行の反抗による隔離件数が41件なので、隔離された人の半数以上にかい具がつかわれたことになる。それだけ入管職員による暴力がふえ、常態化していることがうかがわれる。

なお、**図2-4**から**図2-7**までは、移住労働者と連帯する全国ネットワークによる省庁交渉でえられたデータから作図している。

自殺未遂多発

自殺未遂者はあとをたたず、２００９年以降は年間40人以上にものぼっている（**図2-7**）。この間の自殺者は、２００８年１人（インド人男性、西日本入管）、２００９年１人（中国人男性、東京入管）、２０１０年２人（ブラジル人男性および韓国人男性、東日本入管）、２０１８年１人（インド人男性、東日本入管）、２０２２年１人（イタリア人男性、東京入管）である。

図2-8　長期収容によって生じる負の連鎖

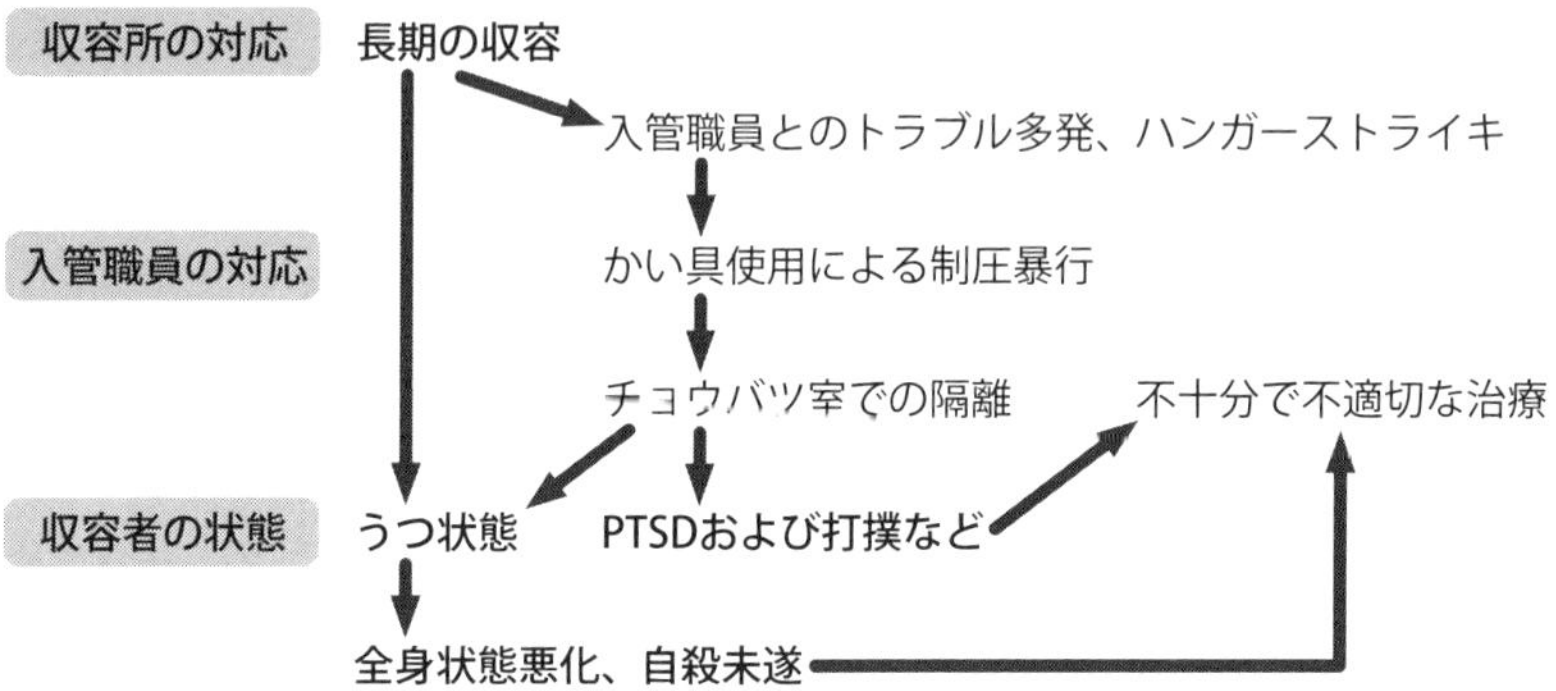

変化する収容目的

長期収容によって、いつでられるのかという不安を収容者はいだく。なにもわるいことをしていないのに、なぜ収容されるのかという疑問を口にする。家族への心配もつのる。しだいに収容者はうつ状態におちいり、食事ができなくなり、体重がへり、全身状態がわるくなる。将来を悲観し、自殺未遂をおこす。実際に自殺者もでた。

長期収容にたいして、収容者たちは抗議のハンガーストライキをおこない、それとともに職員とのいざこざがふえる。それがはげしくなると職員によって制圧され、暴行をうける。暴行は、収容者のからだとこころに傷をおわせる。ところが、入管での治療は不十分で不適切である。劣悪な収容環境が、それらに拍車をかける（図2-8）。

２００３年２月の衆院予算委員会で法務大臣は、「入管収容はあくまで退去強制事由に該当する者を送還するまでの間、身柄を確保しておくことが目的」と説明している。送還するために、収容していたのである。帰国できない収容者にたいして、入管は送還せずに仮放免していた。

ところが、２０１８年２月入管局長は各収容施設長に、送還のみこみがたたなくても、収容の継続を指示した。その結果、１年以上の長期収容者の割合が19年に43％とふえてしまったのである。

法務省は、「２０２０年東京オリンピックにむけた治安対策」を収容の継続理由にあげた。２００３年の法務大臣の発言とことなり、収容の目的を「送還までの身柄確保」から「治安対策」へときりかえている。しかも、仮放免者への治安対策がなぜ必要なのかという説明はなく、その根拠についてもふれられていない。

救世主コロナウイルス

だが、その長期収容に終止符がうたれた。２０２０年4月以降になると、コロナ感染予防のため、仮放免が急激にふえたのである。２０２２年10月現在、東日本入国管理センターおよび大村入国管理センターでは、それぞれ20人程度しか収容されていない。どちらも定員７００人なので、収容率はたった3％でしかない。このように簡単に収容所からでられたのである。収容者にとって、コロナウイルスはまさに救世主であった。

仮放免されたのち、社会治安が悪化したというはなしはきかない。長期収容は病気を悪化させ、暴行事件をひきおこし、外部病院の受診もおおくなり、入管の医療費がかさむのだが、その医療費もへるだろう。

仮放免を大量にだしたことによって、収容の根拠をうしない、その無意味さと税金のムダづかいを入管みずから証明したのである。もともと収容する必要性はなく、オリンピックを口実に収容を正当化したにすぎない。

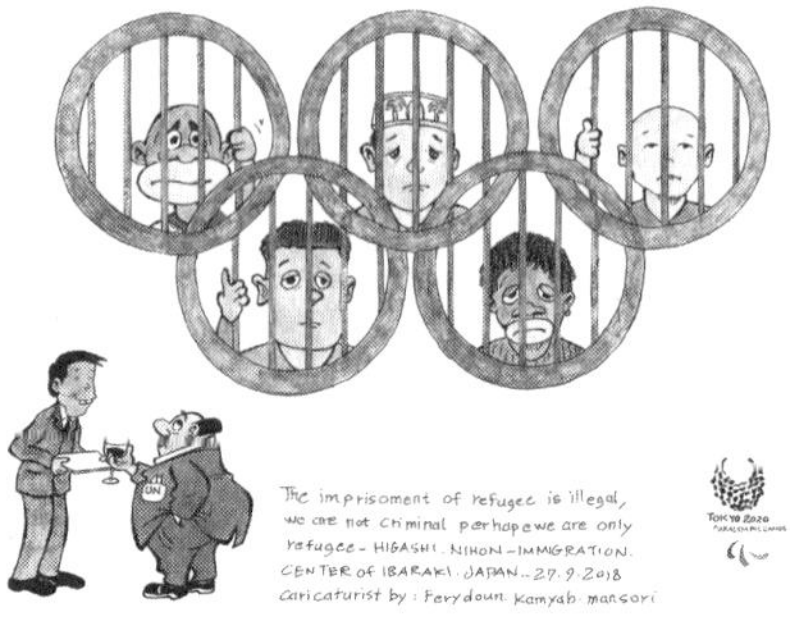

収容中の難民申請者がえがいた風刺絵
オリンピックの犠牲となった収容者

©近藤正人

日本人がえがいた風刺絵
日本にくらす人びともまた、収容所列島の収容者かもしれない。

オリンピック災害の犠牲者

オリンピックによる犠牲者は、収容者にとどまらない。コロナ感染拡大をまねくおそれがあったため、8割以上の人びとがオリンピック開催に否定的であった。オリンピック中止は当然、とシロウトでもわかっていた。そんななか、国際オリンピック委員会(三)会長から金メダル級発言がとびだした。

わたしたちは、犠牲をはらわなければならない。

日本にくらす人びとの健康や安全が、ないがしろにされたのである。クロウトのコロナ感染症専門家会議の医師もまた、ユニークな金メダル級発言をした。

オリンピック開催の是非は、検討しない。

オリンピック開催によって人びとに害をおよぼすことがわかっていても、専門家とされる医師たちはなんら行動をおこさなかった。オリンピックは強行され、その結果コロナ感染爆発がおきてしまい、しかも巨額となったオリンピック赤字を税金でまかなわなければならなくなった。

国際オリンピック委員会会長とおなじような発言は、入管職員からもはなたれている。

わたしたちの仕事は、〝不法〟外国人を収容し、送還することです。

収容者の健康を犠牲にしてでも、オリンピックを口実に収容と送還が最優先される。入管医師も、コロナ感染症専門家会議の医師とおなじ傍観のかまえである。それは、つぎの言葉に象徴される（第4章「医療へのつながりをとざされる人びと」参照）。

根本的にここの環境がきつい、ということ自体は私には変えられない。

国際オリンピック委員会と入管は、人的災害をひきおこし、なおかつ税金のムダづかいという点で共通している。それをコロナウイルスが、みごとにあばきだしてくれた。コロナウイルスによって、わるいことばかりがおきたわけではない。

図2–9　外国人収容所の充足率

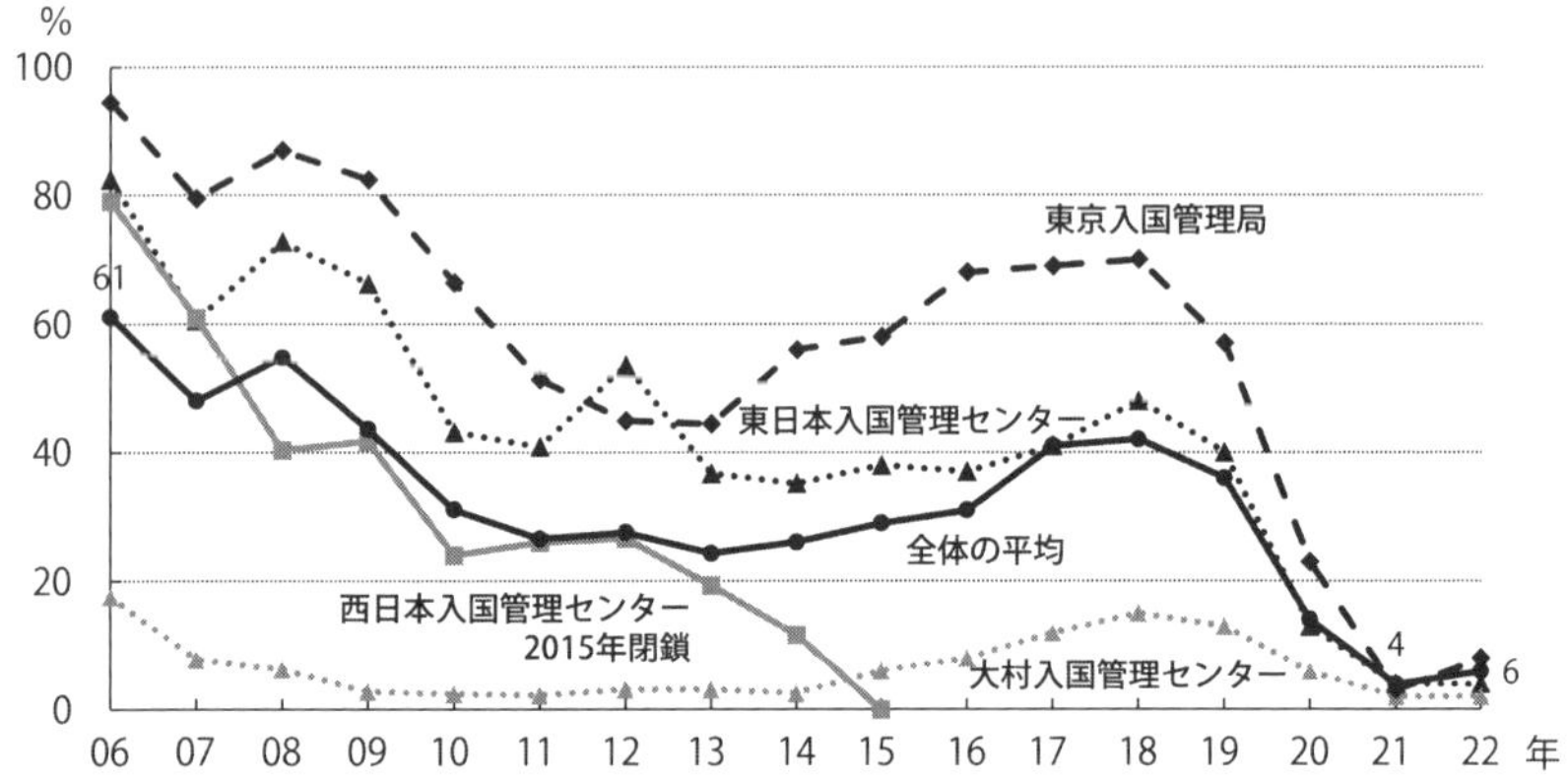

図2–10　収容者ひとりにつき１日にかかる費用

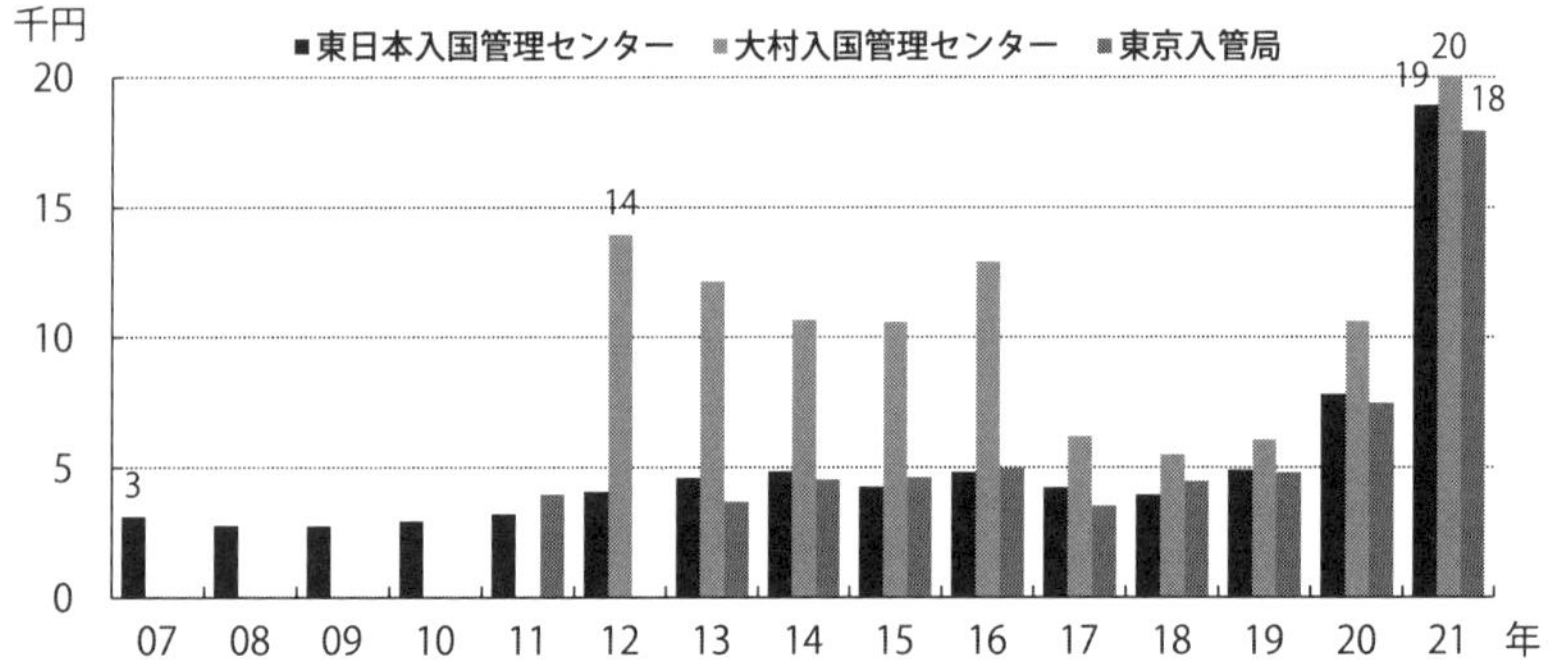

図2–11　収容者ひとりにつき退所するまでの費用（東日本入国管理センター）

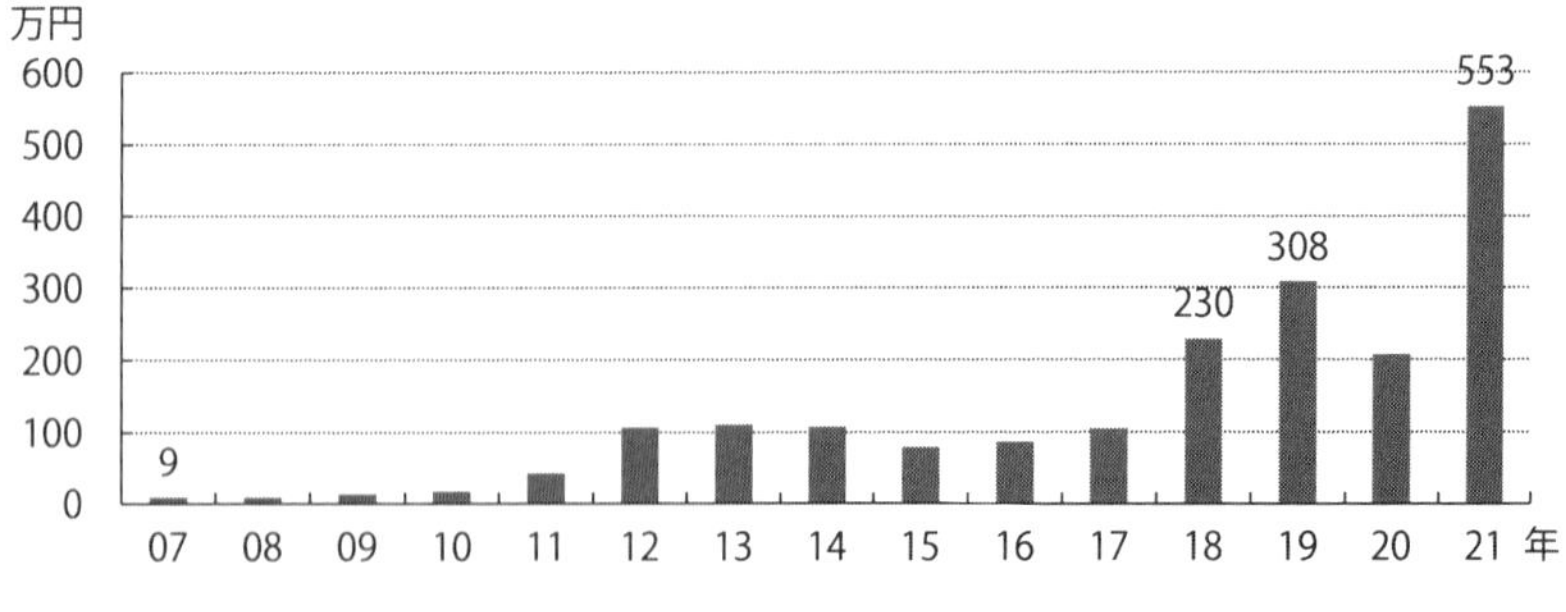

非効率な収容所

入管の誤算

毎年、わたしは外国人収容所の充足率を計算している。充足率（％）は、入管が公表しているある日の収容者数を収容所の定員数でわった数値である。平均充足率は２００６年以降さがりつづけ、その後いったん上昇したものの、21年は４％、22年は６％に急落している（**図2-9**）。

充足率の変動をみるかぎり、閉鎖するのは西日本入国管理センター（大阪府茨木市）よりは、むしろ大村入国管理センターであった。４〜６％の充足率であれば、統廃合してもよさそうだが、無意味な収容所を維持している。ここに、法務省入管のあやまった判断がみてとれる。

ふくれあがる収容費用

収容者ひとりにつき1日にかかる費用も計算している。情報公開でえた年間の収容諸費および食費の合計を年間のべ収容人数でわった数値である。

東日本入国管理センターおよび東京入管局は、２０１２年以降４千〜５千円のあいだを推移していたが、21年には2万円ちかくにもはねあがっている。３食つきの宿泊料は、高級ホテルなみである。ひとりにつき1ヶ月の経費は57万円、1年の経費は６９１万円となる。いっぽう、大村入国管理センターでは、17年から19年をのぞき、ひとりにつき1万円以上もかかっていた。21年になると、倍の2万円にもなっている（**図2-10**）。

さらに、東日本入国管理センターの収容者の収容平均日数をもとに、ひとりの収容者が退所するまでの費用を計算した。2000年代には十数万円、2010年代中盤には100万円台だったのが、18年以降は上昇し、21年には553万円にもなっている(図2-11)。

以上は、収容諸費および食費だけの計算である。支出はほかに、職員の人件費などがあり、それらをくわえた費用も計算した。東日本入国管理センターにかぎっていえば、収容者ひとりにつき1日の費用は、2020年は3万2千円、21年は7万2千円となり、VIP待遇の超高級ホテルとなる。1ヶ月の経費はひとりにつき216万円、1年の経費は2628万円にもなる。

罪のないひとりの収容者にこれだけの費用を投じるのは、税金のムダづかいというほかない。収容所の存在意義は、経費面からも破綻している。

(一) 入管職員が収容中の女性にワイセツ行為を強要したため、被害女性が告訴し、職員は懲戒免職となった(朝日新聞1988年9月1日)。

(二) 国際オリンピック委員会は、国際という名を冠しているものの、世界にあまたある民間の興行団体のひとつにしかすぎない。その特徴はスポーツをみせものにしながら各国の税金をむさぼりつづける〝ぼったくり〟であり、現代の貴族階級として世界のスポーツ界に君臨している点である。貴族というのは、いつの時代でも人びとのお金をすいとることにたけているようだ。

第3章

無言の人びと

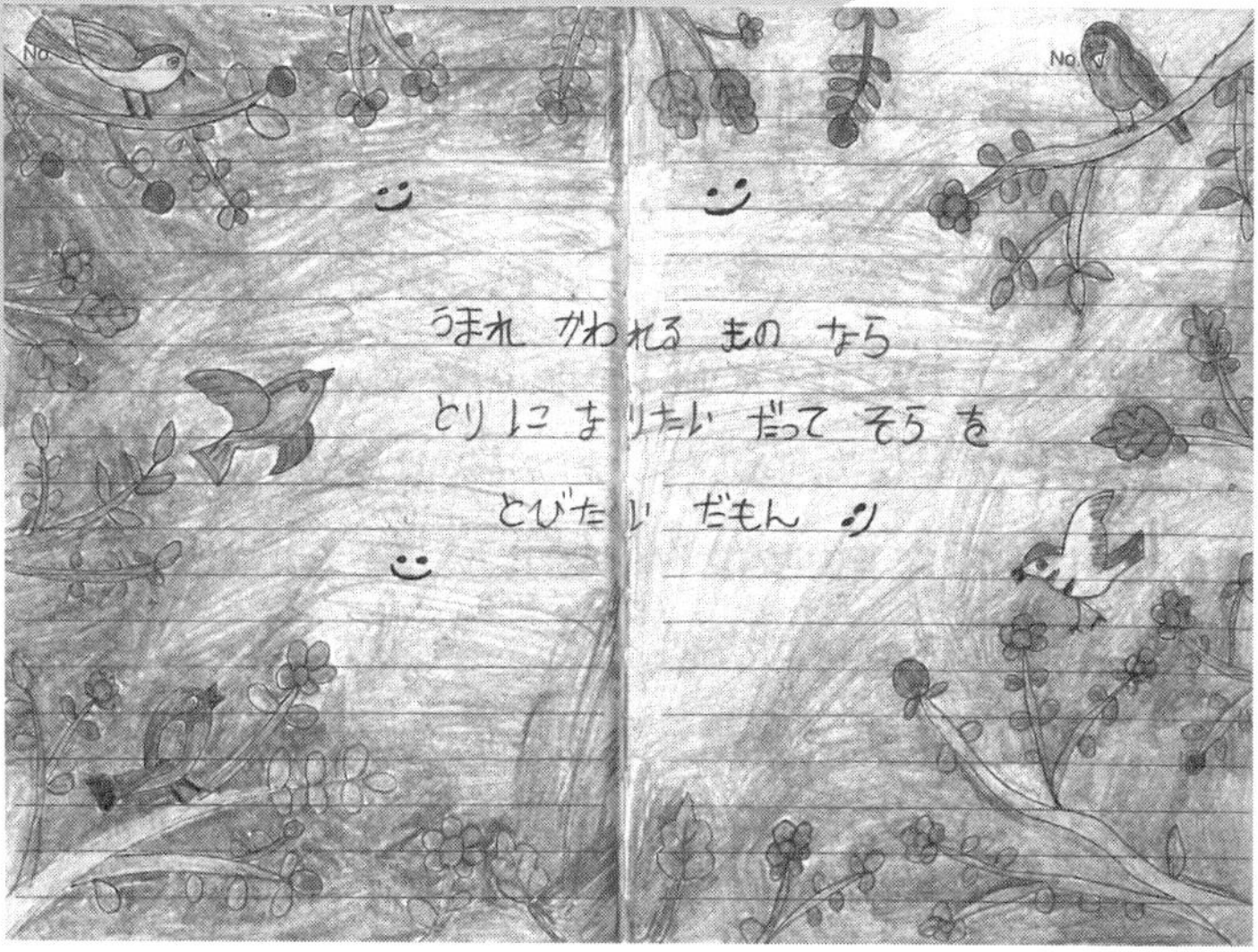

クマルさんのえがいた絵

「うまれ かわれる ものなら とり に なりたい」
2018年４月、東日本入国管理センターでインド人クマルさんは
ノートに言葉と絵をのこして、いのちを絶った。

ウィシュマさんのえがいた絵

「わたし を ここ から つれだして」
（2021年３月、面会支援者にむけた
ウィシュマさんのさいごの言葉）

【解説】

外国人収容所で死亡した人のうち、入管が報告書を作成したのは5件である。入管の手によるそれらの報告書をよむと、表面的な事実しか記載されていない。

死因はもちろんのこと、なぜ死にいたったのか、いいかえれば、収容者が病状をなんども職員にうったえていたにもかかわらず、なぜ病院で治療されず、放置されていたのか。それがもっとも重要なのに、報告書ではいっさいふれられていない。報告書の内容を解読すれば、入管にとって都合のわるい事実が都合よくはぶかれている。

死者のほとんどはかたらずして、失意のままなくなった。だが、おなじ棟の収容者は、死者にたいする入管のあつかいにいきどおっていた。なかには、抗議のハンガーストライキをおこなった収容者もいる。名古屋入管でなくなったスリランカ人ウィシュマさんは、彼女のおもいを手紙にかきのこしていた。しかも、支援者は面会によってウィシュマさんの状態を正確につかんでいた。

収容者や支援者から丹念にききとることで、死因や死にいたるまでの分析は可能である。収容者や支援者が死者ののこした言葉をよみがえらせている、といってよい。無言のまま、おわらせるわけにはいかないのである。

本章では、1993〜2021年まで収容所でなくなった人たちをとりあげ、彼／彼女らの死にいたるまでの経過、そして死因の分析結果をしめす。また、入管の責任がとわれなければならないのだが、検察によって不起訴にされるか、民事裁判でも無罪となってしまう。それはどうしてなのか、その構造的要因についても検討した。

患者放置による死

収容所での死亡

外国人収容所における死亡事件について、入管による発表・国会議員による資料請求・情報公開などのほか、遺族・弁護士・支援者などからの情報もくわえ、一覧表にまとめた。

1993～2022年までになくなった収容者は合計26人である。脳血管疾患や心筋梗塞などの病死16人、自殺8人、暴行死2人である（表3－1）。

そのうち1993～2005年までの死亡6人について、国会議員が請求した資料をもとに、わたしは死因を検討した（表3－2）。

つぎに2014～21年までの死亡7人について、わたしは収容所の同室者およびおなじ棟の収容者から、なくなった人の状況をくわしくききとった。19年のナイジェリア人については入管の報告書を参考とし、21年のスリランカ人については面会支援者への聞きとりをおこない、外部病院の資料とともに入管の報告書を参考にした。こうして、わたしは7人の詳細な報告書をつくりあげた。ここでは、その要点だけをしめす（表3－3）。

これら病気による一連の死亡事件では、福岡入管局で死亡した中国人をのぞき、いくつかの共通点がみられた。病状が悪化しても外部の医療機関につなげていない、急変しても死亡しても職員は気づいていない、救命救急処置が不十分で救急車をよぶのがおそい、入管医師の診療内容が不十分などである。

病死については、適切で迅速な救急対応と十分な治療をほどこせば、死にいたらなかったであろう。医

表3−1　収容所での死亡一覧（1993〜2022年）

No.	発生年月	収容施設	国籍	死因
1	1993年5月	横浜入管局	イラン	くも膜下出血
2	1994年2月	東京入管局	フィリピン	自殺
3	1997年8月	東京入管局	イラン	頸椎脱臼
4	2001年10月	西日本入国管理センター	ベトナム	自殺
5	2003年11月	東日本入国管理センター	不明	肺炎
6	2005年4月	西日本入国管理センター	ベトナム	頭蓋骨骨折
7	2006年12月	東京入管局	ナイジェリア	病死
8	2007年2月	東京入管局	ガーナ	肺炎
9	2008年1月	西日本入国管理センター	インド	自殺
10	2009年3月	東京入管局	中国	自殺
11	2010年2月	東日本入国管理センター	ブラジル	自殺
12	2010年3月	東京入管局＊	ガーナ	制圧死
13	2010年4月	東日本入国管理センター	韓国	自殺
14	2010年4月	東京入管局	フィリピン	病死
15	2010年12月	東京入管局	フィリピン	急性心筋梗塞
16	2013年10月	東京入管局	ビルマ	くも膜下出血
17	2014年3月	東日本入国管理センター	イラン	誤飲性窒息死
18	2014年3月	東日本入国管理センター	カメルーン	病死（複合的な要因）
19	2014年11月	東京入管局	スリランカ	急性心筋梗塞
20	2017年3月	東日本入国管理センター	ベトナム	くも膜下出血
21	2018年4月	東日本入国管理センター	インド	自殺
22	2018年11月	福岡入管局	中国	心不全、腎不全
23	2019年6月	大村入国管理センター	ナイジェリア	餓死
24	2020年10月	名古屋入管局	インドネシア	急性の致死的不整脈
25	2021年3月	名古屋入管局	スリランカ	臓器不全、衰弱
26	2022年11月	東京入管局	イタリア	自殺

＊ 強制送還中に成田空港のエジプト航空機内でなくなった。裁判では「心臓のう胞」による突然死とされたが、制圧死なのだろう。

師をふくめ入管職員の対応は、収容者の死をうながしている、といえる。

なお、福岡入管局で死亡した中国人（**表3−1**のNo.22）については、外部の医療機関につなげたものの、入院させず、医療関係者のいない収容所で経過をみたため、病状が悪化し、死期をはやめてしまった。

法務省入管は、死亡した5人の調査報告書をつくっている。2014年のイラン人とカメルーン人については、それぞれわずか1ページだ

表3–2　入管資料をもとに筆者が検討した死亡例（1993〜2005年）

発生年月	国籍	収容施設	死因	筆者のコメント
1993年５月	イラン	横浜入管局	クモ膜下出血	入管内での急変後、入院した外部の病院で「動脈瘤破裂によるクモ膜下出血」と診断されている。外部病院の診断なので、確実だろう。ただし、2017年のベトナム人のくも膜下出血による死亡を検討してもわかるとおり、入管で適切な対応がおこなわれたかどうかは、疑問である。
1994年２月	フィリピン	東京入管局	自殺	「２月10日からは単独房にうつされていた」との記載がある。その４日後の２月14日に自殺している。おおくのフィリピン人に接したわたしの個人的な見解だが、陽気であかるい性格のフィリピン人が自殺するのはきわめてマレである。なぜ彼が自殺にいたったのか不可解である。
1997年８月	イラン	東京入管局	頚椎脱臼	隔離室内で意識不明の状態になった。くわしくは、本章の第３節「逆えん罪—加害者の無罪」でのべる。
2001年10月	ベトナム	西日本入国管理センター	自殺	診療記録では、2001年６月13日に一度自殺未遂していることが記載されている。自殺未遂しているにもかかわらず、直後に医師の診察がなされていない。また、その後の経過がおわれておらず、専門の精神科医の受診もない。
2003年	不明	東日本入国管理センター	肺炎	「両側び慢性の重症肺炎をおこした」と記載されている。長期間咳をうったえており、入管の医師は４回も診察していたにもかかわらず、胸部レントゲン写真をいちども撮影していなかった。しかも１ヶ月間は対症療法の薬が処方されていただけであった。診断と治療が不適切である。
2005年４月	ベトナム	西日本入国管理センター	後頭部打撲	2005年４月16日の死体検案書によれば、死亡の原因として転倒による後頭部打撲と記載されている。これが転倒によるものかどうかは、わからない。解剖医が入管職員にききとった結果なのだろう。1997年のイラン人死亡でみられるように、入管職員による暴行の可能性もありうる。

らずで、報告に値しない。２０１７年のベトナム人、２０１９年のナイジェリア人、２０２１年のスリランカ人については、経過などがくわしく記載されている。そこで、法務省入管が作成した報告書とわたし独自の調査報告書とを比較検討したうえで、３人の死亡事件の問題点をうきぼりにする。

また、自殺３人（**表3-1**のNo.11、No.13、No.21）および暴行死１人（**表3-1**のNo.12）については、わたしの調査にもとづき、もう

死亡までの経緯	死亡後、職員による発見までの時間	問題点
べ物をのどにつまらせ、窒息状態とつた。窒息状態にたいして、職員は適な対応をしなかつた。	約5分	多量の向精神薬の副作用によって、嚥下困難をきたし、それが窒息をまねいた可能性はある。
亡1ヶ月前から寝たきりの状態であっ。	別室につれていかれたため，不明	深刻な状態だったにもかかわらず、いちども外部病院につなげなかった。別室では、ながいあいだ、放置された可能性がある。
然の胸痛をうったえ、外部病院受診希したが、職員は鎮痛剤をあたえるのみつた。約2時間後に亡くなった。	4時間	激烈な胸痛だったにもかかわらず、鎮痛剤ですませていた。ほかの収容者によってはじめて異変(死亡)を指摘された。それまで職員は気づかなかった。くわしくは、第4章2節「放置死予備軍」でのべる。
亡の7日前からはげしい頭痛をうったていた。	2〜3時間	死亡1週間前に1回目のくも膜下出血がおきていた。この異常事態にきづかず、外部病院につなげていなかった。くわしくは、本章でのべる。
容時から重症の糖尿病、腎障害、脳梗既往、閉塞性動脈硬化症、下肢の潰瘍わずらっていた。それでも2週間収容れた。	病院での死亡	病院受診と医師往診のみで、積極的な入院治療をほどこさなかった。入管内で経過観察し、適切な治療をおこたったため、患者は回復不可能な状態となってしまい、死期をはやめた。
ンガーストライキにより、体重はkgから47kgにへっていた。入管内で治療を拒否していたようだ。	30分	死亡1週間前に外部の病院で治療すれば、たすかっただろう。ところが、入管は「治療拒否」していたとして、患者本人に責任をおしつけている。くわしくは、本章でのべる。
吐をくりかえし、たべられなくなってた。しだいに体重がへり、衰弱し、抵力がなくなっていた。そこに感染がくわったのだろう。	約1時間	死亡1週間前に入院治療をおこなえば、たすかっただろう。積極的に治療をおこなわなかったのは、入管職員が詐病としてみていたからである。くわしくは、本章でのべる。

ひとりの暴行死（**表3-1**のNo.3）については、裁判記録を参考にし、のちにくわしくのべる。病死の1人（**表3-1**のNo.19）についても、わたしの調査内容を第4章の第2節「放置死予備軍」に挿入した。

みのがされたくも膜下出血

2017年3月25日、東日本入国管理センターでベトナム人グエンさん（男性47歳）が単独室でなくなった。死亡事件をうけて、法務省は調査報告書「平成29年3月に発生した東日本入国管理センターにおけるベトナム人被収容者の死亡事案に関する調査結果について」を発表した。この事件で、わたしはグエンさんとおなじ棟の収容者に聞きとりをおこなっ

表3-3　筆者が調査した死亡例（2014〜21年）

発生年月	国籍	性 年齢	収容施設	死因	入管医師の診察
2014年3月	イラン	男性 33歳	東日本入国管理センター	窒息	なし
2014年3月	カメルーン	男性 44歳	東日本入国管理センター	消耗性疾患疑	死亡数日前に診察しているが、適切な診療なのかうたがわしい。
2014年11月	スリランカ	男性 57歳	東京入管局	心筋梗塞	なし
2017年3月	ベトナム	男性 47歳	東日本入国管理センター	くも膜下出血	死亡数日前に診察しているが、適切な診療とはいえない。
2018年11月	中国	男性 67歳	福岡入管局	心不全および腎不全	内部の診療体制はない。外部の医師の診察および外部病院での診療
2019年6月	ナイジェリア	男性 40歳代	大村入国管理センター	餓死	なんどか医師が診察しているが、外部の病院に積極的につなげていない。
2021年3月	スリランカ	女性 33歳	名古屋入管局	全身衰弱誤嚥性肺炎疑	なんどか診察しているが、外部の病院に積極的につなげていない。

た。わたしの調査結果をふまえつつ、正確性をたもつため、入管による報告書の記述も同時にしるす。

頭のいたみをうったえるグエンさんに、入管職員が収容所にそなえられている頭痛薬をあたえていた。頭痛薬でなおるはずもない病状にたいして、判断（診断）し、しかも投薬（治療）までおこなっていた。あきらかに医療行為そのもので、医師法違反にあたり、きわめて危険である。

2017年3月18日（なくなる1週間前）に意識障害や尿失禁があった。これは、あきらかに脳血管障害の前駆症状である。ところが、同年3月21日の診察では、入管医師はまともに対応していない。医師は血圧や頸部硬直の有無（くも膜下出血の有無を判断するための簡単な身体検査）などをたしかめず、3月18日におきた意識障害や尿失禁をまったく重視していなかった。

■収容者ふたりの証言

法務省の報告書の1ページ目に「当時に収容されていた他の被収容者など関係者から事情聴取を行い」とある。調査において、その点は重要である。それにもかかわらず、なぜか報告書のどこにも収容者の発言は記載されていない。わたしの報告書（2017年6月17日付）では、以下の点を指摘している。

収容者たちは、なくなる以前からの、そしてなくなったときの患者の状態や周囲の状況を正確に把握している。なぜなら、一日中患者と一緒にすごしていたからである。当時の入管職員の言動をも、つぶさに観察している。

いっぽう入管職員による記録は、ある一時点での、かつ管理する側からの観察でしかない。しかも、都合のわるい情報は記録にのこさない。

それでは「当時に収容されていた他の被収容者など」は、なにをかたったのだろうか。2017年3月27日にわたしがふたりの収容者から聞きとった証言をここにしるす（**表3-4**）。

法務省による報告書とのちがいは、2017年3月24日15時から25日1時までの出来事、そして入管職員の言動、とくに収容者が「イタイ、イタイ」という声にたいして職員は「しずかにしろ」「ウルサイ」といっ

表3–4 収容者ふたりの証言

	ベトナム人ボンさん（ちかくの部屋）の証言	イラン人アリさん（となりの部屋）の証言
2017年 3月18日	毎日、グエンさんは、頭、首、胸、腰のいたみをうったえていた。日本語があまりできず、「イタイ、イタイ」「くるしい」と単語しかいえなかった。一日中部屋のベッドでうずくまり、食事はほとんどとれなかった。おかゆを希望しても職員から拒否された。	死亡したグエンさんはとなりの部屋にいたので、彼の声をきくことができた。なんども頭のいたみを職員にうったえていた。
3月22日	入管医師が診察した。レントゲン写真を撮影し、鎮痛剤を処方された。それでも、体や胸のいたみはつづいていた。それにたいして、入管職員は放置していた。	
3月24日 15：00	「イタイ、イタイ」という声が彼の部屋からあいかわらずきこえた。職員が「**しずかにしろ**」「**ウルサイ**」といっていた。	「イタイ、イタイ」という声にたいして、職員が「**声がおおきい**」「**ウルサイ**」といっていた。
16：00〜 16：30	夕食の時間がおわっても、さけんでいた。	点呼終了
19：00〜 20：00	しずかになった。	しずかになった。
22：00	職員が各部屋の灰皿とライターを回収にきた。	職員が灰皿とライターを回収にきた。職員１人がよびかけたが、返事はなかった。２人の職員がきて、外からよびかけた。
22：15	職員が外からよびかけた。 返事がなかったので、鍵でドアをあけ、たおれているのを発見した。	返事がないので、３人がきて、ドアをあけ、部屋でたおれているのを発見した。AEDを２時間ちかくおこなった。
00：00 （01：00？）	救急隊が到着する。	救急車が到着した。救急隊員３人が酸素吸入と心臓マッサージをおこなった。
3月25日 01：15	担架ではこばれていくのをみた。	「体と腕が硬直している」と救急隊員が職員につげた。その後担架ではこばれていった。

たことである。

■収容されていなかったら

今回の事件が、たとえばほかの施設や病院などでおきていれば、重大な過失として責任がとわれる。裁判にうったえられれば、施設や病院はかならず敗訴する。

あるいは仮放免されている状態だったら、１回目の脳動脈瘤破裂と推定される２０１７年３月18日の時点で、あまりにも異常状態なので、本人が病院受診するか、ちかくにいる友人がグエンさんを病院につれてゆく。病院でくも膜下出血の診断をうけ、緊急手術がおこなわれ、事なきをえたであろう。

しかし、グエンさんは入管に収容されていた。２０１７年３月24日15時の２回目の脳動脈瘤破裂がおきても、ながきにわたり放置されていた。そして、３月24日（法務省発表では25日）になくなった。入管の責任は重大である、といわざるをえない。

■遺族への説明

グエンさん死亡２ヶ月後の２０１７年５月、わたしはベトナム・ハノイにむかった。そこでグエンさんの遺族にあい、彼らから話をききだした。日本で遺体をひきとった遺族は、外国人収容所の副所長から説明をうけたという。だが、その説明は公表された内容の域をでず、まったく不十分であった。そこで、わたしは死亡時の状況を遺族につたえた。

死因は脳出血（くも膜下出血）なのでしょう。頭痛の症状をうったえたとき、はやめに病院につれてゆき、くも膜下出血の原因の脳動脈瘤の手術をすれば、たすかった可能性があります。

ところが、グエンさんがつよい頭痛をうったえていたにもかかわらず、入管は４時間以上も放置していました。しかも異変（死亡）があっても、２時間ほど気づきませんでした。

そして入管の責任を追及すべく、国家賠償請求裁判をおこなうことをすすめた。だが、遺族はもうすんでしまったこと、と消極的であった。入管の失態をおおやけにできるせっかくのチャンスを断念せざるをえなかった。

餓死死亡事件

グエンさんがなくなった2年後の2019年6月24日、大村入国管理センターにて収容者のナイジェリア人サニーさん（男性50歳代）が、餓死というこれまでにない異様な状態でなくなった。同年10月に入管庁は、死亡事件にかんする報告書「大村入国管理センター被収容者の死亡事案に関する調査結果」を発表した。

その報告書を一読して目についたのは、「治療拒否」やなんらかの「拒否」という言葉のおおさである。死亡までの状況をしるした報告書の2〜4ページに19回もあらわれている。1ページにつき平均6回である。

死亡1週間前の2019年6月18日にも、体重の測定、薬の服用、点滴を拒否したとある。しかし、サニーさんが「ほぼ横臥」（横になっていた）ならば、この時点で自分の意思をつたえられる状態ではなかっただろう。しかも、病院での治療を要する緊急事態だった。医療経験のない入管職員が、サニーさんの病態を正確につかめるはずもない。

死亡数日前の6月21〜23日には、なにも記載されていない。「治療拒否」という言葉もみあたらない。意識がなくなりつつあり、緊急事態にもかかわらず、職員はなにもせずに、みすごしていたようだ。

6月24日の死亡当日、このときにいたってもサニーさんは体重測定を拒否したとある。わたしの臨床経験における死期患者の状態にてらしあわせても、彼に意識があるとはとうていおもえない。職員のおもいこみなのだろう。

臨床的に「もとの体重が2／3になると、生命の危険性がでてくる」といわれている。2018年10月サニーさんの体重は71kgだった。それが、2019年5月30日には60kg、6月17日には51kgとへり、死亡時には47kg、つまり体重の2／3になっていた。彼は、まさに「生命の危険性」を裏づけていた。

死亡1週間前の2019年6月17日には、体重が51kgとなっていた。この時点で病院につれていけば、サニーさんはたすかったであろう。

■治療拒否の理由

入管の報告書のなかで、解剖医師の意見として「亡くなる数日前に入院させることができれば死亡という結果にはならなかった」と記載されている。また、同医師は「職員が……死亡の危険がどれだけ切迫していたかは判断しにくい」という意見ものべている。だからこそ職員による病状判断は、きわめて危険である。病状が深刻化しても、職員の判断によってほとんど無為にやりすごされていた。

報告書は、一貫してサニーさんの治療拒否に死亡原因をもとめている。ところが、彼が治療を拒否しているのは入管内の医療であって、外部病院での治療は拒否していない。実際に外部病院での治療をうけていた。報告書には「甲病院で点滴がおこなわれた」とある。死亡まえに外部病院での治療、そして仮放免後の治療の選択肢があったのである。

それでは、なぜサニーさんは治療を拒否したのだろうか。その点について、報告書ではひとことも説明されていない。サニーさんのかたりは、「自由になりたい」「病気などないから治療は必要ない」などわずか数行のみにとどまっている。彼がのべたかったことは、たくさんあっただろう。それが無視されているようだ。

２０００年代におこなったわたしの調査では、９割ちかくの収容者が入管内の医療を信頼していなかった。[一] 治療というのは、患者と医療従事者のあいだでの信頼関係があって、はじめて成立する。信頼関係がなければ、治療はとうていムリである。サニーさんは、大村入国管理センターの医療関係者や職員を信用していなかったのだろう。それが、治療拒否のおおきな理由である。

ウィシュマさんの不可解な死

ナイジェリア人サニーさんは、無言のまま、あるいは無言にされたままなくなった。しかし、２０２１年の名古屋入管局でのスリランカ人ウィシュマさん死亡事件はちがった。ウィシュマさんのおもいが、彼女の手紙にのこされていた。しかも、支援者は面会によって彼女の状態を正確に把握していた。

ウィシュマさん死亡１ヶ月後の２０２１年４月９日に入管庁は中間報告書、４月23日に司法解剖の結果、そして８月10日に最終報告書を発表した。そのなかに、「詳細な死因に関しては、複数の要因が影響した可能性があり、─中略─具体的な経過（機序）を特定するのは困難」という記述がある。

日本語の文章訓練がなされていないのか、たいへんわかりづらい内容である。医師のわたしでさえ、なんのことなのかさっぱりわからない。どうやら、死因は不明といっているようだが、そんなことはないだろう。そこで、死亡当日はこばれた病院の診療記録や入管による中間および最終報告書、そして支援者の聞きとりをもとに、ほかの内科医とともに、わたしはウィシュマさんの死因を検討した。[二]

■直接死因はなにか

入管庁の最終報告書によれば、ウィシュマさんの意識状態は死亡2日前からひどくなった。もともと病状がすぐれず、意識がうすれてゆくなかで、精神科医によって処方された向精神薬および睡眠薬を服用し、さらなる意識の低下をきたしたのだろう。そうしたなかで、たべさせたり、のませたりしていた。それは誤飲や窒息をひきおこすため、きわめて危険な行為である。

実際にウィシュマさんはカフェオレを鼻からだし、カユをはきだしていた。死亡当日の肺CT画像では、両側肺に線香花火のようにあわい浸潤影が多発し、両肺下部には棒状・線状・点状の影がおおくみられている。単純な肺炎あるいは誤えん性肺炎、場合によっては異物の可能性がある。

ウィシュマさんは食べることができず、嘔吐をくりかえし、体重がへりつづけていた。85kgあった体重は、2月23日には65kg、死亡時には63kgになっていた。その過程で、脱水状態となり、電解質のアンバランスが生じ、しだいに衰弱していったのだろう。病院の血液検査から、肝機能障害や腎機能障害、そして低栄養状態と貧血がみられていたことからもあきらかである。

全身状態がわるくなっているところに、なんらかの感染を併発して、とどめをさされたのだろう。炎症反応CRPが高値となっていて、はげしい炎症があったことをしめしている。いまのところ、衰弱死および単純な肺炎か誤えん性肺炎しかおもいうかばない。

ウィシュマさんの場合、病死であれば、臨床医と病理学者で病態を検討していくのが、本来の道筋である。それを臨床について経験のとぼしい法医学者だけにまかせるのは、まちがった判断をくだす。実際に、法医学者は甲状腺炎を病死の原因としたが、それはのちに臨床的に否定された。

■職員による帰国強要と無視の態度

それでは、ウィシュマさんはなぜ食べることができず、嘔吐をくりかえしていたのだろうか。

胃カメラ検査をしても異常はなかった。それでも、病状が悪化の一途をたどっているのであれば、精神的な要素をかんがえなければならない。

収容者のおおくは、頭痛・不眠・食欲低下・脱力感・体のふるえなど多彩な症状をうったえる。きびしい収容環境に精神的にたえられず、心因反応としてそれら身体的な症状があらわれてくる。それが、うつ状態へとすすむこともある。

食欲低下も身体的な症状のひとつであり、それがひどくなると、嘔吐などをくりかえし、まったくたべられなくなる。しだいに脱水症状をきたし、体内の電解質もすくなくなり、からだの調整機能がおとろえ、さらに病状が悪化してゆく。胃カメラ検査をしても、ほとんど胃の異常はみつからない。そのような収容者をわたしは何人も経験している。

ウィシュマさんには、それ以外に重要な要因がくわわっていた。収容前に彼女はスリランカ男性によるDV被害をうけ、警察に保護をもとめたにもかかわらず、オーバーステイを理由に収容されてしまったのである。収容されているあいだ、DVによるPTSDをひきおこしながら、うつ状態がさらに悪化していったのだろう。しかも、DV加害男性から「スリランカでさがして、罰やる」と脅迫の手紙をうけとり、恐怖感はいっそうましていた。

そうしたなか、入管職員はむりやり帰国させようとしていた。面会支援をつづけていた松井保憲さんによれば、一日なんども職員が部屋にやってきて、帰国をせまり、ウィシュマさんが帰国を拒否すると、入管職員はウィシュマさんを無視しはじめた、という。男性による脅迫、入管職員による帰国強要と無視のプレッシャーで、ウィシュマさんはおいつめられ、精神状態が悪化していったのである。

ウィシュマさんの言動について、入管職員による記載がある。それをよむと、入管職員はウィシュマさんの言動をうたがってかかり、彼女のうったえをまったく無視していたことがうかがわれる。そうであれば、ウィシュマさんの悪化してゆく状態も正確につかめるはずもない。ウィシュマさんの様子をくわしく正確に観察していた支援者たちの言動さえうたがって、意に介さなかった。

■入管医療関係者の患者放置

入管医師の診察がまともにおこなわれていたかどうかも、あやしい。あれだけの嘔吐をくりかえし、体重がへっているのであれば、原因究明よりもなによりも、治療を優先しなければならない。ウィシュマさんもそれを切望していた。しかし、それはなされなかった。

入管の診療記録では、看護師による記述がほとんどで、入管医師の記載は5回のみで、それもほんのわずかでしかなく、ウィシュマさんの病状悪化をまったく把握していない内容である。入管医師は、まともに問診も診察もしていなかったことが、診療記録をとおしてわかってくる。

死亡3日前(3月3日)に面会した支援者によれば、ウィシュマさんは「口の両脇から唾液がでていた」「達者だった日本語が、片言のようになっていた」。それは意識の低下をきたし、かなり危険な状態を意味する。2月末の時点で、外部病院に入院させて点滴治療をおこなえば、彼女はたすかったであろう。実際に

表3−5　ウィシュマさんが死にいたるまでの病態

直接の死因	衰弱死、感染症（一部肺炎、誤えん性肺炎も否定できず）
間接的な死因-1	抵抗力や免疫力の低下による易感染性（感染になりやすい） 肝機能低下（肝炎疑）、腎機能低下（腎炎疑） 向精神薬および睡眠薬投与によるさらなる意識の低下
間接的な死因-2	脱水、低栄養、電解質異常、貧血
あらわれてきた症状	食欲低下や嘔吐のくりかえし
重症化への要因-1	収容による心因反応、抑うつ状態 PTSD疑（収容される前の同居男性からのDV、その後のおどし）
重症化への要因-2	強制収容、DVの被害者にもかかわらず保護なし 職員による帰国強要 患者のうったえ無視 詐病としてあつかっている 状態が悪化しているにもかかわらず適切な治療なし 「仮放免許可狙い」として仮放免不許可

2月5日づけ外部病院での診察記録には「内服できないのであれば点滴、入院」とあった。

以上をまとめれば、ウィシュマさんの病態はうえのとおりとなる（表3−5）。

最終報告書からあぶりだされたオウンゴール

入管庁による最終報告書と中間報告書、そして外部病院の診療記録をくらべると、いくつかのちがいがみられる（表3−6）。

まず「詐病」である。外部の精神科医は「詐病」をしるしたにもかかわらず、中間報告書には、それがない。ところが、最終報告書に「詐病」がでてきた。入管職員による「詐病」発言はなかった、との記載である。それは、たんに職員が発言しなかっただけである。

かわりに職員は「病気になれば、仮釈放してもらえる」とのべている。これも中間報告書にはなかった言葉である。これは、表現がことなるだけ

表3–6　入管庁の報告書とほかの資料との相違

	入管庁の最終報告書	入管庁の中間報告書	病院の診療記録
詐病うたがい	詐病・身体化障害のうたがい	精神科の医師は…… 身体化障害の疑いと診断し	詐病・身体化障害のうたがい
仮放免狙い	病気になれば、仮釈放してもらえる。	記入なし	病気になれば、仮釈放してもらえる。（入管職員の発言）
経過と治療	内服できないのであれば 点滴、入院	記入なし	内服できないのであれば点滴、入院
死因	病死であるが、複数の要因が影響した可能性があり、具体的機序の特定は困難	甲状腺炎による甲状腺機能障害が悪化し、臓器不全が加わり死亡	
死亡後	記入なし	記入なし	警察署に異状死連絡 検察官の判断で不詳の死として解剖になる様

で、詐病うたがいとかわりない。「病気になれば、仮釈放してもらえるので、病気をよそおっている」となる。いわれた相手の精神科医がそう解釈し、詐病と記載したのは当然であろう。

「内服できないのであれば点滴、入院」にしても、中間報告書になかった言葉である。情報の一部をきりとり、都合のわるい内容をはぶくのは入管の常とう手段である。ふたつの報告書をよみくらべると、それがよりはっきりする。

入管がこれらの言葉を追加せざるをえなかったのは、第三者である外部病院の診療記録がでてきたからにほかならない。これは、いくつかのことをおしえてくれる。

ひとつ目は、外部病院の診療記録がなければ、中間報告書のあざとさを指摘できなかった、という点である。収容所という密室のなかですべておこなわれるため、確認したいとおもっても、それができずにいた。外部病院の診療記録によって、それがあきらかにされたのである。

ふたつ目は、外部診療の重要性である。入管と無縁な医療機関では、入管職員の立ち会いという制限があるにしても、標準的な診療を正確におこなう。入管内の密室の診療より、外部診療のほうがはるかにマシである。そして、その診療記録はすぐにおおやけにされ、その結果「中間報告書のあざとさを指摘」できた。

みっつ目は、中間報告書とおなじように、最終報告書もまたいかがわしいのではないか、という疑問を入管みずからわたし達にいだかせてくれた点である。つまり、入管によるオウンゴール的報告書となる。第三者によるチェックと情報開示の重要性が、入管の報告書から教訓としてひきだされたのである。入管がかくしていることは、ほかにもたくさんある。それをあばいてくれるのが、単独室におけるウィシュマさんのビデオ映像である。

誘導尋問する検事

入管によるオウンゴール的最終報告書には、支援者S1が聞き取り拒否したとあった。S1は松井保憲さんのことである。たいへん興味ぶかかったので、わたしは松井さんに聞きとり拒否理由をたずねてみた。彼の説明は明快であった。

> 調査官は法務省の検事3人でした。さいしょわたしは協力していましたが、中間報告書ではわたしたちの意見がまったく反映されず、かなり失望しました。
> 最終報告書を作成するにあたり、ふたたび検事たちからいくつか質問をうけました。原因究明というよりも、さいしょに結論があって、そこにみちびくような質問ばかりでした。わたしがウィシュマさんの悪化する状態をくわしく説明しても、彼らはきく耳をまったくもちませんでした。

そのなかで最大の争点は「病気になれば、仮放免してもらえる」という発言でした。もちろん、わたしはそんなことをいっていません。これは入管職員の発言なのですが、あたかもわたしがいっているかのように誘導しようとし、検事たちはなんども、くりかえし、言葉をかえながら、執拗に質問をしてきたのです。これ以上話をしてもムダとおもい、わたしは席をたちました。

法務省の検事は、無実の人に自白を強要しつつ、えん罪をうみだしている。その技術が、この検事たちの聞きとり手法からうかがわれる。なお、検事たちは名刺をさしださず、松井さんに口頭で名前をつげるだけであった。黒ぬりは、情報公開の紙のみならず、名刺にまでおよんでいた。その検事の名前を松井さんはかきのこしていた。堀内某、高坂某、古川某である。あとの名前がないのが、おしまれる。

なお、「さいしょに結論があって、そこにみちびくような質問」を警察署職員からわたしもうけたことがある。それは、のちにのべる。

失態をおおいかくす調査報告書

入管が収容所の死亡事件の報告書をはじめて公表したのは、2014年である。「平成26年3月に発生した東日本入国管理センターの被収容者2人が死亡した件に関する調査結果」という一行ではおさまらない文字数のおおい表題ではあるものの、それとは裏腹にわずか3ページの報告書であった。その中身はずさんで、報告書の体をまったくなしていなかった。

2017年の東日本入国管理センターでのベトナム人死亡事件、2019年の大村収容所でのナイジェリア人死亡事件、2021年の名古屋入管でのスリランカ人死亡事件の報告書で、ようやくある程度の事実がしるされるようになった。

入管の報告書をよむと、いくつかの特徴がうかびあがってくる。

まず、死亡責任をとわれる入管庁が、調査をおこなっている。つまり、加害者の上司が部下のおかした死亡事件を担当している。

つぎに、事件がおきたとき、あらゆる関係者にききとるのが鉄則である。ところが、死亡した人の同室者やおなじ棟の人たちの発言はいっさいない。調査官は、収容所職員の記録だけをもとに、入管にとって都合のよい部分だけをきりとっている。なくなった人のかたりは重要にもかかわらず、ほとんど記載されていない。

そして、調査の基本である5W1Hをふんでいない。だれが、どのように、なにを調査したのか不明確である。なぜなのかというのは、もちろんない。

みずからの非はけっしてみとめず、失態をおおいかくす。しかも、被害者に責任転嫁している。ウィシュマさんの場合は、支援者にまで責任をおしつけようとしている。失態隠ぺいと責任転嫁という入管の行動原理が、これら報告書からよみとれる。

調査報告書の指摘が的ハズレだから、放置死がなんどもくりかえされてきた。2014年のずさんな報告書には、「入国警備官の処置は適切であった」、「医療体制、処遇体制については、―中略―改善すべき点がある」、「診療申し出から受診までの手続・手順の見直し」としるされていた。7年後（2021年）の報告書と、うりふたつである。

入管庁がウィシュマさん死亡事件の最終報告書を発表したとき、わたしは中日新聞記者からコメントをもとめられ、「最終報告書をよんでいない」とことわったうえで、つぎのように文書でこたえた。

入管の最終報告書については、よまなくても想像はつきます。おそらく、医療体制不備に結論をもっていくでしょう。また、死因などを検討するのは大切ですが、死亡するまで入管はなぜ放置していたのか、という根本的な点はさけるでしょう。

のちにおくられてきた最終報告書をよむと、予想どおりであった。また、2022年6月、検察は入管職員を不起訴処分とした。ウィシュマさんの死因は特定できず、しかも入管の対応と死亡の因果関係がみとめられなかった、という結論である。これも予想どおりであった。

収容による自殺

仮放免不許可直後の自殺

インド人クマルさん（男性31歳）は2017年4月に来日し、本国での反政府活動を理由に難民申請した。ところが、東京入管局に収容されてしまい、なんどか仮放免申請しても許可されなかった。東日本入国管理センターに移送されたのちも、仮放免申請したものの、結果は不許可であった。

同室者によれば、仮放免不許可のしらせをうけたその夜、クマルさんはほとんど寝ていなかったようすで、つぎの日の早朝シャワー室にはいったらしい。２０１８年4月13日、シャワー室で首をつって息絶えたクマルさんが発見された。来日して1年目の出来事であった。

自殺３日後（4月16日）に、わたしは東日本入国管理センターの収容者に面会にゆくと、クマルさんのいとこと友人６人に面会待合室で偶然であった。かれらはクマルさんにたいする入管の対応にかなり不満をいだいている様子で、東日本入国管理センター長に説明をもとめていた。

いとこと友人代表が総務課にいこうとしたので、わたしもそれにくわわることにした。３人で総務課をおとずれると、すでに来訪の連絡があったのか、すぐに総務課職員によって別室へと案内された。

いとこは、「なぜ自殺がおきたのか。どのような状況だったのか。遺体はどこにあるのか。顔を一目だけでもみたい。遺品があれば、それもみたい」と要望した。ところが、対応した総務課職員は「個人情報なので、発表以外なにもつたえられない」の一点張りであった。死んだかどうかさえ、こたえなかった。

30分ぐらいおし問答がつづいただろうか、これ以上といかけても時間のムダなので、わたしたちはひきあげることにした。その際、階段の反対側のおどり場をみると、警備官十数名が待機していた。おそらくクマルさんのいとこや友人がさわげば、収容者とおなじように暴力的な制圧をかけるつもりだったのだろう。あやうく、わたしもそれにまきこまれるところだった。

東京入管局でクマルさんとおなじ棟だった収容者は、クマルさんの人柄をかたった。

日本語を一生懸命おぼえようとし、夜の12時まで勉強をしていた。やさしく、おとなしい人で、いつも笑顔でいた。棟のなかで、わらい声がきこえたとき、あれはクマルさんだな、とすぐにわかった。ヒンズー教徒で、毎日お祈りをしていた。

絵がうまく、同室者に絵のプレゼントをしていた（本章冒頭の絵）。みんなからしたわれ、朝食にでる卵が大好きだったので、みんながあまった卵をクマルさんにあげていた。

いつ仮放免がでるのか、彼はいつも心配していた。ところが、なんども仮放免がダメになると、くらい表情をするようになり、話をほとんどしなくなった。クマルさんの自殺をきいたとき、みんなほんとうにショックだった。

家族をのこして自殺

東日本入国管理センターでは、過去にもふたりの自殺者をだしている。

ひとりは、２０１０年2月におきた日系ブラジル人（男性25歳）の首つり自殺である。彼と同室だった収容者によれば、夜中みんながねているあいだ、ベッドのわきでシャツを首にまきつけたままぐったりしていた、という。

その姿をみた同室者たちは、「死んじゃう、死んじゃう」とさけびながら、職員をよんだのだが、いくらたっても職員はこなかった。30分ぐらいして、ようやく職員がやってきて、彼をはこびだしていった。しばらくしてから、救急車のサイレンがきこえた。同室者たちは死者のでた部屋ですごすのがこわく、部屋をかえることを職員になんども要求してもきいられず、３日後にようやく部屋をかえてもらった。

自殺した日系ブラジル人は5歳で来日し、20年間日本でくらしていた。彼の意識は日本人そのもので、日本語しかはなせなかった。麻薬関係の罪で服役し、刑期をおえて、ようやく出所できると彼はおもったのだろう。ところが、入管に収容されてしまったのである。

同室者によれば、日系ブラジル人はふたりの子どもと日本人の妻のことをとりわけ心配し、収容されている自身をなげいていた、という。永久に妻子と離れ離れとなってしまうのではないか、とおおきなショックをうけたのだろう。ブラジルに送還されれば、言葉がつうじない社会で家族や友達もなく、ひとりで生きてゆかねばならず、将来の不安ははかりしれない。入管の医師からおおくの睡眠薬が処方されていて、不安でねむれない日がつづいていたようだ。

もうひとりの自殺者は、韓国人（男性40歳代）である。日系ブラジル人の自殺から2ヶ月後の出来事であった。クマルさんと同様、彼はシャワー室でみずから首をつって、いのちを絶った。退去強制の執行停止をもとめ訴訟をおこし、しかも4度目の仮放免をもとめているさなかであった。

韓国人の妻は、面会のたびに夫が心身ともに衰弱していく様子が目にみえはっきりしていた、とかたっていた。一家（本人、妻、長女、次女）は15年間横浜でくらしていた。父の死後、長女はつよいショックをうけ、うつ状態となってしまったらしい。

その人の生い立ち、仕事などの生活環境、家族関係、交友関係が自殺の遠因であるにしても、おおきな引き金となったのは強制収容である。実際におこなわれなかったが、強制送還の恐怖や不安もあったのだろう。

ふえつづける自殺未遂者

自殺にまでいたらずとも、**図2-7**自殺未遂者数（57ページ）でしめすように、自殺未遂者はたくさんあら

表3-7　筆者が面会した自殺未遂者（2017〜18年）

名前	国籍	性 年齢	収容所	収容期間	法的状態	行為
アリ	トルコ（クルド人）	男性 25歳	東京入管局	2年2ヶ月	難民申請 日本人配偶者	ガラス破片による切創
フセイン	トルコ（クルド人）	男性 23歳	東日本入国管理センター	1年5ヶ月	難民申請 日本人配偶者	シャンプーを飲む。
ハカン	トルコ（クルド人）	男性 28歳	東京入管局	10ヶ月	難民申請 日本人配偶者	シャンプーを飲む。
ハッサン	トルコ（クルド人）	男性 37歳	東日本入国管理センター	11ヶ月	難民申請	テーブルに頭をうちつづける。
イスリ	トルコ（クルド人）	男性 41歳	東京入管局	1年	難民申請	プラスティック破片による切創
ハン	ベトナム	女性 28歳	東京入管局	6ヶ月	非正規移民 元技能実習生	壁に頭をうちつづける。
グエン	ベトナム	男性 31歳	東日本入国管理センター	1年8ヶ月	非正規移民 元留学生	ベッドのシーツで首をつる。＊

＊ 2015年の出来事である。

われている。わたしが面会した収容者のうち、２０１７年以降に自殺未遂者がふえはじめた（**表3-7**）。

そのうちのひとりアリさんは、２０１８年9月に、ガラスの破片で胸部から腹部にかけてからだをきずつけ、自殺をはかった。看護師によって、傷口を消毒処置されたのち、彼は単独室にいれられた。

自殺未遂後の興奮状態がおさまらなかったのか、アリさんは職員7〜8人にかこまれ、単独室からチョウバツ室につれていかれた。部屋にいれられると、手錠をかけられ、床にうつ伏せにさせられ、頭・首・腕・足をおさえつけられた。そして、首や手首をつよくまげられた。この制圧が10分ほどつづいた。アリさんは、自殺をこころみるよりも、入管の暴力対応のほうがよほどおそろしかった、とかたっていた。

制度による二重の被害

ほかにもベトナム人元留学生や元技能実習生が、収容中に自殺をこころみた。

ベトナム人技能実習生のハンさん（女性20歳代）は、職場での待遇がひどく、そこからのがれ、ほかのところで仕事をしていたが、警察につかまり、東京入管局におくられてしまった。多額の借金をかかえていたため、ベトナムにかえることができず、彼女は気が動転し、おちこんでしまった。かなりおもいつめていたらしく、東京入管局の収容中になんども頭を壁にうちつづけ、カトリック川口教会のシスター・マリアさんに自殺をほのめかしていた。

6ヶ月後にハンさんが仮放免されたとき、マリアさんとともにわたしは彼女をでむかえたのだが、やせこけ、無表情で、言葉すくなく、憔悴しきって、とても声をかけられる状態ではなかった。マリアさんによれば、その後ハンさんは職をみつけ、しだいに精神的におちつきをとりもどし、あかるくはなすようになったという。数年後に多額の借金をかえし、彼女はベトナムにかえった。

ハンさんの場合、ベトナムでの借金返済とともに技能実習生制度が自殺の誘因のひとつとなっている。送りだし団体や監理団体が不当な利益をあげ、会社はやすい賃金で長時間はたらかし、しかも暴言や暴力がめだっておおく、技能実習生たちをくるしめている。

現代のドレイ制度と批判をあびている技能実習生制度にも、入管はふかくかかわっている。期限つきの在留資格をあたえ、期限をこえれば、〝失踪者〟としてきびしく取りしまるのである。

2019年3月28日、法務省は技能実習生制度の運用に関するプロジェクトチームによる「調査・検討結果報告」を公表した。〝失踪〟した技能実習生の調査である。興味ぶかかったので、わたしは法務省による調査報告書を「調査」してみた。

調査官がつかった聴取票は、A4判1枚のみである。それは、団体や制度自体の問題点をあぶりだす内容ではない。たとえば、「就労先を斡旋した者」という項目は、転職をうながすブローカーが失踪の原因という結論を、さいしょからみちびくために設定してある。「なぜ、のがれるのか」という根本的なといかけではない。

入管からすると、〝失踪〟した技能実習生は〝不法〟滞在、〝不法〟就労となる。となると、入管職員は入管法違反の観点でしらべる。難民でさえ収容し送還しているのだから、入管が被害にあった技能実習生を保護するはずもない。しかも、技能実習生制度の一翼をになう法務省入管が、元技能実習生の失踪原因の調査をおこなったところで、正確性と信頼性にかける(三)。

不当な低賃金で、しかも会社の暴力からのがれた技能実習生は、被害をうけていたにもかかわらず、収容され送還されてしまう。本国で迫害をうけ日本にのがれた難民と、まったくおなじ対応である。留学生にかんしても、日本語学校の認可と監督をしているのは入管である。移民・難民の問題をさぐってゆくと、かならず入管にぶちあたる。

難民を不認定とする難民認定制度および強制収容と送還する制度を運用する入管は、技能実習生制度という罪ぶかい制度までもつくった。留学生30万人計画でも、入管はふかくかかわっている。日本語学校を認可し、指導する立場なのである。収容中に自殺未遂した難民申請者・元技能実習生・元留学生は、これら制度による二重の犠牲者だった。

逆えん罪——加害者の無罪

暴行死亡事件

1997年8月、JR埼京線十条駅ちかくの旧東京入管局第二庁舎に収容されていたイラン人ムサビさん(男性28歳)は救急車で帝京大学病院救命救急センターにはこばれたが、すでに心停止していた。

翌日、東京医科歯科大学で司法解剖がおこなわれ、「死因は頭頂部擦過傷に伴う頚椎脱臼による心肺機能障害」、「頭頂部への打撃で、頚椎が脱臼し、頚髄が圧挫されて心肺機能が障害されて、死亡」とされた。

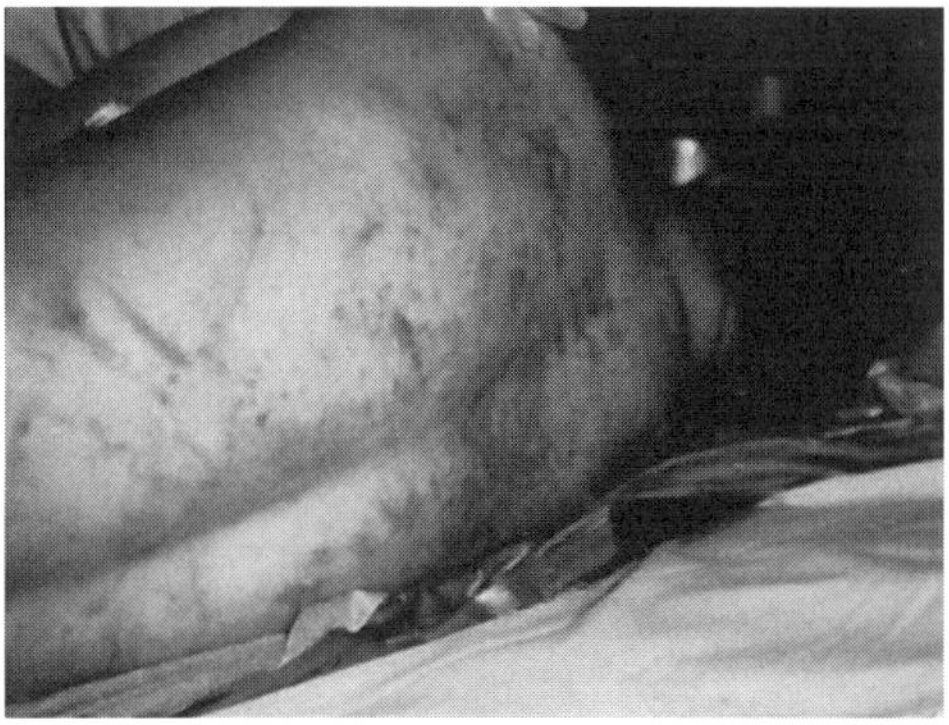

帝京大学病院でのムサビさん(弁護士提供)
病院にはこびこまれたとき、すでに心肺停止していた。背中におおくのあざや傷が、さらに手足にも出血痕がみられ、打撲され、つよくしばられていたことをうかがわせる。

そして、左側頭部に打撲、顔面部・胸腹部・背部・左右上肢・左右下肢などの各種の傷、後頚部・両手関節部・両足関節部にしばられた痕の内出血痕もみられていた。担当した法医学教授は、「致命傷となった傷を受ける直前にかなり強度の暴行を繰り返しあるいは多数回受けたと思われる」と報告書にしるしていた。

事件から7ヶ月後の1998年3月、検察庁は加害者とされる入管職員8人全員を不起訴処分とした。そこでイランにすむ遺族は、職員の暴行によって死亡したとし、国家賠償請求裁判をおこした。

裁判における入管側の主張は、ムサビさんが喫煙しようとしたので、職員が注意したところ、彼は大声でわめき、職員に暴行をくわえようとした。それで手足をしばったのだが、ムサビさんは上体を後方にのけぞらせ、後頭部を床にうちつけ、意識不明の状態におちいったとのことであった。

他者による暴行のあざや傷がのこっている、と法医学者がのべているにもかかわらず、ムサビさんへの暴行を目撃した収容者が裁判で証言したにもかかわらず、地裁・高裁・最高裁の裁判官は入管側の主張を全面的にとりいれ、遺族は敗訴した。

窒息死亡事件

この事件から13年後に死亡事件がふたたびおきた。わたしは、この件にふかくかかわっていた。

ガーナ人のスラジュさん（男性45歳）は、オーバーステイ状態で、日本人の妻と20年以上同棲し、のちに結婚した。ところが、入管から退去強制令書がでてしまい、強制収容された。スラジュさんの妻から依頼され、2007年3月外国人収容所に収容されているスラジュさんに、わたしは面会した。面会中、彼はいたって元気で快活にしゃべっていた。わたしは、心因反応と腹壁ヘルニアの病名とともに仮放免の必要性を意見書にしるした。

その後仮放免され、無料医療相談や診療所にスラジュさんがやってきた。心拍数の減少がみられたものの、めまいや失神の症状はなく、健康上ほとんど問題はなかった。

2008年、支援団体での無料医療相談でわたしとはなしたときも、彼は笑顔で「ゲンキ」とこたえ、なんら症状もなく、その日は雑談でおわった。2009年、無料医療相談では、妻の携帯電話をかいして、2度目の収容中のスラジュさんと電話で会話した。そのときも、彼は「ゲンキ、心配ないよ」とこたえていた。あうたびに、彼はいつも前むきで、あかるい態度でわたしにせっしていた。そして、妻にたいして思いやりのある人でもあった。

ある日、スラジュさんの担当弁護士からDVDがわたしにおくられてきた。DVDの映像には、強制送還当日（2010年3月20日）の元気なスラジュさんがうつっていた。送還中にもかかわらず、彼はひかえめな態度で、感情的にならず、理にかなったことをのべていた。まったく抵抗しない冷静な姿は、スラジュさんそのものであった。

成田空港内でスラジュさんはバスからおりると、入管職員6名によってかつぎあげられ、機内まではこびこまれた。そのとき、「どこもいかない、ぜったいに」と声を発しながらも、彼はおとなしくして、入管職員に素直にしたがっていた。それが、彼のさいごの姿であった。その直後に、スラジュさんはかえらぬ人となったのである（第2章「傷つけられる人びと」52〜53ページ参照）。

警察署員のたびかさなる訪問

それからしばらくたったある日、わたしがつとめる診療所に成田警察署からふたりの署員がやってきた。スラジュさんの病気、とくに心臓についておしえてほしいという。わたしがスラジュさんを診察してから、すでにかなりの年月がたっている。それなのに、なぜか心臓の異常についてくわしくききたがっていた。

その後も警察署員は診療所をおとずれ、合計すると4回にもおよんだ。くるたびにたずねるのは、心臓にかんしてである。

2010年にスラジュさんがなくなった直後、わたしは3人の強制送還未遂者の聞きとりをおこなっていた(第5章「日本から追放される人びと」149ページ参照)。むりやり飛行機にのせられ、送還者が拒否したため、入管職員から暴行をうけたのである。そうならば、スラジュさんも暴力的に制圧され、それがとりわけはげしかったため、なくなったのだろう。おそらく窒息の可能性はたかい。わたしは警察署員にそのように説明した。

そして、強制送還未遂者への暴行も報告書にくわえていただきたい旨をつたえ、参考のためにわたしの編著書『壁の涙—法務省外国人収容所の実態』を警察署員にわたそうとした。しかし、彼らはどちらも拒否した。

成田警察署員とその背後にひかえる検察の意図は、あきらかであった。心臓の病気で死亡、という結論にもっていきたかったのだろう。それは、のちに実現した。

検察による不起訴と裁判のゆくえ

大学の法医学教授のもと、スラジュさんは司法解剖された。死因は不明という警察発表であった。それでも、入管職員の制圧によってなくなった可能性がたかいため、遺族は国家賠償請求裁判をおこした。

いっぽう刑事事件としてしらべていた検察は、事件から2年5ヶ月後の2012年7月、飛行機内で制圧した入管職員9名全員を不起訴処分とした。不起訴判断の根拠は、べつの大学の法医学教授によってスラジュさんの心臓を解剖で再度鑑定したところ、心臓のう胞がみられ、それが突然死をまねいた、という内容であった。

2014年3月19日、東京地裁での判決はスラジュさんの死因を窒息死とみとめた（絵参照）。ところが、その後の高裁と最高裁の裁判官は、検察と同様に、心臓のう胞による突然死とした。逆転敗訴の判決となってしまったのである。

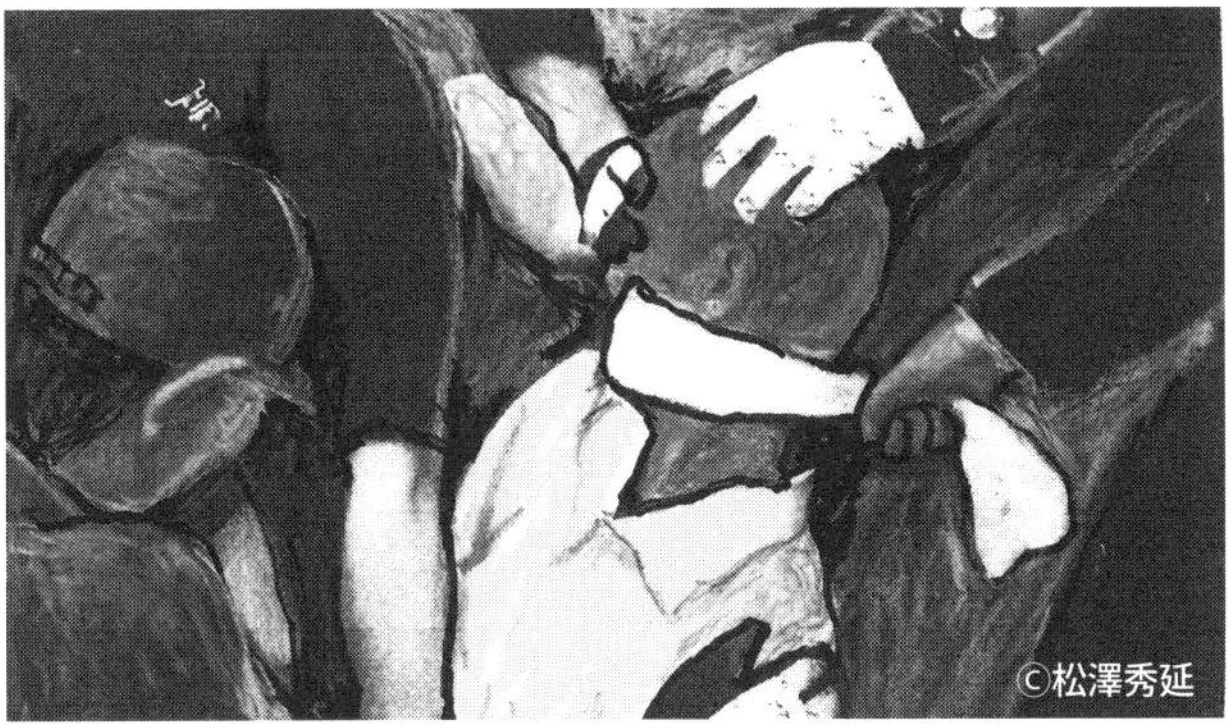

入管職員による制圧行為を再現した絵
飛行機のなかで、スラジュさんは入管職員によって口に猿ぐつわをはめられ、首をまげられた。息ができなくなり、その後ぐったりした。

「スジワル」の法医学者

スラジュ事件裁判の過程で、わたしは弁護士とともにスラジュさんを司法解剖した法医学者をたずねた。そのとき、法医学者は「スジワル」という言葉をさかんに口にしていた。「スジワル」は法医学の専門用語なのかなと、さいしょおもったが、そうではなかった。「スジワル」というのは、警察関係者が被疑者を拘束し死亡にいたらしめても、起訴までもっていくのはむつかしい、という意味らしい。警察関係者にとって、あらすじがわるいのである。実際に、ある大学の法医学教授によれば、「スジワル」が年間2、3件ほどみられているという。それはしかし、闇にほうむりさられてしまっている。

担当の法医学者は、「窒息の可能性も否定できない」「状況をみないと判断できない」と調書に記載していたが、しだいに窒息の可能性をのべなくなり、むしろ心臓の突然死を肯定するようになった。それは、「スジワル」だからである。さきにのべたイラン人ムサビさんの暴行死も、「スジワル」だったのである。

法医学によって、すべてが解明できるものではない。不透明な部分はたくさんある。法医学という学問はきわめて恣意性がたかく、じゅうぶん吟味されたうえでの死因検討ではなさそうだ。おなじ医学といっても、臨床や病理とはまるでちがう。その限界を自覚しなければならないのだが、不透明な部分に検察や警察の思惑がしのびよる。

警官による制圧死や拘束死が欧米の医学論文にあらわれてくるのは、あまりにもおおくみられ、問題視されているからである。これまでかくされていた事実が、欧米では良心的な法医学関係者の手であかるみにされてきた。日本においても警官による制圧死や拘束死は当然みられるが、法医学者はいまも「スジワル」としてやりすごそうとしている。

法医学機関というのは、警察や検察とのむすびつきがつよい。そして検察は法務省の外局となっており、入管とはいわば兄弟関係にあたる。身内の不祥事がおきたとしても、身内をさばくはずもなく、かくしとおそうとする。その点、裁判所も同類とみてよい。

入管による暴行死亡事件と窒息死亡事件。このふたつは、法医学機関・警察・検察・法務省入管・裁判所の親密な関係をはっきりみせつけてくれた。

親密関係は、名古屋入管のウィシュマさん死亡事件でもみられる。ウィシュマさんの死亡を確認した病院医師は「警察署に異状死連絡」「検察官の判断で不詳の死として解剖になる様」と警察にとどけた。とうぜん、警察や検察は刑事事件として捜査し、名古屋入管の職員を容疑者あつかいとしなければならない。

ところが、容疑者あつかいせず、死亡事件1年4ヶ月たった2022年6月、検察は入管職員を不起訴処分としたのである。

もみ消される国家の犯罪

こうしてみると、法務省入管・警察・検察・裁判所は、四重の罪をおかしている。

第一の罪は、スラジュさんの件では、日本人と結婚しているにもかかわらず、在留資格をあたえず、外国人収容所に2回も長期間収容したことである。ウィシュマさんの件では、DV被害にあっていたにもかかわらず、保護をおこたり、収容したことである。

第二の罪は、彼／彼女らを死にいたらしめたことである。

第三の罪は、死亡事件がおきても、ながいあいだ事実をかくしとおしていたことである。

第四の罪は、加害があきらかなのに、検察が入管職員を起訴していなかったことである。不起訴までのあいだ、検察は法務省入管とタッグをくみ、あとがのこらないように証拠をけしさり、無罪の物語をねりあげた。

無実の人を加害者にしてしまうのをえん罪とよぶ。過去には、足利事件での菅家さん（2010年無罪判決）、布川事件での桜井さん（2011年無罪判決）、東電OL事件でのネパール人ゴビンダさん（2012年無罪判決）、滋賀・湖東記念病院患者死亡事件での西山さん（2020年無罪判決）などが、検察および裁判所によるえん罪の被害者であった。

それでは、本来の加害者を無罪にするのを、どのような言葉で表現するのだろうか。わたしは逆えん罪といいあらわしている。さきほど「過去には」といったが、もっとふるくからえん罪と逆えん罪は存在していたのだろう。

歴史をひもとくと、明治からアジア太平洋戦争の敗戦までの裁判所は司法省の一部となっており、検察と一体化していた。いまでも、法務省と検察と裁判所との人的な交流はつづけられている。裁判所も行政の判断に追随し、チェック機能をはたしていない。裁判所はいってみれば、かなしいかな、法務省の〝外郭団体〟となっている。かずおおくのえん罪と逆えん罪がうみだされるのも、このような一体化構造に起因する。

組織であろうと、個人であろうと、組織や個人の質をたかめるため、チェック機能は不可欠である。だが入管にかぎらず、日本のどの行政官僚組織にもチェック機関はもうけられていない。あったとしても、みかけ上存在しているにすぎない。これが、日本社会をむしばむ要因のひとつだろう。どうやらわたしたちは、あやうい社会にくらしているようだ。

（一）「壁の涙」編集実行委員会編『壁の涙―法務省外国人収容所の実態』（現代企画室　2007年）の「医療問題」でしめしている。

（二）この事件にかんして、わたしは報告書とともに映像『ウィシュマ・サンダマリ―入管の闇に消えたスリランカ女性』（25分）を作成した。2021年12月25日のレイバーフェスタで映像が公開された。ウィシュマさんの弁護団をとおして、DVD映像は手にはいる。

（三）2018年12月4日の毎日新聞によれば、報告書では虚偽集計および虚偽報告がなされていた。聴取票の失踪の原因に「低賃金」をあげた元技能実習生の割合を水増ししつつ、「低賃金」を「より高い賃金を求めて」とかえ、「技能実習を出稼ぎ労働の機会ととらえ、より高い賃金を求めて失踪する者が多数」と結論づけていたのである。

第4章

医療へのつながりをとざされる人びと

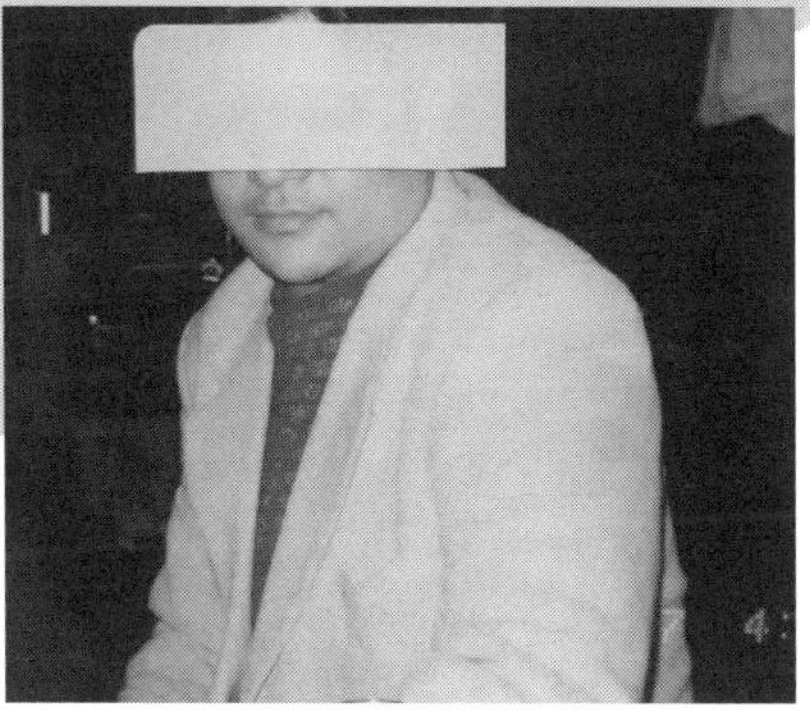

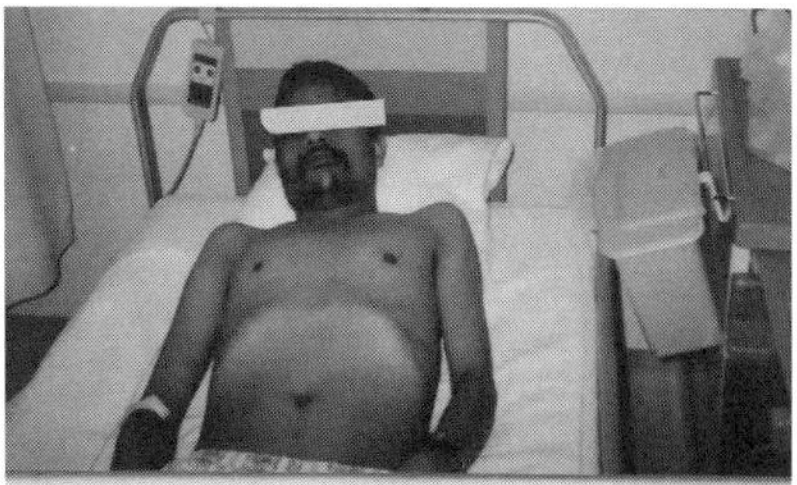

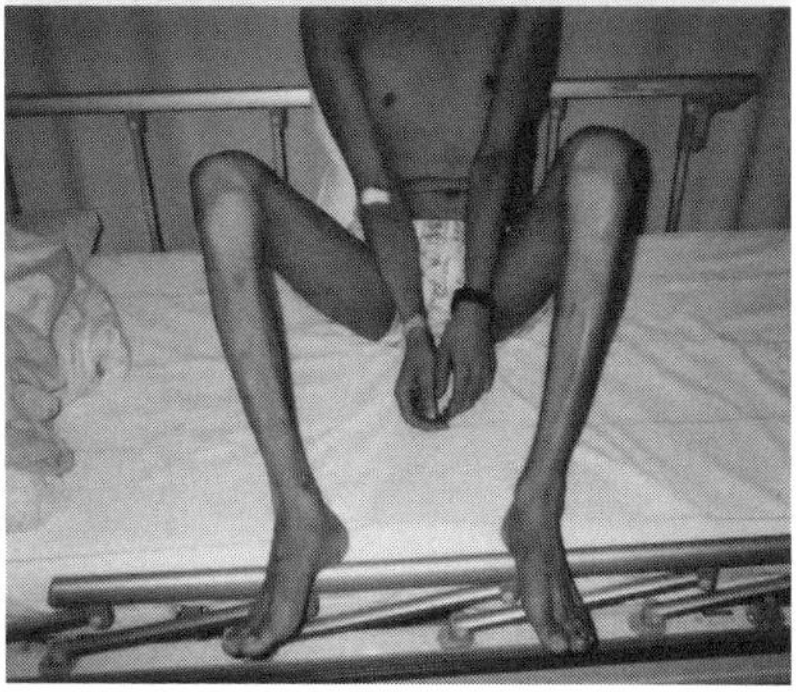

収容中に体重が激減したバングラデシュ人
（妻提供）

収容前の体重は70kg（上）

仮放免直後の病院のベッド上
体重は52kg（右上、左）

収容者はきわめて危険な状態だったため、当時社民党の国会議員であった保坂展人さん（現世田谷区長）にはたらきかけ、彼をとおして仮放免していただいた。国会議員の要請がなければ、入管はそのまま収容をつづけていただろうし、場合によって彼はなくなっていたかもしれない。

「わたしたちの仕事は、“不法”外国人を収容し、送還することです」
「収容に耐えられるかどうかの判断するのが、医師の役割である」
（2004年と2005年、支援団体との話しあいでの入管職員の発言）

「収容そのものに対する不満から、詐病やささいな疾病により診療を要求するものが多い」
（2010年から2012年にかけての東日本入国管理センターの業務概況書）

【解説】

外国人収容所には、世界各国からたくさんの人びとがあつまっている。そこでは、おたがい仲よくすごしている。ふたり同時に面会すると、相手をしらなくても、笑顔で握手する。たすけあいも、活発である。同室者の体調がわるくなると、すぐに支援者にたすけをもとめ、同室者が強制送還されれば、支援者と連絡をとる。収容者のあいだに、つよいきずながある。せまい世界、角をつきあわせるわけにはいかない。平和にすごそう。でられるまでのあいだガマンしよう。このような暗黙のルールが存在しているようである。

長期収容・死亡事件・患者放置などにたいする不満がまして、収容者はハンガーストライキにふみきることもある。いっしょに声をあげ、入管に要求をつきつける。病人放置は、収容者にとって生死にかかわる問題である。抗議やハンガーストライキは、彼らなりの自衛手段である。ストライキの要求のなかに、「外の景色がみたい」といううったえがあった。窓のない部屋で一日をすごさなければならない収容者の切実な心情をあらわしている。

外国人収容所では、国境紛争もなく、民族同士のあらそいもない。まさに国際交流の場である。入管はこのような言いかたをきらうだろうが、収容所はりっぱなコミュニティである。収容者どうしがつよくむすびつき、それぞれの精神を強固にさせる。ただ結合していたコミュニティは、仮放免されたとたん、むすびめがほどけ、仲間意識がうすれてしまう。それが、じつに惜しまれる。

2002年から現在まで外国人収容所コミュニティで、わたしは収容者に面会し、健康状態や収容状況をききだし、仮放免させるため、意見書をかいてきた。それがかなりの量になったので、ひとまずそれらを整理したうえで、収容所の医療についての分析をこころみた。それが、本章である。

病気の宝庫

面会による医療記録

これまで入管との話しあいの場をもうけ、なんどか質問してきた。しかし、まともなこたえは、なにひとつかえってこなかった。情報公開で中身をしらべようとしても、ほとんどが黒ぬりの書類でしかなく、さっぱりわからない。外国人収容所の状況は、すべて闇のなかである。

外国人収容所の状況をしりうるただひとつの方法が、収容者への面会である。収容者は貴重な情報をもたらしてくれる。2002年から東日本入国管理センターにおいて、わたしは面会を月にいちどおこなってきた[1]。面会ではおもに収容者の病状をききだしつつ、時間のゆるすかぎり、収容所の医療・職員の対応・収容環境なども、彼/彼女らから情報をえている。面会での情報をもとに、仮放免手つづきに活かしている。

2002～20年までに弁護士や支援者から面会依頼された収容者の数は893人である。ひとりにつきなんども面会をしているので、のべ人数は1300人をこえる。平均年齢38歳（範囲16～63歳）、男女比9対1、平均収容期間[2]15ヶ月（範囲1～64ヶ月）である。

面会した人を国籍別でみると、スリランカ出身者がもっともおおく、ビルマ・トルコ・イラン出身者がそれにつづいている（**図4-1**）。

手つづきの状況では、難民申請者が538人で、全体の75%をしめている（**図4-2**）。

収容期間については、1年以上2年未満が419人（全体の47%）、2年以上が145人（16%）である（**図4

図4–1　出身国

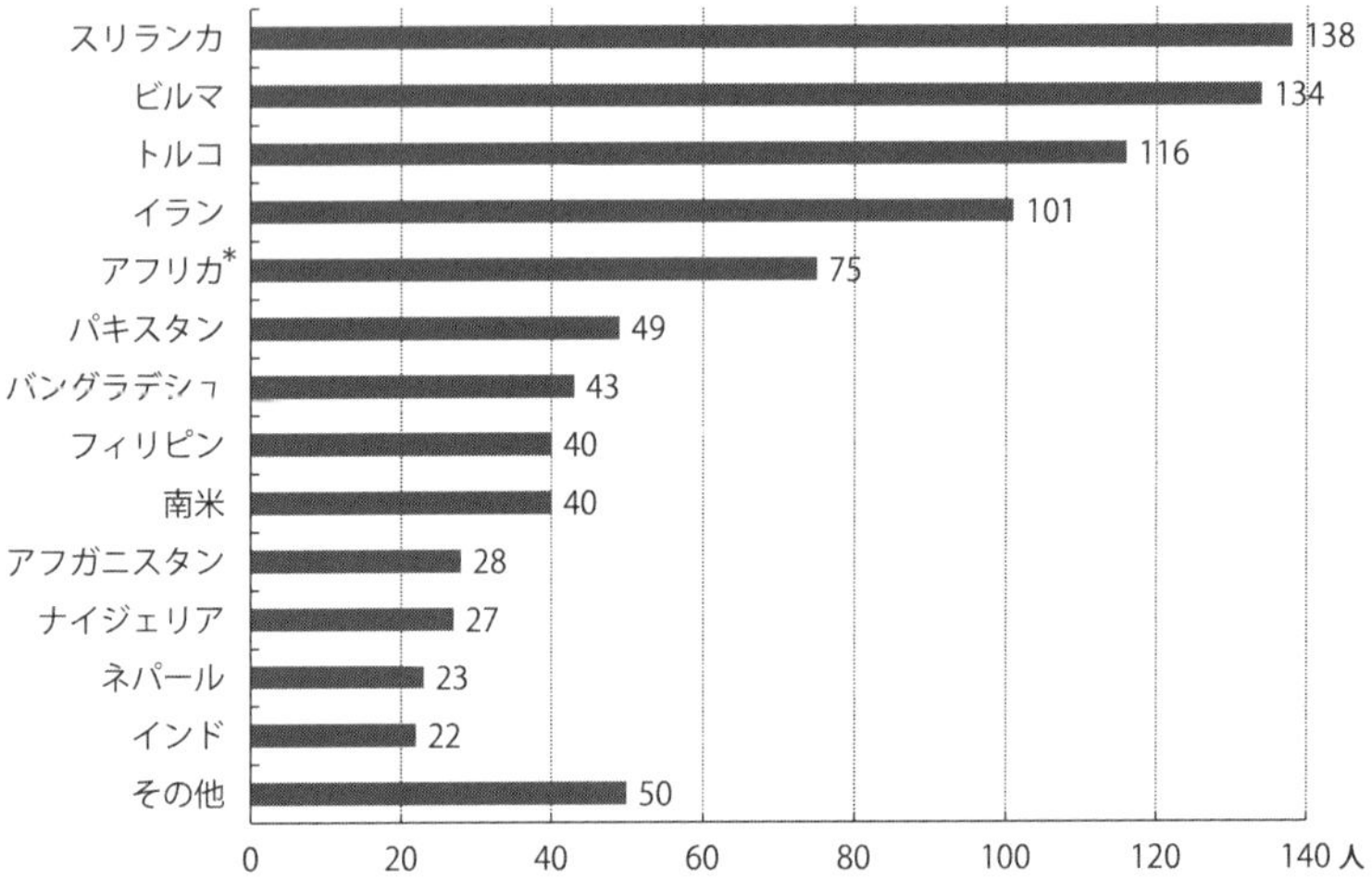

*ナイジェリアをのぞく

図4–2　手続きの状況

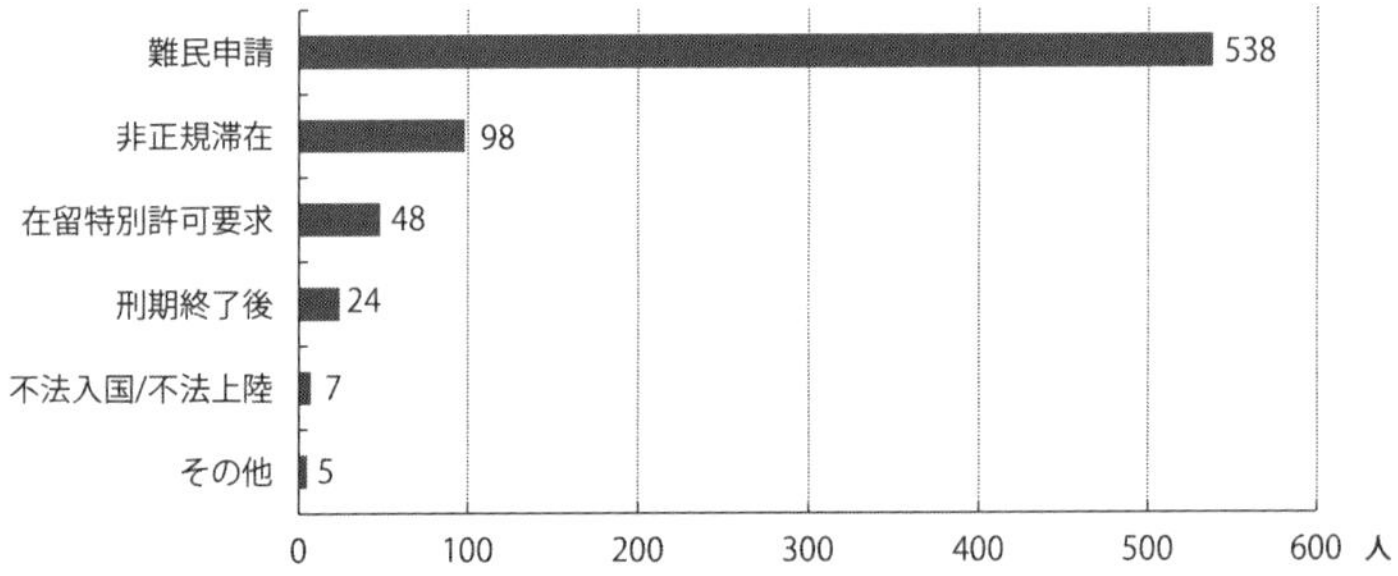

図4–3　収容期間

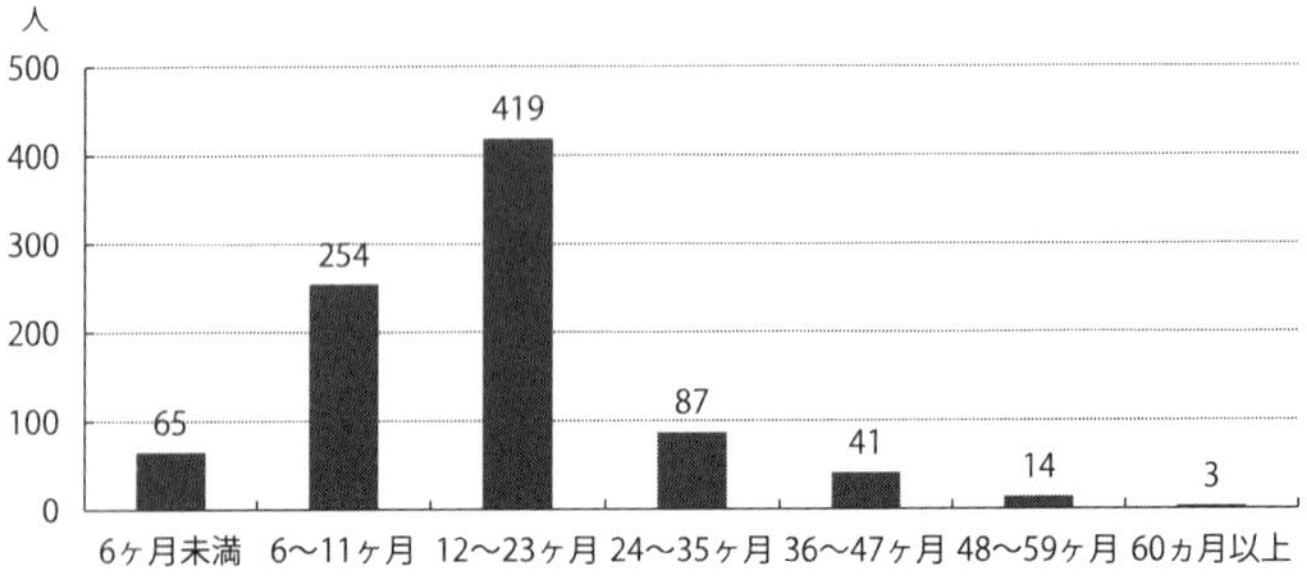

－3）。親子同士がひきはなされ、日本人配偶者がいても、若年者や高齢者であっても、収容されていた（表4－1）。また、重症疾患をかかえているにもかかわらず、収容はつづけられていた（表4－2）。

外国人収容所は病《やまい》の縮図

収容所のなかでもっともおおい病気は、精神疾患である。ながい収容生活でうつ状態となり、自殺においこまれた人もいた。成田空港までつれていかれ、飛行機にのせられ、あやうく強制送還されそうになり、ＰＴＳＤ（心的外傷後ストレス障害）となった難民申請者もいた。

２００７年、わたしは移民・難民コミュニティでの医療相談の結果を発表した[三]。そのなかで、精神疾患についてみると、外国人収容所に収容されると精神疾患をきたす人が、収容されない人の６・２倍にみられた。異文化ストレス・本国へのおもい・家族への心配以外に、在留資格がないため、社会的に不安定な

表4–1　家族・年齢による収容不適例

	数
夫婦分離	46
親子分離	40
日本人配偶者との分離	30
未成年者（20歳未満）	13
高齢者（60歳以上）	2
合計	131

表4–2　病気による収容不適例（重症疾患をふくむ）

	数
胸痛／狭心症疑	14
自殺企図	13
独房での打撲	11
突発性と中耳炎による難聴	8
椎間板ヘルニア	7
全身状態悪化・衰弱	6
労働災害	6
Ｂ型／Ｃ型肝炎	6
陳旧性肺結核	6
若年性高血圧	6
脳血管障害	5
腫瘍疑	5
不正性器出血	5
脱臼、骨折	5
網膜はく離疑、失明	4
無月経	4
てんかん	4
心筋梗塞など重症心疾患	4
生理不順	2
結核接触者感染	2
尿路結石疑	2
ガン	1
流産	1
足損傷不適切処置	1
交通事故後遺症	1
出血性胃炎	1
血管炎	1
合計	131

表4–3　注意を要する病気

	外国人収容所での病気	移民・難民のあいだでみられる病気
精神疾患	PTSD、抑うつ状態、自殺、心因反応	PTSD、抑うつ状態、心因反応
感染症	結核、HIV、肝炎、コロナ	結核、HIV、肝炎、コロナ
重症疾患	心不全、劇症肝炎、ガン	末期ガン、エイズ、脳血管障害
整形外科疾患	運動中のケガ、職員による暴行	労働災害による打撲や骨折
慢性疾患	高血圧、糖尿病、胃炎	高血圧、糖尿病、胃炎
女性関連	性的イヤガラセ、生理不順	DVおよび性暴力によるこころとからだの障害
母子関連	流産	高死産率、高額出産費用
小児疾患	喘息	高乳児死亡率、予防接種の機会減少

状況におかれ、入管による強制収容および強制送還の不安や恐怖にたえずさらされている。それが、精神疾患のおおきな原因となっていたのである。

ときに結核・HIV・肝炎などの感染症がみられた。[四] せまい空間の部屋で密集する収容所ですごすため、感染拡大がおきても不思議ではない。

運動しようにも、地面がコンクリートのため、ケガがたえず、整形外科疾患がおおくなっていた。

中高年齢層であれば、慢性疾患にかかる率はたかくなり、脳血管障害や心臓疾患などをわずらっていた。

収容のストレスによって、生理不順をきたす女性がおおくみられた。妊娠中の女性が収容されると、定期的な妊婦検診をうけられずにいる。妊娠6週目の収容者が収容1週間後に流産したこともあった。それにもかかわらず、じゅうぶんな対応もなされないまま、彼女は1ヶ月間も収容されていた。

子どもが収容されることもあった。3歳児に喘息がおきても、治療はなされず、1ヶ月間母親とともに、ほこりっぽい部屋にとじこめられていた。

心不全・腎不全・劇症肝炎・全身衰弱の収容者がギリギリの段階で仮放免され、すぐに入院したこともあった。ほとんどは回復したが、なかにはなくなった人もいた。

医療機関において移民・難民を診療するうえで、気をつけなければならない病気がいくつかある。これらは、医療現場のみならず、外国人収容所でもみられる(**表4-3**)。外国人収容所にたくさんの人たちをあつめるため、それだけに病気が顕著化しやすい。外国人収容所は、いわば移民・難民の病《やまい》の縮図といえよう。

アクリル板をつきぬける声

収容所での面会は、3畳ほどの部屋でおこなう。アクリル板にさえぎられ、触診や聴診はできない。その板をとおして、わたしは彼/彼女らの身体的・精神的なうったえをききだす。健康上の問題をつかむにも、20~30分の時間制限があるため、その行為を黙々とこなすのみである。すると、どうしても機械的な対応となってしまい、なんら感情はおきなくなる。だがアクリル板をつきぬけて、彼/彼女らのおもいがわたしの胸にとどく瞬間がある。

あるビルマ人女性に面会したときのことである。いっぱんにビルマ人女性は気丈で、弱音をはかず、人前で感情を表現することはめったにない。彼女も例外ではなく、さいしょ動じる気配はなかった。ところが、3歳になるおさない娘のことに話がおよぶと、彼女の目からとつぜん涙がこぼれはじめた。わたしに涙顔をみせないよう、彼女は机に顔をふせながらうったえた。

子どもにあいたいのですが、こんな状態（アクリル板ごしの面会）ではムリ。はずかしくて、子どもに収容されている姿をみられたくありません。子どもの写真をみると、胸がしめつけられるほど、くるしくなります。児童相談所にいる子どもが心配……。

彼女以外に、子どもの声がききたい、それだけのために電話の順番をながくまち、毎日電話をかけつづけるフィリピン人母親、そして収容直後に流産したビルマ女性もいた。収容によって子どもをうしなった母親の悲しみはふかい。彼女たちのこころのくるしみは、はかりしれない（五）。

放置死予備軍

２０１７年以前では、わたしが面会した収容者の平均収容期間は1・2年であった。２０１７年以降になると、平均収容期間は倍の2・4年となり、収容の長期化がつよまった。それとともに、収容者のおかれている状況もひどくなってきた。「長期収容によって生じる負の連鎖」、つまり暴力・自殺未遂増加・重症化・未治療である。

ここでは、２０１７〜19年までのあいだ、わたしが面会した人のうち不適切な医療対応された患者（**表4-4**）および放置された重症患者（**表4-5**）の数人をとりあげ、その内容についてしるす。

なお、収容者の面会でえられた情報以外にも、東日本入国管理センターおよび東京入管局との話しあいによる情報、そして情報開示請求をおこなったうえで、入管側の意見や内容もとりいれながら、なるべく

表4–4　不適切な医療対応（2017〜19年）

名前	国籍	性 年齢	収容所	収容期間	法的状態	疾患	対応の問題点
サルカ	スリランカ	男性 54歳	東日本入国管理センター	2年	難民申請	狭心症など	職員が薬保持
ウダヤ	スリランカ	男性 37歳	東日本入国管理センター	2年2ヶ月	難民申請	狭心症など	職員が薬保持
シルバ	スリランカ	男性 51歳	東日本入国管理センター	3年	難民申請	狭心症など	職員が薬保持
ソプネ	フィリピン	男性 51歳	東日本入国管理センター	4年	非正規移民	狭心症など	職員が薬保持
ムスタファ	トルコ（クルド人）	男性 26歳	東日本入国管理センター	3年6ヶ月	難民申請	睾丸のガン	ガンみのがし
アンドレア	ボリビア	男性 43歳	東日本入国管理センター	3年9ヶ月	非正規移民	眼球結膜のガン	ガンみのがし

表4–5　病院での治療を要した重症患者（2017〜19年）

名前	国籍	性 年齢	収容所	収容期間	法的状態	疾患	対応の問題点
ハカン	トルコ（クルド人）	男性 28歳	東京入管局	10ヶ月	難民申請 日本人配偶者	虫垂炎 腹膜炎	放置
チョラック	トルコ（クルド人）	男性 40歳	東京入管局	1年6ヶ月	難民申請	抑うつ状態	救急医療拒否
ダヌカ	スリランカ	男性 37歳	東日本入国管理センター	2年5ヶ月	難民申請	摂食障害	放置
サファリ	イラン	男性 50歳	東日本入国管理センター	1年8ヶ月	難民申請	摂食障害	放置
ジェシー	フィリピン	女性 40歳	東京入管局	3年	非正規移民 日本人配偶者	摂食障害	放置
シラン	スリランカ	男性 40歳	東日本入国管理センター	1年1ヶ月	非正規移民	心不全*	放置

* 2012年の出来事である。

正確性をたもつようにこころがけた。

診療にたどりつくまで

収容者が収容所の医務室での診療を希望する場合、「被収容者の申し出」に記入しなければならない。ところが、その申請書は警備官室に保管してあり、収容者が申請書を自由にとることができない。申請書をうけとれるかどうかは、職員の判断できめられてしまうのである。

しかも、入管職員がききとって申請書に記入している。医療のシロウトによる記載はまちがうおそれがあるため、本来であれば、医療関係者が記入しなければならない。

かりに「被収容者の申し出」をうけつけたとしても、入管医師にみてもらうまで1ヶ月から2ヶ月もまたなければならない。入管の医務室まで、たいへんながい道のりである。外部病院での診療は、その先はるかかなたである。

職員による医療行為

外国人収容所には、常備薬がそなえられている。わたしは、情報開示請求によって常備薬をさぐりあてた。鎮痛薬・胃薬・便秘薬・下剤などである。

2018年の山本太郎国会議員との話しあいにおいて、東日本入国管理センター長は「常備薬については、職員がゆっくり説明し、ときには通訳もつかって説明している。本人が常備薬でよいという場合は、それですませている。ただし、常備薬で対応できないような重い病気であれば、すぐに診察する」とのべていた。

ところが、面会したおおくの収容者に常備薬についてたずねたところ、「頭がいたい」とうったえると、鎮痛薬と水のはいったコップを職員がもってきて、説明なしにわたした、とこたえている。センター長の言葉に反して、本人の希望というよりも、職員による判断となっている。

常備薬が町の薬屋さんでうられているといっても、薬屋さんでは薬剤師の説明のもと本人の判断で手にいれる。しかも、アレルギーなどの副作用の懸念がある。だれが責任をもってあたえるのかも、不透明である。診療希望の申請書を自由にとることができないと同様、収容者に薬の説明と選択権がないまま、入管職員による常備薬投与という医療行為が、あたりまえにおこなわれている。職員による危険な医療行為は、ほかにもたくさんある。

危険な投薬

スリランカ人サルカさん（男性56歳）は、外部病院での医師の診察によって狭心症の診断がなされ、その日から狭心症発作時（胸痛時）のニトロペン錠が処方された。サルカさんは高血圧や糖尿病が悪化していることから、心筋梗塞になる可能性がたかかった。それにもかかわらず、入管職員がニトロペン錠をもっており、胸痛をうったえるサルカさんにニトロペン錠をわたしていた。サルカさんが錠剤を手にするまで、10分以上かかっていた。

将来おきるかもしれない心筋梗塞をふせぐため、ニトロペン錠を本人の手もちとして、胸痛がおきたとき、すぐに患者本人がそれをつかわなければならない。それなのに、入管職員が胸痛の有無を判断し、薬をわたしている。これもまた医療行為にあたり、きわめて危険な対応である。一歩まちがえれば、死にいたる。実際に心筋梗塞患者を放置し、死亡させてしまった前科がある。

心筋梗塞みのがしによる放置死

２０１４年11月22日、東京入管局でスリランカ人フェルナンドさん（男性58歳）が心筋梗塞でなくなった（68ページ**表3-1**の№19）。１週間後にわたしはおなじ棟の同室者・隣室者・別部屋のスリランカ人から聞きとり調査をおこなった。３人の証言をもとに、フェルナンドさんの死亡にいたるまでの時間経過を再構成

図4–4　フェルナンドさんが死亡するまでの経過

日時 2014年11月12日　羽田空港来日
17日　収容
19日
22日（土）時刻は推定　早朝　7:00　7:30　7:50〜8:00　8:45　9:00　11:00　13:00　13：30

フェルナンドさん

頭痛をうったえていた。
隣室まで聞こえるほどのうめき声をだした。
左胸の痛みをうったえた。医師の診察を希望した。
「土曜日は病院が休み」といわれ、入管職員に拒否された。
個室部屋に移動した。
胸痛がはげしく、うめいていた。
しずかになった。
救急車搬送

同室者A　前日までかわったことはなかった。左胸をおさえていた。

隣室者B　うめき声をきいた。　うつ伏せの状態をみた。

同じ棟の収容者C　フェルナンドさんの通訳をした。　うつ伏せの状態をみた。異変に気づいた。

入管職員 X、Y、Z、その他

血圧と体温を測定した。薬？をあたえた。　点呼時うつ伏せ状態を確認した。
職員が駆けつけた。
心マッサージ施行
13時での出来事以降、目撃者すべてを
別棟のそれぞれ異なった部屋にうつした。

した（**図4–4**）。なお、11月22日の時刻は推定である。発症推定時刻を午前7時前後、死亡推定時刻を午前8時45分とすると、発症から死亡までの時間は約1時間45分である。そして、死亡から職員が異変に気づくまでの時間は4時間30分となる。そのあいだ、入管職員は死にいたるほどの重症としてみておらず、死後も放置していた。

心筋梗塞発症時、フェルナンドさんは右胸に手をあて、くるしい表情をし、机をたたきながら、聖書をとりだし（本当のことだという意思表示）、「ず〜と、イタイ」、「死にそうだ」となんども必死にうったえた。

それでも、入管職員は「たてるから、だいじょうぶ」、「しゃべれるから、だいじょうぶ」、「病院は、土曜日は休み」、「病院につれていけない」、「救急車はこない」といって、フェルナンドさんに薬（おそらく鎮痛薬）をあたえた。医療関係者でないにもかかわらず、入管職員は診療行為をしていたのである。

かりに入管職員が、7時30分以前に異変にきづき、その場で救急車をよび、病院で緊急処置をすれば、フェルナンドさんは一命をとりとめたであろう。

しかも死亡にきづいたのは、職員ではない。おなじ棟の収容者である。昼食後の自由時間には各部屋のドアが開閉できたので、収容者が心配して部屋にはいると、フェルナンドさんの体がつめたくなっていた。収容者から指摘されて、ようやく入管職員は異変にきづいたのである。

2017年にくも膜下出血でなくなったベトナム人もはげしい頭痛をうったえたところ、職員は常備薬の鎮痛薬をあたえ放置していた。それとおなじ出来事が3年前にもおきていたのである。なお、この心筋梗塞死亡事件について、入管は報告書を作成していない。

ガンみのがし

クルド人ムスタファさん（男性26歳）は、2016年3月から2019年9月までの3年6ヶ月にわたり、外国人収容所に収容されていた。収容中の2019年1月ごろ、右睾丸に違和感があった。同年4月からいたみをかんじてきたため、入管医師の診察をうけた。医師から抗生物質がだされたが、改善されなかった。

ふたたび収容所での診察をうけたところ、睾丸のデキモノかもしれないとのことで、外部病院にいく予定だった。ところが、ムスタファさんが外部病院での診察をなんど要求しても、入管職員から無視されつづけた。

そこで、2019年8月にムスタファさんはハンガーストライキをおこない、そのためなのか、1ヶ月後に仮放免となった。仮放免直後、わたしの無料医療相談にやってきたので、医療機関に紹介した。病院の泌尿器医師から「右精巣腫瘍およびリンパ節転移」と診断され、同年9月に摘出手術、その後に抗がん剤治療をうけた。

わかい人のガンは進行がはやいため、収容中に睾丸のいたみをうったえていた時点で外部病院の泌尿器科を受診していれば、転移をふせげたかもしれない。また、ハンガーストライキをおこなっていなかったら、仮放免されないままリンパ節以外にも転移がおこり、とりかえしのつかないことになっていただろう。なお、ムスタファさんの仮放免の許可期間は2週間で、再収容されるおそれがあった。かりに再収容されていれば、外部病院への受診のないまま放置され、病状は進行していただろう。

危険な容態観察

東京入管局に収容されていたクルド人ハカンさん(男性28歳)は、腹部のはげしいいたみをうったえていた。それにもかかわらず、入管職員の判断、つまり〝診断〟によって鎮痛剤をあたえられただけで、外部病院につなげられないまま、彼は単独室にいれられてしまった。

おなじ棟の収容者たちは、いたみをうったえるハカンさんを心配し、職員に外部病院への診療をつよく要求した。そのためなのか、ようやく外部病院につれていかれることになった。病院では急性虫垂炎および腹膜炎と診断され、その場で緊急手術がなされた。

単純な虫垂炎であれば、手術入院は3日間ですむのだが、ハカンさんの入院は1週間もかかった。いたみ発生から十数時間もついやしたことで、虫垂炎による炎症が腹膜へとひろがり、腹膜炎をひきおこしたからである。ハカンさんがいたみをうったえた時点で、緊急手術すべきであった。しかも、手術後に病院での十分な消毒処置と経過観察が必要だったにもかかわらず、退院後に傷の消毒処置は放置されたままだった。

その後、ハカンさんの担当弁護士をとおして、東京法務局訟務部の意見書がわたし宛てにおくられてきた。東京法務局訟務部の意見書には「容態観察」として記載されていた。医療関係者でもない入管職員が「容態観察」できるはずもないし、おこなってはならない。入管職員の「容態観察」は、患者放置そのものである。

図4–5　体重減少の推移

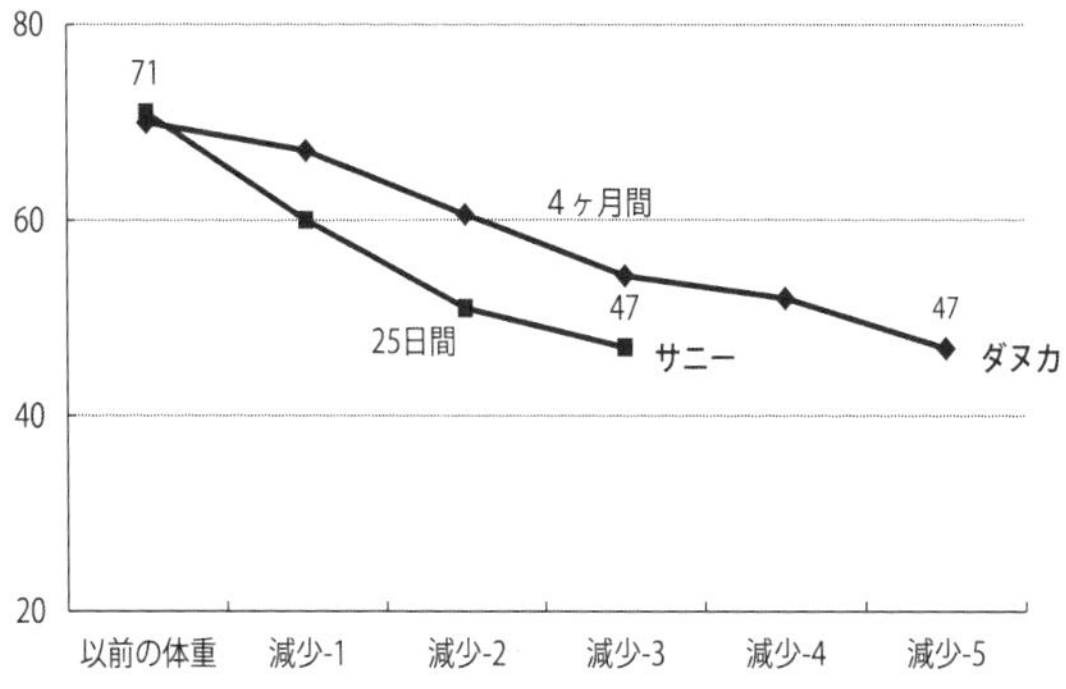

ほかにも同様の例がたくさんみられ、さいわいにも彼／彼女らは大事にいたらなかったが、場合によって入管職員の「容態観察」がそのままつづき、死にいたることもあった。２０１４年のカメルーン人死亡事件や２０２１年のウィシュマさん死亡事件などが、それにあたる。

餓死寸前の収容者たち

外国人収容所でわたしが面会したスリランカ人ダヌカさん（男性37歳）は、車イスであらわれた。「たべれない。たべても、もどしてしまう。どうしても胃がうけつけない」とうったえていた。そのため、体力がおとろえてしまい、歩行ができなかった。

ダヌカさんの状態は、大村入国管理センターにおけるナイジェリア人サニーさんの餓死事件をおもいおこさせる。サニーさんとの体重減少を比較すると、期間こそちがうものの、当初70kgあった体重が50kg以下になっていた(図4-5)。

体重の2/3になっているため、緊急事態といってよい。さいわいにも期間が4ヶ月だったため、ダヌカさんはもちこたえた。風邪などの感染症がおきれば、たちまち肺炎などを併発し、死にいたらしめたであろう。ダヌカさん以外にも、本章の冒頭写真でしめすように、おおくの収容者が極端な体重減少におちいった。さいわいにも、彼/彼女らは餓死にはいたらなかった。

集団感染しやすい収容所

2020年2月、横浜港に停泊したクルーズ船でコロナウイルスによる集団感染がおきたとき、わたしは外国人収容所をつい連想してしまった。

船内で感染する危険度がたかいにもかかわらず、なんの説明もなされないまま、旅行者はながいあいだ船内にとじこめられてしまった。いつ外にでられるともわからず、不安感がつのっていた。診断と治療、さらには予防などの対応が不十分だったため、感染拡大をまねき、しかも死者もでてしまった。まるで、外国人収容所でおきているかのような出来事であった。

外国人収容所もクルーズ船とおなじで、密閉・密集・密接の三条件がそろっている。おまけに、トイレが部屋に併設されている。ひとたびコロナウイルス感染がおきれば、ほかの収容者にまたたくまにひろがってしまう。収容者のみならず、入管職員にも、収容所全体にコロナウイルス感染がおよぶ。そこで、わたしは外国人収容所の責任者に文書で要望した。

感染者がでてからの対応では、ておくれになります。そのためにも、必要以上に収容させないこと、つまり仮放免こそがコロナウイルス感染予防のもっとも重要な対策です。

それでも収容をつづけるのであれば、収容者を安心させるためにも、コロナウイルス感染の説明をしなければなりません。つぎに、徹底した感染症予防およびわかりやすい情報伝達、そして感染者が発生したときの適切で迅速な対応がたいせつです。

わたしが懸念していたことが、現実となった。クルーズ船での集団感染発生から1年後の２０２１年２月17日、東京入管局で収容者58人、職員5人の合計63人がコロナウイルスに集団感染したのである。

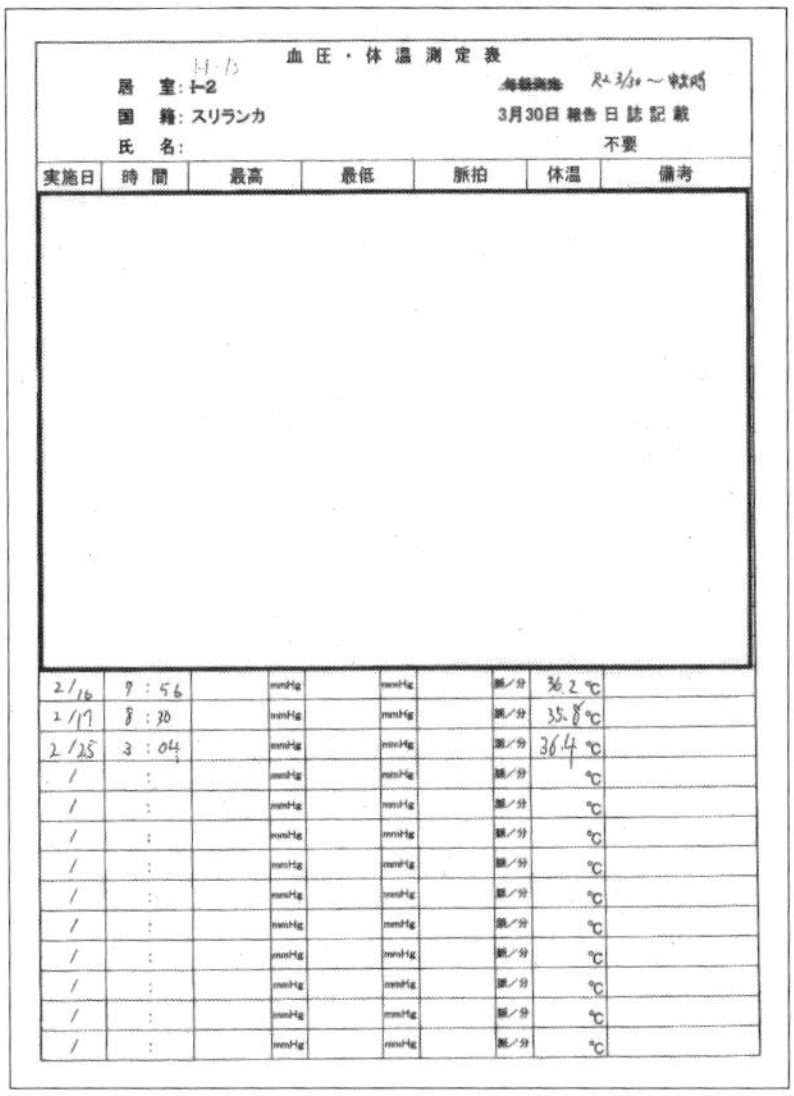
血圧・体温測定表

居室: I-2　国籍: スリランカ　氏名:

3月30日 報告 日誌 記載　不要

実施日	時間	最高	最低	脈拍	体温	備考
2/16	9:56	mmHg	mmHg	回/分	36.2℃	
2/17	8:30	mmHg	mmHg	回/分	35.8℃	
2/25	3:04	mmHg	mmHg	回/分	36.4℃	
/	:	mmHg	mmHg	回/分	℃	
/	:	mmHg	mmHg	回/分	℃	
/	:	mmHg	mmHg	回/分	℃	
/	:	mmHg	mmHg	回/分	℃	
/	:	mmHg	mmHg	回/分	℃	
/	:	mmHg	mmHg	回/分	℃	
/	:	mmHg	mmHg	回/分	℃	
/	:	mmHg	mmHg	回/分	℃	
/	:	mmHg	mmHg	回/分	℃	
/	:	mmHg	mmHg	回/分	℃	

ジャヤンタさんの血圧・体温測定表
2021年２月（弁護士提供）

白ぬりの隠ぺい工作

この集団感染したうちのひとりに、スリランカ人ジャヤンタさん（男性46歳）がいる。彼がもっていた東京入管局の情報開示請求資料のうち、２月以降の彼の体温測定記録をみると、２月上旬だけが白ぬりとなっていた。そこで、その期間の体温や入管の対応をジャヤンタさんにたしかめた。

彼によれば、２０２１年２月８日から15日まで

38度以上の熱があったという。彼はコロナ感染を心配し、診察を要求したが、職員から無視された。2回の不服申し立てをおこなっても、診察やPCR検査はおこなわれなかった。2月15日にようやく入管医師の診察をうけたものの、医師はPCR検査をせず、セキ止めの薬しかださなかった。2月16日にべつの収容者がコロナ感染とわかり、ジャヤンタさんもPCR検査でコロナ感染と診断された。おなじ棟のイラン人・インド人・パラグアイ人も2月8日ごろから症状があっても診察されず、2月16日になって、ようやくPCR検査でコロナ感染と診断された。

収容者たちに発熱があっても、1週間以上も放置されたため、それが集団感染をひきおこしたのである。そして東京入管局は、責任が追及されないように隠ぺい工作をはかった。白ぬり箇所が、それである。いつもの黒ぬりでないところに、わたしはおもわずふきだしてしまった。

感染拡大一歩手前

その後、ジャヤンタさんの症状はおちついた。だが、2021年7月9日からのどの痛みとカラ咳がはじまった。それにもかかわらず、またしても診療はほとんどなされなかった。7月26日にPCR検査をうけたところ、ふたたび陽性となった。

2度目のコロナ感染から2週間以上たっても、PCR検査で陽性だったため、職員が単独室にうつることをジャヤンタさんにつげた。ジャヤンタさんは移動する体力がないこと、自分のいるブロックに自分以外の収容者がいないこと、そして2021年3月に名古屋入管局でおきた病人放置死事件の犠牲者ウィシュマさんとおなじことが自分の身におきるかもしれないという不安もあり、彼は単独室への移動を拒否した。

すると、15人ほどの職員が盾や手錠をもってきて、ジャヤンタさんを無理やり別ブロックに移動させた。彼はこのときの暴行制圧により、右ひじを打撲した。コロナ感染者にもかかわらず、職員は制圧をおこない、職員にも感染してしまうかもしれないという、収容所全体にとってもきわめて危険な行為におよんでいたのである。

おなじ時期に名古屋入管局でも、コロナ感染拡大させる行為がつづけられていた。いくつか例をあげる。

2021年5月、収容されていたスリランカ人タニュジャさん（男性24歳）に発熱があり、部屋の移動をつげられた。ジャヤンタさんとおなじ理由で、タニュジャさんは移動を拒否したところ、職員6人が制圧をかけ、無理やり別部屋につれていこうとした。もし彼がコロナ感染者であれば——実際にPCR検査をしていないのでわからないが——職員にも感染し、それが集団感染の引き金になっていたかもしれない。

名古屋入管局でなくなったウィシュマさんも、2021年2月1日から3週間も発熱がつづいていたにもかかわらず、PCR検査はおこなわれなかった。

さらに、2021年9月に名古屋入管局でトルコ人の強制送還が実施された際、送還されたトルコ人によれば、PCR検査をうけていなかったという。

わたしが指摘した「感染の説明」「徹底した感染症予防およびわかりやすい情報伝達」「感染者が発生したときの適切で迅速な対応」は、まったくなされていない。感染対策よりも、収容所の秩序や強制送還を優先している。これでは、収容所で集団感染がおきても、他国へ感染拡大させても、不思議ではない。かりにそれらがおきたとしても、入管は不都合な事実を白ぬりか黒ぬりでかくしとおそうとするだろう。

無医療地帯の医師

劣悪な環境下でさまざまな種類の病気が発症し、収容の長期化により、病状は深刻化する。それにもかかわらず、適切な治療はほどこされない。外国人収容所は病気の宝庫でありながらも、無医療地帯でもある。それでは、外国人収容所に勤務する医師とはいったいどのような存在なのだろうか。

はなしはかわるが、死刑後に死亡を確認するのは医師である。医師以外に、それはできない。だが、すこしかんがえると、ずいぶんと奇妙である。

医師は病気をなおす。そのような役割をになっている。ところが、死刑においては、それまで健康であった人が突然ころされる。そこに法務省の医師がたちあい、死ぬまでみとどける。この場合医師としてもとめられるのは、治療ではなく、執行後に死亡を確認することである。法務省の医師は、死刑執行しているあいだ、死刑にたいする疑問の余地をはさむことなく、ただ傍観するだけで、受刑者が死ぬのをまっている。

入管医師の役割も、これとおなじではないだろうか。本章の冒頭でかかげた入管職員の言葉であらわされるように、収容の目的はあくまで送還である。外国人収容所は治療する場ではない、という姿勢である。それを死刑執行の場合におきかえると、つぎのようになる。

わたしたちの仕事は、死刑執行することです。

死亡したかどうかの判断するのが、医師の役割である。

それでは、入管医師は自身の役目をどうかんがえているのだろうか。診療記録の入管医師の発言に、それが端的にあらわれている。

根本的にここの環境がきつい、ということ自体は私には変えられない。

収容環境が精神状態を悪化させている、と入管医師はいちおう認識しているようだ。そうであれば、病気をなおすと同時に、まず予防として職員の暴行をやめさせ、そして収容環境を改善していかなければならない。ところが、それはなされず、強制送還するまでのあいだ、病気をなおさず、あくまで対症療法ですませている。

1997年および2010年におきた死亡事件で、入管職員は罰せられなかった。法を運用する入管・法務省・検察庁・裁判所が一丸となって、入管の失態をおおいかくし、それら諸機関とふかくかかわる法医学者は「スジワル」としてやりすごしていた。

入管職員による暴行がおきたとしても、精神疾患や自殺未遂が収容環境によって生じたとしても、重症患者が放置されても、法務省に従属する医師もまた、法医学者のように目をとざす。法にたずさわる者は、人としてのモラルがときに欠落するようだ。

仮放免後もつづく後遺症

人生が半分になった

わたしがおこなっている医療相談の場所は、公共施設・カトリック教会・民家・納屋などさまざまである。クルド人コミュニティでは、あつまる場がないため、彼／彼女らの自宅を訪問している。

埼玉県のJR京浜東北線蕨駅につくと、支援者の松澤秀延さんがでむかえ、彼の車でクルド人の家を一軒一軒まわる。いわば往診にあたるのだが、横浜市のわたしの家からは、ずいぶんとながい道のりである。

クルド人男性のほとんどは、収容を体験している。そのうちのひとりチョラックさん（男性40歳　**表4-5**参照）の自宅にむかった。家につくと、まずお茶がさしだされた。お茶をのみながらくつろぐチョラックさんは、収容中の出来事をかたりはじめた。

東京入管局に収容中の2019年3月11日に心身に異常をきたしたため、彼は妻に電話連絡した。心配した妻が救急車を要請したのだが、到着した救急車での搬送を入管はこばんだ。収容中のチョラックさんは、救急搬送拒否をしるよしもなく、その夜に胸のいたみをうったえ、そして意識がなくなってしまった。入管職員によって単独室にはこばれ、その部屋で一晩すごした。

翌日（3月12日）に入管医師の診察をうけた。医師は患者チョラックさんから3mほどはなれたところで、チョラックさんの体をさわらず、聴診もせず、診察らしいことをなにもせず、「ハイOK」といって診療をおえた。

翌々日（3月13日）に外部病院につれていかれ、CTや血液などの検査をしたところ、「問題ない」とのことだった。頭痛と胸痛があったにもかかわらず、なぜか胸部レントゲン写真や心電図検査はおこなわれていなかった。この出来事からしばらくしてから、チョラックさんは仮放免された。

仮放免されて1年以上たったいまも、チョラックさんは「死んでしまうというおもいが、頭からはなれない」と不安げにかたり、「人生が半分になった」とかんじている。同席した松澤さんによれば「収容前はもっと快活で、よくしゃべり、陽気な人だった。でも、いまはまったくちがって、ふさぎこむようになった」と、チョラックさんのかわりようにおどろいていた。

チョラックさんは、ちかくの精神科医によって抑うつ状態と診断され、通院中である。こころにふかい傷をおい、入管につよい恐怖をいだいているため、PTSDも否定できない。

収容環境が収容者の精神におおきなダメージをあたえ、仮放免されても後遺症はつづいている。チョラックさんは「自殺をかんがえている」とつぶやいていた。

「トルコにかえりたい」という言葉をのこして

収容による後遺症にくるしみながら、精神に異常をきたし、自殺したクルド人がいる。故ムスタファ・バリバイさんである。

2007年、日本でくらしていた長男をたよって、ムスタファさんをふくむ家族5人が来日した。ところが、成田空港到着後に家族全員が収容されてしまった。仮放免されたものの、ムスタファさんだけは収容と仮放免をなんどもくりかえした。収容中に自分の服で首つり自殺を2回もはかったが、さいわいにも

故郷へのおもいがつよかった
ムスタファ・バリバイさん
（遺族提供）

未遂におわった。

仮放免されても、首つり自殺をなんどもこころみた。いずれも家族や親せきなどがムスタファさんをみはっていたため、無事であった。ところが、2015年12月妻ヌリエさんに「散歩にでかける」といいのこし、ちかくの公園で木にロープをかけて自殺してしまった。

ムスタファさんはトルコにいるとき警察につかまり、刑務所で2ヶ月間も毎日なぐられたり、電気ショックをうけたりもした。釈放されたのちも、手がふるえ、感情がコントロールできなくなっていた。来日してからも、精神状態はおもわしくなく、埼玉県立精神医療センターにかよっていた。「トルコにかえりたい」が口癖だったという[六]。

ムスタファさんの経歴をかんがえると、かならずしも入管収容だけに自殺の原因をもとめることはできない。ただ、収容が自殺をうながしたのはまちがいない。さらに一家に悲劇的なのは、ムスタファさんの妻ヌリエさんの弟も仮放免中に鉄道にとびこみ自殺してしまったことである。彼の場合も、入管収容が引き金となったのだろう。

ガンでも、心不全でも、病院紹介なし

収容者の医療情報について、入管はいっさい本人につたえていないし、外部にもだしていない。仮放免される人の病院への紹介状も、もちろんかかれない。ガン患者であっても、紹介状なしである。ボリビア

人アンドレアさん（男性43歳　**表4−4**参照）がそうであった。

収容中のアンドレアさんが右眼の違和感をうったえたところ、外部病院の眼科で扁平上皮ガンと診断され、ガン摘出手術をうけた。その後、収容所から病院にかよい、経過をみていたところ、さいわいにも再発はみられなかった。収容されてから3年後、アンドレアさんはようやく仮放免された。

ガン転移の有無について、かならず病院で経過観察をしなければならない。だが、入管からの紹介状はなく、アンドレアさんにはなんの医療情報もあたえられていなかった。仮放免されても、彼の不安はつのるばかりであった。

そこでわたしは、担当弁護士を介して、アンドレアさんが治療をうけた病院の眼科医に診療記録開示請求をしてもらった。2ヶ月後に診療記録のコピーがわたしの手元にとどき、ようやくわたしが眼科への紹介状をかくことができた。たいへん手間のかかった医療相談であった。

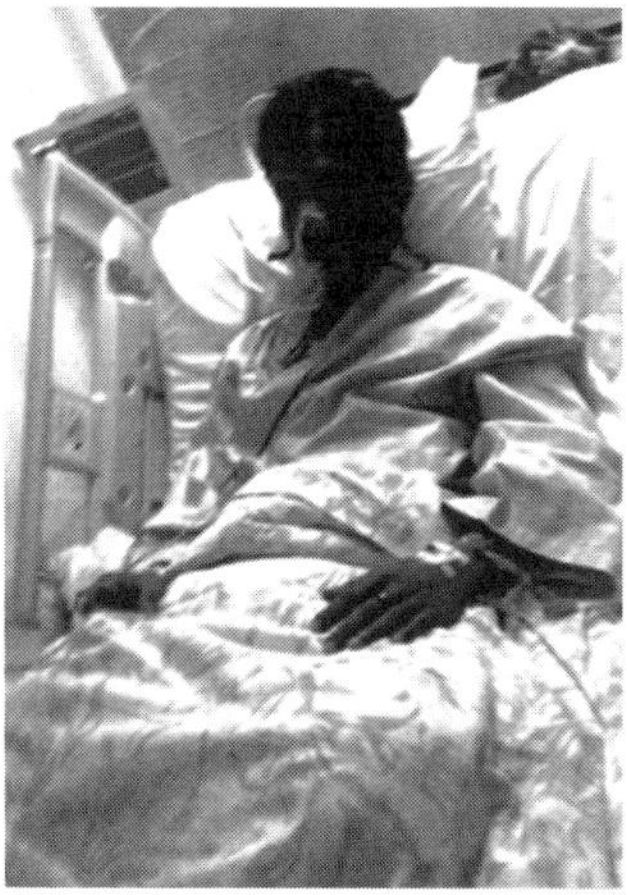
緊急入院したシランさん
（支援者提供）

スリランカ人シランさん（男性40歳　**表4−5**参照）も同様に、なんの医療情報をあたえられないまま、息切れとむくみがひどい状態で、外国人収容所からほうりだされてしまった。仮放免の数日後、シランさんは病院で心不全と診断され、ＩＣＵに緊急入院した。

病院の診断書には「心不全の原因として、ビタミンＢ1欠乏症と、ＮＳＡＩＤ内服が寄与している可能性が考えられた」と指摘されている。入管でだされた薬の副作用によって心不全がひきおこされたようである。

さいわいにもシランさんは適切な治療によって回復したのだが、仮放免後になくなった人がいる。コロンビア人カルロスさん（男性50歳）は収容中に体調が悪化したため、突然仮放免され、2007年末にわたしがつとめている診療所をおとずれた。劇症肝炎だったので、自宅ちかくの病院に紹介したところ、緊急入院し、治療をうけた。だが、不幸にも数ヶ月後になくなってしまった。この場合も、入管医師からの紹介状はなかった。

カルロスさんの死亡から10年後の2018年、外国人収容所で偶然にもカルロスさんの息子ゴメスさんにであった。11歳のときに父親がなくなったあと、ゴメスさんは非行にはしってしまい、警察につかまり、収容所おくりとなってしまった。わたしはゴメスさんになんどか面会し、あかるい好青年という印象をもった。彼は、過去の行為をふかく反省していた。

もっとはやく父親カルロスさんが仮放免され、適切な治療をされていたら、肝炎はおさまっていただろう。カルロスさんが生きていたら、もともと素直な性格の息子ゴメスさんの運命はちがっていただろう。カルロスさんはしかし、かえらぬ人となってしまった。

外国人収容所シンドローム

外国人収容所での病気は表層としてあらわれているにすぎず、下層には病気をひきおこすいくつかの要因がよこたわっている。これまで断片的にのべてきたが、ここではそれらを整理したうえで、収容所の医療状況からみちびきだされる入管問題の全体像をしめす。なお、一部にくりかえしの内容があらわれることをおゆるしねがいたい。

医療につなげない入管職員

外国人収容所では、収容者が内部診療の申請書を自由にとることができず、入管職員の判断（診断）によって受診が左右される。たとえ申請がみとめられても、入管医師による診療まで1ヶ月以上もまたなければならない。

鎮痛薬などの常備薬を入管職員があたえ、狭心症発作時の緊急薬を入管職員がもっており、投薬判断が入管職員にまかされている。東日本入国管理センターの業務概況書には「詐病やささいな疾病により診断を要求するものが多い」としるされていた。入管職員が詐病としてみているならば、医療にはつなげられない。入管職員によるこれら医療行為が、もっともおおきな問題である。

不十分で不適切な医療

たとえ入管の医務室で診療にたどりついたとしても、十分な医療はうけられない。収容所では、医師は常駐しておらず、日がわりの交代勤務で、専門外の病気を治療するため、ときに誤診がみられる。

外部病院での診療は、ほとんどなされない。救急患者が発生しても、外部病院に適切につなげていない。重症化しても、収容所内で放置されるか、あるいはほうりだされるようなかたちの仮放免で緊急入院するか、そのどちらかである。仮放免されても、相手先病院への紹介状はない。どのような病気なのか、どの病院にいけばよいのかの説明もない。また言葉の問題が病気の説明不足につながり、入管内の医療に

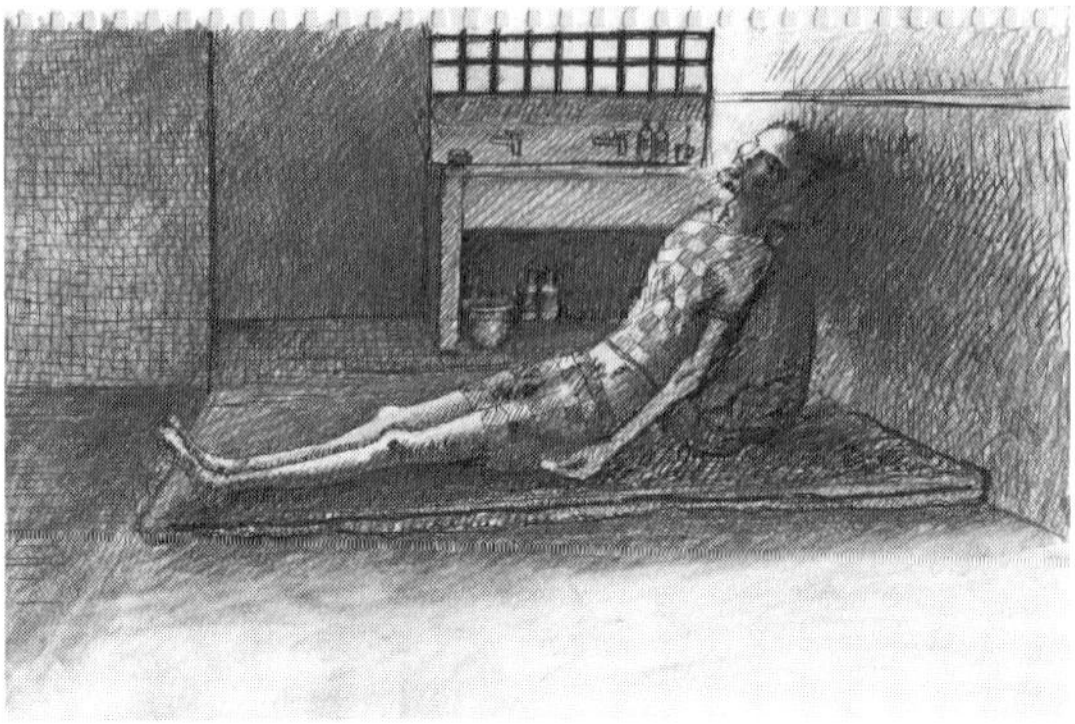

収容部屋でよこたわる重症者（収容者がえがいた）

たいする不信をまねいている。(七)

かりに医療体制が整備されたとしても、根本的な解決策にはほどとおい。劣悪な収容環境のもと病気が発症し、長期収容により病状が悪化するからである。医療体制以外にも、さまざまな要因に目をむけなければならない。

劣悪な衛生環境

6人から4人のすし詰めされたせまい部屋は、日光がじゅうぶんあたらない。部屋には開閉窓はなく、収容者はそとの景色をみることができない。部屋にはトイレが併設され、きわめて不衛生である。しかも、換気状態がわるい。密集・密閉・密接の三条件がそなわっているため、ひとたび結核・インフルエンザ・下痢疾患・コロナウイルス感染が発生すれば、収容者のみならず入管職員にも感染し、収容所全体にひろがってゆく。

海外の難民キャンプでさえ、下痢などの感染症を予防するため、トイレと住居は一定の距離をたもつようにしている。日本の外国人収容所では、感染対策の基本にかけた対応となっている。

刑務所では、歯ブラシ・歯みがき・石鹸・タオル・洗濯用の石鹸・生理用品などの日常品が支給されている。それによって、収容者のこころとからだの衛生をたもつことができるし、刑務所全体の衛生環境の改善へとつなげられる。ところが、外国人収容所では、それらの支給はいっさいない。

娯楽設備はほとんどそなえられず、宗教的行為はゆるされない。運動場はコンクリートの壁にかこまれ、地面もコンクリートでおおわれている。これでは、運動中のケガが多発するのは当然である。運動場の天空でさえも金網でおおわれている。

無期限の全件収容

入管法に違反したすべての外国人が、収容の対象者とされる。これを全件収容という。子ども・若年者・高齢者・妊婦・日本人の配偶者・通院中の患者・難民申請者であっても、である。収容直後に流産した妊婦・労災など治療中の患者・精神異常をきたした人・自殺未遂した人でさえも収容がつづけられ、彼／彼女らの健康がむしばまれる。

しかも、入管の裁量によって収容期間は無期限となり、長期化している。たんに在留期限がきれて滞在をつづけただけなのに、あまりにもおもすぎる罰である。法の乱用とは、まさにこのことをさすのだろう。

入管庁の出自、入管法の欠陥

第7章でくわしく論ずるが、入管法の原点は、1951年連合国総司令部GHQとの折衝によってつくられた入管令である。入管令の基本方針は、朝鮮半島からの人びとの流入阻止、そして戦後日本にのこった朝鮮人・韓国人の追放および管理である。

それと並行して外国人収容所がたてられ、法と収容所を運用するため、法務省に入管局が設置された。

その入管の出自はというと、歴史的にも悪名たかい戦前の特高警察である。入管職員はときに暴力的な態度をとり、都合のわるいことをかくそうとする。入管は、特高警察の暴力と隠ぺい体質をひきついでいる。

入管職員はいいきった。「わたしたちの仕事は、〝不法〟外国人を収容し、送還すること」。収容者の健康よりも、収容と送還を優先している。こうものべた。「法律にしたがっている」。入管法の執行は、無期限の全件収容となり、恣意的に運用されている。

このように法を都合よく解釈されないためには、チェック機能が不可欠となる。かりに行政機関によって違反とされたとき、それにたいして異議があれば、裁判所にうったえることができる。裁判所が、行政判断をチェックするのである。それが三権分立の意義であろう。

ところが日本において、移民・難民のすべてをあつかう入管法では、そのような仕組みになっていない。入管法違反調査・難民認定・在留特別許可付与・仮放免などすべての審査は、入管内部でひそかにおこなわれている。異議や不服があっても、その結果をだした入管にふたたび申しでるため、おなじ結果がかえってくる。

入管にかかわる審査過程で、公平な第三者機関や裁判所のはいりこむ余地は、まったくない。しかも、どのような審査内容だったのか、その情報をいっさいださない。チェック機能がまったくなく、情報にとぼしいため、密室での入管による判断がただしいかどうかさえ、まったくわからない。これは、あきらかに法および法運用上の欠陥といってよい。

入管令の話にもどると、その内容は入管にかなりの裁量権をあたえ、裁判所に介入させない方針をもり

表4-6　外国人収容所シンドロームの病因および病態

	促進因子	現象、行動
表　層	病気	結核、肝炎、自殺未遂、衰弱、心筋梗塞など
第２層	入管職員の対応	医療へのつながりをとざす。詐病としてみる。 職員による医療行為
第３層	医療体制	医師の診療能力および責任能力の欠如、薬の大量投与、 日替わり診療、外部病院の診療減少
第４層	衛生環境 収容環境	衛生用品の未支給、トイレ併設の共同部屋 せまい密室空間の生活、宗教・娯楽関係の未整備
第５層	収容装置の運用	全件収容、無期限収容
第６層	入管法（制度）	外国人排除、難民不認定、定住化阻止
第７層	法務省・入管庁	入管法の恣意的運用、予算増額
深　層	民族問題	異民族にたいする差別と蔑視

こんでいた。[八] 入管令の基本方針である移民・難民の定住化阻止とともに、チェック機構の不在が、入管令成立以降いまもつづいている。70年以上ものあいだ移民・難民にかんすることは、入管がひとり占めにしてきたのである。

民族差別の収容

これら一連の病態と状況をひとことであらわせば、外国人収容所シンドロームとなろう。促進要因が重層的にかさなりあい、多彩な病状が収容所内であらわれてくる（表4-6）。第2層から第7層までは、法律・行政組織・装置などの国民国家の構造システムが促進要因となっている。その構造システム以外に、ふかいところでべつの層が存在する。

日本人であれば、刑事罰で刑務所におくられたとしても、入管法のような行政法の罰で収容されることはありえない。かつて法務官僚は「外国人は、煮てくおうと、焼いてくおうと、自由」と本音をはいた。深層には、移民・難民そして異民族にたいする差別と蔑視がよこたわっているのである。

予防は治療にまさる

それでは、外国人収容所シンドロームの悪化をふせぎ、病気のひろがりをおさえるためには、どうしたらよいのだろうか。そのこたえは、表4−6からみちびきだせる。

まず、職員の意識と態度をかえなくてはならない。医療行為はけっしてとらない。詐病をうたがわず、救急対応を迅速におこなう。

そのうえで、医療体制を充実させる。ただし、それは常勤医をやとい、検査をしたり、薬をふやしたりすることではない。外部診療を積極的におこない、定期検査を実施する。長期の収容者にたいして胸部レントゲン写真を撮影し、結核の有無を確認し、病気の早期発見と早期治療につとめなければならない。

精神科医の診療によって、収容者の精神がやすまるものではない。精神状態を悪化させている収容環境や職員の対応を問題視しないまま、長期にわたり大量の精神薬をあたえつづけるのは、むしろ害悪である。

精神衛生上の観点から、衛生用品を支給し、野外の運動回数をふやし、運動場を緑化し、部屋の開閉窓を設置し、娯楽や宗教行為の許容範囲を拡大する。生活環境および文化的環境の整備によってストレスの緩和がはかられれば、精神疾患と運動中のケガの減少へとつなげられる。

重症化および自殺防止のため、収容期限を6ヶ月とさだめ、[九] 仮放免を積極的におこなう。早期の仮放免が、最適な治療であり、いちばんの病気予防である。

母子の保護および収容者の健康維持のため、子ども・10代の若年者・日本人の配偶者・妊婦・治療中の患者の収容をさける。

行政にたいするチェック機関もまた、不可欠である。第6章でのべるように、韓国をみならい、三権から独立した国家人権委員会をもうけることであろう。並行して、入管法にもメスをいれなければならない。

20世紀中ごろにつくられた移民・難民を排除する入管法は、人の流入がはげしい21世紀の現代社会に不適応症をひきおこしているようだ。入管による法運用のひずみが、収容所以外にもさまざまなところであらわれている。難民認定制度・技能実習生制度・留学生30万人計画などが、その好例である。

本書の表題どおり入管を解体し、移民・難民うけいれのあらたな法律をこしらえ、移民・難民庁をつくりだす時期がきているのだろう。入管は、出入国管理の名がしめすとおり、国境管理だけにとどめておくのがふさわしい。

わたしたちの意識もまた、時代とともにかわらざるをえない。移民・難民なしでは、もはや日本の文明社会は維持できない。わたしたちは移民・難民にささえられているのを自覚しつつ、外の国の人ではなく、ともにくらす隣人として彼／彼女らをこころよくむかえいれなければならない。その姿勢は、社会にひそむ民族差別を克服するはじめの一歩となるだろう。

これらは外国人収容所シンドロームにたいする予防であり、ふるくから言いつたえられている格言の実践でもある。

予防は治療にまさる。

（一）東京入管局でも面会をおこなっているが、不定期の面会であり、しかも東京入管局の収容者は東日本入国管理センターに移送される場合がほとんどなので、ここでは対象者を東日本入国管理センターでの収容者に限定した。

（二）収容された日から換算している。入管統計における収容期間は、同一収容者であっても、収容所ごとの月数となっている。たとえば、アリさんの収容期間は東京入国管理局で3ヶ月間、その後東日本入国管理センターにうつり12ヶ月間と記載される。わたしの調査では、合計15ヶ月としている。

（三）山村淳平「傷つけられた難民」（『メディカル朝日』第36巻第8号　朝日新聞社　2007年）

（四）収容所では2010年に結核2名、2013年に結核1名がみつかり、2021年に東京入管局でコロナ感染のクラスターが発生し58名が感染した。

（五）面会における収容者の表情や言動は、文章ではとてもあらわせない。それを映像で表現したすぐれた作品がある。トーマス・アッシュ監督によるドキュメンタリー映画『牛久』（太秦　2021年）である。収容者のいかり・かなしみ・くるしみ、そして絶望感などを克明にえがきだしている。

（六）バリバイ一家については、DVD『外国人収容所の闇―クルドの人びとは今』（PARC　2020年）でえがかれている。

（七）2022年2月入管庁は「入管収容施設における医療体制の強化にかんする提言」を発表した。入管職員や収容施設ではたらく医療関係者の聞きとりをおこなったうえでの、有識者会議による提言である。一読して、患者（収容者）側の意見をきいていないことがわかる。この行為は、患者をみないで診断しているにひとしく、誤診をまねく。被害者の証言を無視し、加害者の言い分だけで裁判の判決をくだすことになり、それはえん罪と逆えん罪をうむ。有識者会議の委員は医師や弁護士で構成されているのだが、正確な事実にもとづいたうえでの、たしかな判断にはなっていない。患者や被害者の視点にかけた、医師や弁護士による提言となっている。

（八）テッサ・モーリス‐スズキ『冷戦と戦後入管体制の形成』（『前夜第I期3号』61～76ページ　影書房　2005年4月）に、入管令成立のいきさつがえがかれている。入管の本質をたちどころに理解できるすぐれた論文である。

（九）各国の収容期限について、フランスは90日間、ドイツは6ヶ月としている。イギリスとオーストラリアは収容期限をもうけていない。アメリカ合州国は72時間以内としているが、実際には半数以上の人が2年から4年も収容されている。

第5章 日本から追放される人びと

チャーター機での強制送還（映像『強制送還―終わりなき入管の暴力』）

「収容・護送・送還という不正規業務が入管の主体なんですね」

（法務省入国管理局「出入国管理の回顧と展望入管発足30周年を記念して―昭和55年度版」における法務省入管職員の発言）

「チャーター機による集団送還の成功により職場に活気がもどった。―中略―正に再生の年となった」

（2013年　東日本入国管理センターの業務概況書）

【解説】

　2005年ごろだったと記憶する。オーストラリアの人権団体Edmond Rice Centerの報告書「Deported to Danger」(2004年作成)をよんだことがある。団体職員が送還先の本国まで難民や非正規移民をおいかけ、送還先国でどのような目にあったのか、くわしく追跡調査をしていた。わたしも彼らにあやかり、追跡調査をぜひ実行したいとおもったものである。ただ、入管が、いつ、だれを、どの国に強制送還するのかは、まったくわからなかった。

　チャンスは、翌年(2006年)におとずれた。イランとパキスタンに送還された人たちと連絡がとれたのである。わたしは即断し、彼らの国々におもむいた(二)。

　2013年に2度目のチャンスがめぐってきた。入管は、チャーター機による集団強制送還を予定していた。ゆく先は公表されなかったが、フィリピンの可能性がたかかった。事前にフィリピン人収容者たちに面会し、入念に準備をととのえた。その甲斐あって、フィリピンに強制送還された人たちのインタビューは、とどこおりなくすすめることができた。その後も2015年にスリランカで、2018年にベトナムで送還後の彼/彼女らの追跡調査をおこなった。

　フィリピンへの強制送還は「チャーター機による大量強制送還の実態―法務省入国管理局のオウンゴール」(166〜179ページ『移民政策研究』移民政策学会編　第6号2014年)としてまとめた。スリランカやベトナムなどの現地調査にかんしては、報告書を作成すると同時に、映像『強制送還―終わりなき入管の暴力』(20分)を制作した。2020年のレイバーフェスタおよび2021年の東京ビデオフェスティバルにて上映された。映像は、ユーチューブで視聴できる。

　映像『強制送還―終わりなき入管の暴力』をプロの人たちから論評していただいたが、「個人の背景がえがかれていない」「顔がみえない」「題材はよいが、映像としてはいまひとつ」「入管の言い分をきいていない」と、かんばしくなかった。

　そのいっぽうで、「淡々と映像をつみかさねながら、正攻法でとらえている」「入管の前身として、戦前の特高警察との関係を指摘しているのは重要」という評価もいただいた。そうした論評のなかで、わたしがもっともしっくりいったのは、ビデオジャーナリスト・土井敏邦さんの「執念の映像」という言葉であった。

シロウトによる映像技術の稚拙さは、じゅうぶん承知のうえである。だが、送還者の声をおおやけにせずにはいられない。その衝動はおさえがたい。子どもとむりにひきはなされたベトナム人母親のかなしみ、送還中に暴力をうけたスリランカ人のいきどおり、日本での生活すべてをうしなったイラン人の絶望感……。

彼／彼女らの証言をのこさなければ、存在しないものとして、この世から永久にきえてしまう。だが文章では、とても表現できない。たとえ技術的に未熟であろうとも、時間をかけてでも、映像によって彼／彼女らのナマの声をつたえよう。そうこころにきめて、わたしは慣れない映像制作にとりかかった。

ながいあいだパレスチナを取材し、パレスチナ人の声をつたえ、地道に中東問題にとりくんでいる土井敏邦さんは、わたしの心情を的確にとらえてくれたのである。

難民申請者は、本国にかえされれば、身の危険にさらされる。非正規移民は、ながいあいだ家族とともに日本にくらしているため、家族とひきはなされたくない。彼／彼女らが送還に必死に抵抗するのは、あたりまえである。

実際に送還を拒否し、機長の判断で強制送還が中止となった例もある。わたしは、その人たちの聞きとりもおこなった。入管は、じつに暴力的な対応をしていたのである。この強制送還失敗例を、入管はもちろん公表するはずもない。

それにしても、失敗例をふくめた送還費用は、いったいいくらなのだろうか。入管が公表している金額は、集団送還を実施した際のチャーター機代だけである。それでも、ずいぶんと高額で、費用対効果にまったくとぼしい。

本章では、2013年からはじまったチャーター機による集団強制送還の実態をあらわすとともに、過去の強制送還の失敗例、そして強制送還は〝偽装〟労働であることもあきらかにする。

（一）　壁の涙制作実行委員会編『壁の涙―法務省・外国人収容所の実態』（現代企画室　2007年）の「強制送還」の項で、その実態をしるしている。

とつぜんの送還

家族とひきはなされたトルコ人

トルコ出身のクリンチさん（男性33歳）は在留資格のない非正規移民で、仮放免状態であった。彼は永住権のある日系ペルー人マキさんといっしょにくらし、待望の子どもがうまれ、結婚とどけを役所と入管にだす予定であった。

2021年9月、自宅から車で名古屋入管局にでむき、いつものように朝9時に仮放免延長手つづきをおこなおうとした。手つづきの部屋にはいると、まちかまえていた入管職員数人から「仮放免はダメ」といわれ、携帯電話などの持ち物すべてをとられた。

別室につれてゆかれ、トルコにかえされることをつげられたのち、職員10名によって手錠をかけられ、腰縄もつけられた。そのあいだ家族や保証人そして弁護士への連絡は、ゆるされなかった。

あばれていないにもかかわらず、スタンガンのようなものを首の後ろにあてられ、電気ショックみたいな感じをうけ、意識をうしなった。車（護送車）にのりこんだことをわずかにおぼえているだけで、意識はもうろうとし、車の窓からながれる風景をながめるしかなかった。午後6時に車が到着したのは、東京の羽田空港であった。

飛行機はトルコ航空で、のりこむときも手錠と腰縄がつけられたままだった。入管職員3人が同乗し、左右の座席にひとりずつ、前の座席にひとりがすわった。午後10時に飛行機が日本をはなれてから、手錠ははずされた。

トルコの国際空港についたのは、あけ方である。空港では日本の入管職員からトルコの入管職員にひきわたされたのち、すぐに空港で解放された。

強制送還は予想だにしなかったため、お金は1万円ほどしかもっていなかった。実家にかえるにも飛行機で1時間以上もかかり、飛行機代をはらえない。携帯電話をかえしてもらったので、空港からトルコの実家に電話をかけ、母親に航空券をかってもらい、なんとか実家にたどりついた。

妻マキさんと子ども（9ヶ月）にはなしかけるクリンチさん
「子どもに、めっちゃあいたい」と笑顔でこたえていたが、なにかをする気力をうしなってしまったようだ。

日本にのこされた妻子

送還当日の午後3時、入管職員がとつぜん愛知県のクリンチさんの自宅まで、彼の持ち物をとりにやってきた。対応したのはクリンチさんの義理母で、日本語ができなかったため、なにがおきているのか、彼女にはさっぱりわからなかった。そこで、外出していた娘のマキさんに電話をかけた。

母親から電話をうけたマキさんは、様子がおかしいとおもい、夫クリンチさんの親せきなどとともに名古屋入管局にかけつけた。入管職員にたずねてみても、こたえは「ここにはいない」「わからない」の一点張りであった。クリンチさんの車も入管の専用駐車場にとめたままで、彼はいったいどこにいったのかわからず、ひょっとして事件にまきこまれたのではないか、と家族や親せき全員が不安にかられた。

翌日クリンチさんからマキさんに電話がかかり、「トルコにいる」とつたえられ、そこではじめて強制送還されたことをしった。入管職員から強制送還のしらせをうけとったのは、その2日後である。

マキさんは途方にくれてしまった。病弱な母親と9ヶ月の子どもをかかえ、しかも家のローンもあり、はたらきにでかけなければならない。どうやって夫を日本によびもどすことができるのか、将来の不安はつのるばかりである。

日本および現世からの追放

この出来事であきらかのように、仮放免延長手つづきに名古屋入管局にでむいたクリンチさんに、なんの説明もなく、有無をいわさず、その日いきなりトルコに強制送還してしまった。しかも名古屋入管局は、家族・親せき・弁護士にもつたえていなかった。そのため、クリンチさんは一時行方不明状態となり、家族や親せきはたいへん心配した。

名古屋入管局は、おなじ年にスリランカ人ウィシュマさんを死亡させた。彼女がなくなったことを、保証人や身元引受人はテレビのニュースをみてはじめてしったという。彼/彼女らは、名古屋入管局からなんの知らせもうけていなかったのである。

ウィシュマさんの場合、本国ではなく、〝あの世ゆき〟の強制送還といえる。死刑執行とおなじで、現世からの追放である。ウィシュマさんの放置死も、クリンチさんの強制送還も、関係者のだれにもつげることなく、入管はすべてを秘密裏にすすめている。

暴力送還

チャーター機による集団強制送還

２０１３年から２０２０年までに実施されたチャーター機による集団強制送還は合計８回である。わたしはそのうちの３回の追跡調査をおこなった。それぞれの報告書を作成したが、ここでは共通する問題点を列挙する（**表5－1**）。

表5–1　集団強制送還の追跡調査

送還先国	フィリピン	スリランカ	ベトナム
送還実施日	2013年７月	2014年12月	2018年２月
難民申請者	なし	８人以上※	１人以上※
家族分離	２組※	１組※	２組※
家族・弁護士への連絡	不可	不可	不可
子ども	あり	不明	１人※
収容時	仮放免延長手つづき時に収容され、その１～25ヶ月後に送還された。	収容されず。送還前日に仮放免不許可および難民不認定をいいわたされ、送還された。	仮放免延長手つづき時に収容され、１週間～３ヶ月後に送還された。
帰国の説明と説得	一部の人に帰国を説得した。	なし	なし
裁判をうける権利	なし	なし	なし
本人への送還告知	送還前日 翌日に送還	送還前日 翌日に送還	告知なし とつぜんの送還
送り出し施設	東日本入国管理センターおよび東京入管局が中心	東京・名古屋・大阪などの入管局	おもに東京入管局
在日大使館の関与	受けいれ体制の整備	臨時パスポートの発行	本国公安による家族への連絡
制圧行為	あり	あり	なし※
手錠の時間	７～８時間 着陸10分前に、はずす。	約24時間 人によってバラつきがある。	約２時間30分 離陸10分後に、はずす。
飛行中のトイレ	半びらき	半びらき	半びらき 完全にしめても、長時間の使用になると、ドアをひらく。
本国受けいれ体制	あり 社会福祉開発省が担当し、宿泊施設と交通費を提供	なし 空港で警察による取り調べ、その後、放免か刑務所行き	なし 空港で、ほうりだされた。
病院への紹介状	なし	なし	なし
チャーター便	日本航空	日本航空	日本航空

※　確認した範囲で

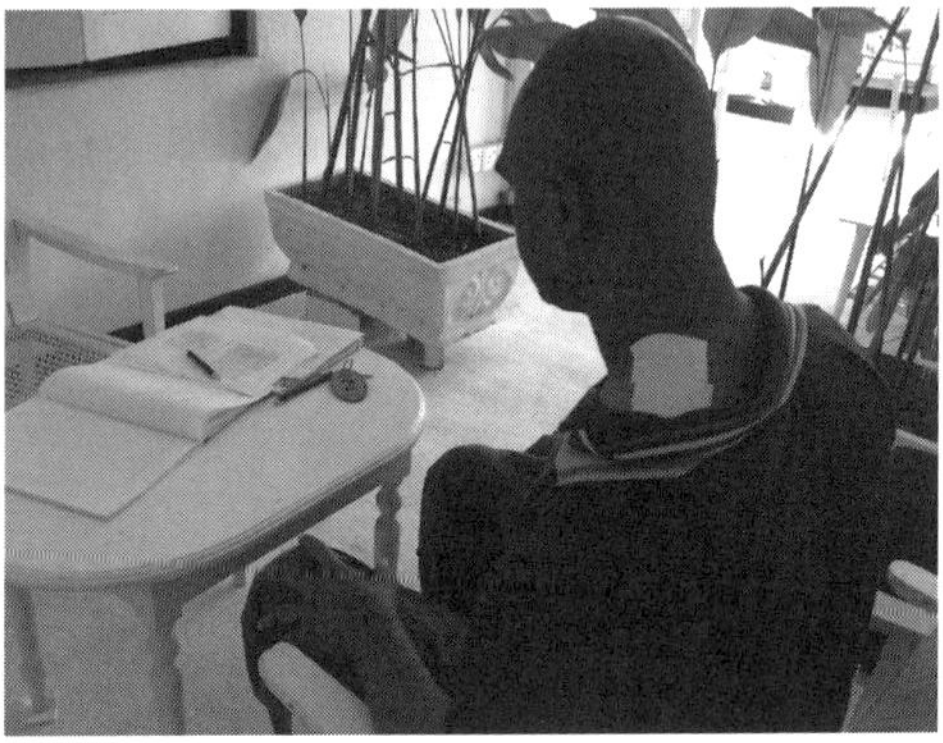

送還時に暴力をうけたスリランカ人

首や手のいたみがしばらくつづいたため、湿布をはっていた。

1点目は、前日に突然送還をいいわたされ、なんの説明もないまま、とつぜん送還された。

2点目は、彼／彼女らに時間をかけて帰国を説得した形跡は、まったくなかったことである。非正規移民や難民申請者が仮放免延長手つづきに入管へでむいたところ、いきなり難民不認定と仮放免不許可をいいわたされ、収容されたつぎの日に強制送還された。ただし、２０１３年のフィリピンの場合には、ほとんどが収容されているなかでの送還であり、事前に時間をかけて帰国の説得をこころみていたようだ。

3点目は、送還までのあいだ外部との接触をさえぎり、配偶者・弁護士・保証人にさえも連絡をさせなかったことである。裁判をうける権利すら、うばわれている。

4点目は、おおくの送還者は長年日本でともにくらしていた家族とひきはなされてしまい、家族の生活が破壊されてしまったことである。

5点目は、難民申請者を送還したことである。難民条約および拷問禁止条約にかかげてあるノン・ルフルマン（非送還）の原則に反する国際条約違反であり、きわめて危険な行為である。実際にスリランカへの強制送還では、国際空港に到着後に空港警察から尋問をうけ、刑務所にいれられた難民申請者もいた。

6点目は、受けいれ先のないまま強制送還したことである。空港到着後にほうりだされ、むかえる人のないまま、送還者はそれぞれ自力で家にむかわなければならなかった。しかも、病気をもっている人は、病院への紹介状をわたされていなかった。

7点目は、暴力的な制圧行為をおこなったことである。なかには、ケガをおった人もいた。

8点目は、入管の部屋をでてから空港到着、そして飛行中でも長時間にわたり手錠をさせたことである。トイレの際も、食事中も、手錠をつけたままであった。しかも、職員の大量動員によって、送還者たちに威圧感をあたえた。

ひきさかれたベトナム人の母と子

強制送還された人びとが口々に不満をうったえていたのは、入管職員から送還や難民不認定についての説明をまったくうけなかったことである。「せめて、きちんと説明してほしかった」と、彼／彼女らはくやしがっていた。

2018年に集団強制送還されたベトナム人ハイさんも、そのうちのひとりである。彼女は在留資格のあるベトナム人男性と結婚し、一児をもうけていた。彼女は、収容されたときの状況をかたった。

子どもをつれて仮放免の延長手つづきにいったら、「いまから収容する」といわれました。10人以上の男女職員が部屋でまちかまえ、たくさんの職員から体をおさえつけられました。だっこしてた子どもとひきはなされたので、子どもは大声でないてました。

ハイさんは、さいしょ収容されるだけとおもっていた。その数日後に強制送還されたのだが、収容中も、飛行機にのっても、現地に到着しても、さいごまで送還についてひとこともつたえられなかった。ハノイ国際空港に到着してはじめて、彼女はベトナムに送還されたことをしったのである。

まさか送還されるとはおもわず、ほとんど手ぶらでした。現金は1万円しかもっていなかったので、実家ちかくのホーチミン市にかえる飛行機代すらはらえませんでした。送還の飛行機でとなりにすわっていた女性からお金をかりて、その日の夜ホーチミン行きのチケットをかうことができました。

ハイさんは子どもとはなればなれとなり、子どもにあうことができず悲嘆にくれていた。今後の生活も、どうしたらよいのか不安な様子であった。トルコ人のクリンチさんとおなじかたちで、とつぜん暴力的に家族がひきさかれてしまったのである。

集団と個別の相違

こうしてみると、集団強制送還も個別強制送還もおなじ手順をふんでいる。ただし、両者にはいくつかのちがいがある。

集団強制送還は、入管の発表によっておおやけになる。いっぽう個別強制送還は、ひそかにおこなわれる。一般旅客便をつかう個別強制送還は、密室性がたかまり、より暴力的となりやすい。手錠の過剰使用・制圧暴力・職員の大量投入による威圧がみられている。

個別強制送還のおもな対象者に、フィリピンおよび中国出身者がえらばれている。入管は、集団強制送還する国と個別強制送還する国とをわけているかのようだ。

集団にしても、個別にしても、強制送還者のなかには、日本人の配偶者もいた。日本で十数年間くらした人も、日本でうまれそだった子どもも送還されていた。在留特別許可の措置があるにもかかわらず、非正規移民や難民申請者は容赦なく追放され、配偶者・子ども・友人・生活品・現金など日本での生活のすべてをうしなっていた。物心両方の喪失感とともに、彼／彼女らは本国で生活するのもたいへんで、なおかつ健康障害にくるしんでいた。

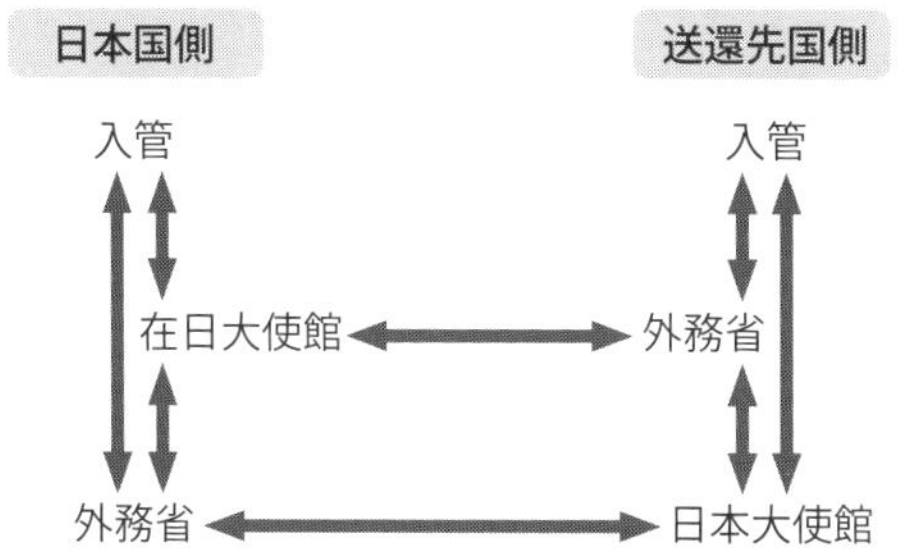

図5–1　送還における国家間の連携

送還の共犯国と非協力国

追跡調査であきらかになったのは、日本政府と各国政府との親密な関係である（図5–1）。在日大使館は送還者本人のしらないまま臨時パスポートを発行し、送還者の出入国を可能にしていた。日本の入管が単独で強制送還をおこなえるはずもなく、在日大使館の手助けがあって、強制送還が実施できたのである。

もうひとつわかったのは、影の共犯者がいたことである。チャーター機による送還者は本国の飛行場についたとき、数人の日本人が入管職員をでむかえていたという。おそらく、日本大使館員であろう。南アジアやアフリカまでの送還は、同行の入管職員が現地に宿泊する。その手配をおこなうのは、これも日本大使館員以外かんがえられない。

日本の外務省と各国政府とは、ODA（Official Development Assistance　政府開発援助）による経済的なつながりがふかい。チャーター機による集団強制送還を実施するにあたり、さいしょにフィリピンをえらんだのも、経済的な借りをつくっているフィリピン政府とくみしやすかったからだろう。[二] フィリピン以外にも、タイ・スリランカ・ベトナム・バングラデシュなどの在日大使館はじつに協力的であった。日本が政治的かつ経済的に優位にたっているからだ。

いっぽう、非正規移民数のおおい韓国人および中国人の集団強制送還は、一度たりともおこなわれていない。これもまた、かの国ぐにとの政治的かつ経済的な力関係と友好度が反映している。政治的にも経済的にも、中国および韓国は日本と同等かそれ以上の力をもちはじめた。しかも、日本政府が非友好的態度をしめしているため、中国や韓国の政府が集団強制送還に協力するはずもない。

これまでトルコ出身のクルド人の強制送還はほとんどなかった。トルコ大使館が協力をこばんでいたからである。ところが、2019年3月以降実施されるようになった。それは、日本の労働力不足と無関係ではない。

日本政府は、建築・解体分野での労働力不足をおぎなうため、特定技能の枠でトルコからの労働者をうけいれることにした。難民申請者のクルド人をおいだし、かわりに在留期限つきのトルコ人労働者をいれようとしたのである。トルコ大使館と入管は政治的かつ経済的な取引をおこない、クルド人などを犠牲にしながら、強制送還をおこなっている。

なお、イラン人の強制送還はない。その理由をイラン大使館員から直接わたしはききだした。

かつて東京入管局が、仮放免中のイラン人たちにたいして、パスポートをもってくるようにつたえました。在留特別許可がでるのではないか、と彼らは期待をいだいたのでしょう。わたしたちのイラン大使館でパスポートを発行してもらい、東京入管局にでむきました。ところが、その日に収容され、パスポートはとりあげられ、翌日イランに強制送還されてしまったのです。

だまし討ちのような卑劣な手段で強制送還する入管にたいして、イラン大使館が不信感をいだいたのは、当然である。それ以降、イラン大使館は、仮放免中の非正規移民にたいして、パスポートを発行していない。これは、入管みずからまねいた失態である。

強制送還のねらい

図5-2（154ページ）の強制送還者数をみると、2011年および2012年には0人となっている。その年に強制送還が実施されなかったのは、2010年3月に成田空港の飛行機内で、入管職員の制圧によってガーナ人が死亡する事件がおき（第3章「無言の人びと」参照）、一時的に個別強制送還がひかえられたためである。

2012年7月、検察はガーナ人強制送還死亡事件の容疑者である入管職員9人を不起訴とした。不起訴までの2年間、強制送還中の死亡事件という大失態を逆手にとり、入管は用意周到に時間をかけ、集団強制送還を計画した。送還者死亡事件のほとぼりがさめたと判断し、検察が入管職員を不起訴とした時期にあわせて、２０１２年12月にチャーター機による集団送還を報道陣に発表した。

ガーナ人強制送還死亡事件以降に送還をひかえていたのは、事件を反省しているからではない。たとえ、それが死にいたらしめる暴力的行為であっても、非正規移民や難民申請者の追放方針は、すすめられる。おおやけに強制送還の正当性をしめすこと。そして、入管の存在意義を世にアピールすること。それが、入管のねらいである。

入管にこそ「送還暴力罪」を

２０２１年4月、日本政府は入管法の改正案を国会に提出した。内容の一部は、難民申請者は3回までしか申請できず、3回とも不認定になると強制送還されるという。しかも、送還を拒否すれば、「送還忌避罪」という刑事罰までもうけている。

さいわいにも同年5月に廃案となったが、ふたたび入管は改正案をもちだしてくるにちがいない。なにしろ、送還こそが「職場に活気」をもたらす入管の「主体業務」なのだから。実際に２０２１年12月に入管は「現行入管法上の問題点」を公表しており、それは入管法改正再提出の布石とみてよい。

その「現行入管法上の問題点」とは、「送還忌避」や「長期収容」は送還拒否する人に非があるのだ、という内容でてんこ盛りである。なぜ収容者は送還を拒否するのか、なぜ長期収容となるのかなど、背景や原因についてはいっさいふれられていない。この内容からしても、失態隠ぺいと責任転嫁という入管の行動原理がよみとれる。自身の構造的な問題について、入管庁の役人は理解能力にかけ、自浄能力がとぼしいようだ。

表5–2　強制送還失敗例の一覧

名前	国籍	性 年齢	収容所	発生年	法的状態	送還の種類	暴行の有無
オスマン	中央アフリカ	男性 32歳	東京入管局	2009年	非正規移民	個別	あり
イサク	ナイジェリア	男性 31歳	東京入管局	2009年	非正規移民	個別	あり
エネンズ	ナイジェリア	男性 35歳	東京入管局	2010年	非正規移民	個別	あり
リヤナゲ	スリランカ	男性 35歳	東京入管局	2014年	難民申請者	個別	あり
カーン	バングラデシュ	男性 42歳	横浜入管局	2015年	難民申請者	集団	あり

入管法改正に反対する論拠としては、暴力的な強制送還の実態をしめすことであろう。そして、暴力的な送還をする入管庁にこそ、「送還暴力罪」の刑事罰を適用してゆかなければならない。

入管の失態

失敗した強制送還

2003年、難民申請者のイラン人アフシンさんは成田空港までつれていかれ、本国へ強制送還されそうになった。必死に抵抗しているうちに、彼は体中血だらけとなった。アフシンさんの姿をみたイラン航空の機長は即座に搭乗を拒否し、彼は強制送還をまぬがれた。その直後、弁護士からの依頼でわたしはアフシンさんに外国人収容所で面会し、強制送還されそうになったときの状況をききとった。[3]

それ以降も、あやうく本国に送還されそうになった非正規移民や難民申請者に、強制送還失敗の状況をききだした(表5–2)。

そのうちのひとりスリランカ人リヤナゲさんの証言をここにしるす。送還当日、彼は収容所にて両手に手錠をかけられ、両足をロープでしばられた。護送車にのりこむと、護送車のなかには10人以上の職員がまちかまえていた。

車の中で、職員がわたしの体をおさえつけ、両手を左右にひっぱった。とくに右側にすわった職員が右指5本を上むきにまげようとしたため、指がいたくなりました。頭も二人におさえつけられ、左右にふられたので、成田空港までの数時間は頭と首がいたかった。

車が成田空港に到着し、機内にのりこむときに体をもちあげられ、座席までつれていかれました。飛行機は、スリランカエアラインでした。

飛行機の最後部の席にすわらされ、左右に2人の職員が、前の席に2人の職員がすわっていました。乗客はまだだれもおらず、客室乗務員が機内で乗客うけいれ準備をしていました。

大声をあげたところ、いきなりタオルで口をふさがれ、ティッシュペーパーのようなものが口のなかにつめられました。さらに、ガムテープもはられ、鼻をふさがれたので、息ができず、くるしくなってきました。タオルで口がふさがれていたのは10～15分ぐらいだった、と記憶しています。そのあいだ死ぬかとおもいました。

その様子をみていた客室乗務員に、わたしはシンハラ語でうったえました。それが機長につたわり、機長判断でわたしは機内からおろされ、東京入管局にもどされました。成田空港での出来事は、およそ1時間くらいでした。

送還時に右手がつよくまげられたので、いたみがつよくなってきました。あとで親指と小指が変形していました。

２００９年に強制送還されそうになったナイジェリア人のイサクさんも、ほぼ同様の証言である。

20人ほどの職員にかこまれながら、空港へつれていかれました。飛行機にのるとき、足はしばられ、手には手錠をかけられ、口には猿ぐつわをはめられました。複数の職員にからだをもちあげられ、機内の座席にすわりました。わたしの周囲にいた職員の数は、確認できる範囲で4人でした。

手錠をはめられ、足をしばられながらも、体をうごかしたり、猿ぐつわごしに声をあげたりして、必死に抵抗をつづけました。すると、となりにいた職員が猿ぐつわをはずし、口のなかにタオルをつっこみました。息ができず、非常にくるしかったです。周囲にいた職員から「おとなしく国へかえれ！」と罵声をあびせられました。さわぎに機長がきづき、搭乗を拒否したので、わたしは飛行機からおろされました。

すまき送還（映像『強制送還—終わりなき入管の暴力』）

個別送還だけでなく、集団送還の失敗もある。２０１５年６月、入管は日本航空（ＪＡＬ）の飛行機をチャーターし、バングラデシュ人22名を本国に強制送還した。その過程で、送還をまぬがれたカーンさんがいる。

カーンさんはＪＡＬの機内につれてゆかれるとき、抵抗した。すると、口をふさがれ、毛布とロープでぐるぐる巻きにされた。さらに抵抗をこころみたところ、ＪＡＬの機長がやってきて、搭乗不可となり、彼の送還は中止となった。すべての送還未遂者は口と鼻をふせがれ、息がほとんどできなかった。その暴力行為がいっそうはげしくなり、窒息死にいたらしめたこともあった。２０１０年におきたガーナ人強制送還死亡事件である。これは、入管の大失態として記憶されてよい。

コロナ禍にもかかわらず強行

２０２０年3月10日、スリランカ航空のチャーター便をつかってスリランカへ44人が集団強制送還された。中心となってうごいたのは東京入管局で、同年1月から準備していたようだ。コロナ感染発生時期だったにもかかわらず、搭乗時に送還者のコロナ検査は実施されていなかった。

トルコ人クリンチさんの強制送還は、コロナ感染ピークの２０２１年9月であった。トルコ外務省によれば、日本からトルコへ渡航する人は、「入国前72時間以内のＰＣＲ検査証明書」あるいは「入国前48時間以内の迅速抗原検査証明書」の提示が必要であった。それにもかかわらず、コロナウイルスのＰＣＲ検査をしないまま、彼を強制送還したのである。

これらはコロナ検査をしないままの送還だが、コロナ感染者をあやうく強制送還させようとしたこともあった。

難民申請者の強制送還を正当化する入管法改正案が２０２１年5月に廃案となった。ところが、廃案直後に東京入管局ではスリランカ難民申請者の強制送還が予定されていた。彼はスリランカのタミル少数民族で、迫害の危険性がきわめてたかい人である。しかも、強制送還予定日は２０２１年8月中旬で、コロナ感染ピーク時にあたり、感染の危険性がたかまっていたころである。しかも、日本政府は2021年5月にスリランカへの渡航中止勧告をだしていたのに、である。さいわいにも、弁護士の介入により強制送還は延期となった。

実際に同年7月に収容所内でそのスリランカ人はコロナ感染とわかったのだが、コロナ検査をせず、そのまま強制送還を実行にうつしていたら、空港関係者や機内の乗客に感染の被害がおよんだであろう。

他国へのコロナ感染拡大のみならず、難民申請者の強制送還という国際的な非難にさらされる行為もまた、入管の失態としてみてよい。

憲法違反の強制送還

もうひとつ、入管の失態をあげる。わたしは、強制送還の問題点として「送還までのあいだ外部との接触をさえぎり、弁護士・妻・保証人にさえも連絡をさせなかったことである。裁判をうける権利すら、うばわれている」ことをあげた。

2014年12月のスリランカへの集団強制送還では、入管は難民申請者に異議申し立て棄却の決定を告知した翌朝に送還していた。この件にかんして、2021年9月22日の高等裁判所は「裁判をうける権利をうばった」とし、入管の対応を憲法違反と判断したのである。ここにいたって、ようやく日本でまともな裁判官があらわれた。

図5–2　送還者数

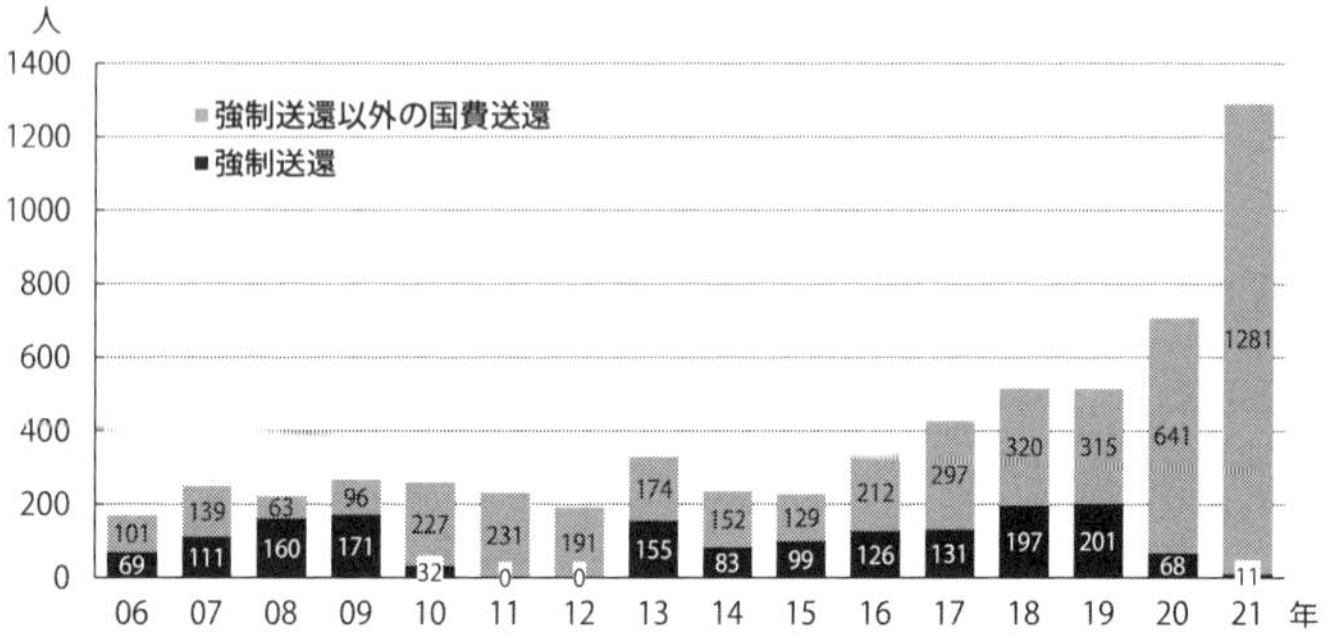

税金浪費のおいだし策

強制送還の高額費用

入管統計から毎年の送還数をみると、国費送還数は毎年２００人前後と一定していたが、２０１６年以降は３００人をこえるようになり、20年は７０９人、21年は１２９２人（そのうち１０００人以上がベトナム人）にもたっした。この上昇は、コロナ感染の影響で仕事がなくなり、非正規移民のベトナム人が帰国するようになったからである。強制送還は、この国費送還の一部にくみこまれている（**図5–2**）。

２０１３年、フィリピン人およびタイ人が集団強制送還された。それにひきつづき、２０１４年にスリランカ人およびベトナム人、２０１５年にバングラデシュ人、２０１６年にスリランカ人、２０１７年にタイ人とアフガニスタン人、２０１８年にベトナム人、２０２０年にスリランカ人が集団強制送還された。

集団強制送還では、日本航空の飛行機がつかわれた。チャーター機代は、１回につき約２０００～３０００万円である。チャーター機代を送還人数でわると、さいしょの２０１３年はすくなかったものの、２０１４年以降はかなりの高額となっている（**図5–3**）。

図5–3　チャーター機による送還者数および一人あたりの費用

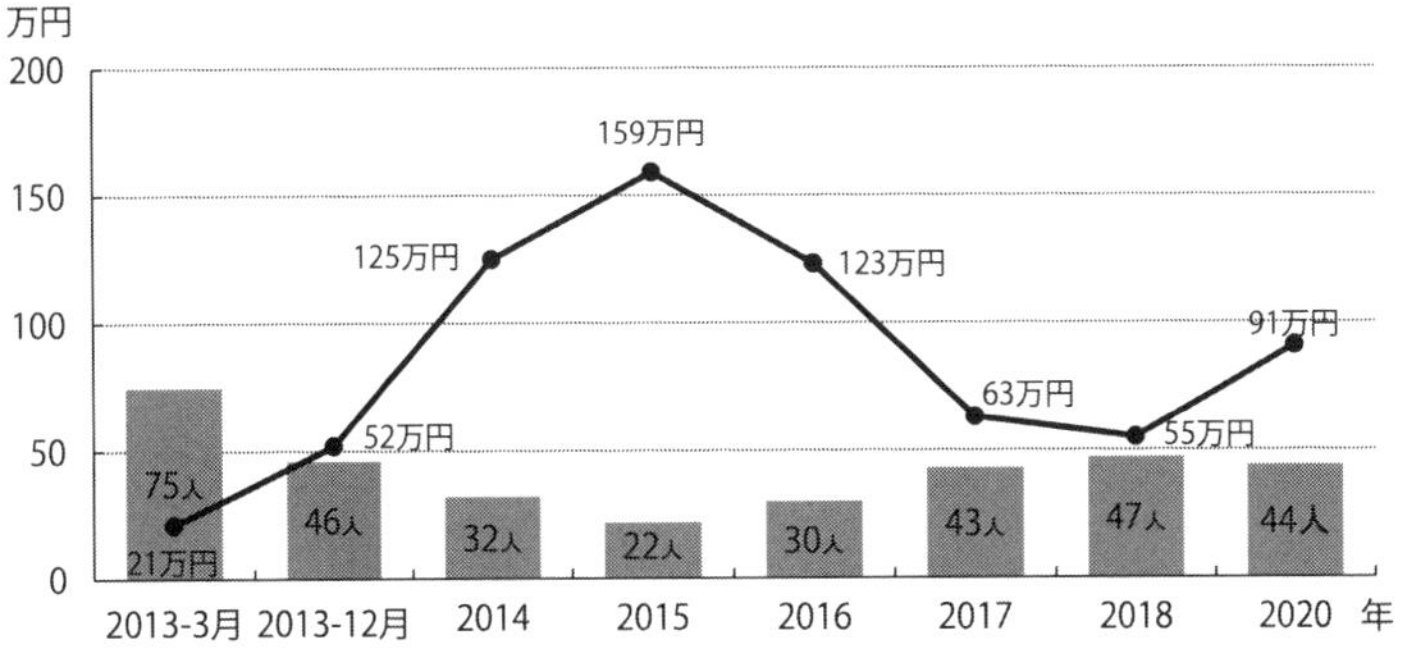

費用は、チャーター機代だけではない。送還時には入管職員が大量動員されていた。機内同行者約60〜70人、空港でのタラップ前に隊列した約30〜１００人、各護送車に十数人、収容施設では数十人である。空港会社・空港運営会社・本国政府とのうちあわせ、その準備と訓練にも時間と費用を要する。その際の入管職員の経費や手当は相当な額になり、実際の経費はチャーター代をはるかにうわまわる。

２０１３年の入管発表によれば、チャーター機による集団強制送還は個別強制送還よりも経費をおさえられるとして、「経費節減」「費用面での利点」が強調されていた。当時の送還予定人数は年間２００人で、１回につき１００人が送還されることになっていた。ところが、現実には年1回でしかなく、しかも1回につき平均42名であり、「経費節減」にはほどとおい。

個別強制送還においても、送還者の飛行機代以外に、同行職員の飛行機代や現地の宿泊費などの費用がかさむ。中国やフィリピンなどの近場であれば、費用はすくなくてすむが、南米やアフリカへの送還では、かなりの高額となる。

東日本入国管理センターの収容者によれば、２０１８年から19年にかけてブラジル・モロッコ・チュニジアまでの個別強制送還が実施されていたという。集団強制送還にしても、個別強制送還にしても、費用はぼうだいな額にのぼる。入管は、税金を湯水のようにつかっているようだ。

しかも強制送還が失敗した場合、飛行機代や現地の職員宿泊代などはすべてキャンセルとなり、予約費用はアワとなってきえる。そして、失敗の責任をだれもとっていない。

（一）　２０１３年のチャーター機送還では、フィリピン人主体の支援団体は在日フィリピン大使館につよく抗議し、フィリピンにおいても記者会見をひらきながら、メディアをとおしてフィリピン政府の不適切な対応を批判した。そのためか、フィリピン政府も慎重となり、以降チャーター機での送還はおこなわれなくなった。そのかわり、スリランカ人やベトナム人などが犠牲となってしまった。

（二）　山村淳平『難民への旅』（現代企画室　２０１０年）の「イラン人の警告」にしるしてある。文中ではバハマンさん（仮名）とした。

第6章

となりの国では

ファソン外国人収容所

「日本の収容所をモデルに、2000年にたてられました。収容所での人権侵害が指摘されたため、収容者の待遇を改善してきました。その後、とくに問題はおきていません」

（ファソン外国人収容所の管理課長）

【解説】

これまで海外の移民・難民にかんしては、欧米からの報告がほとんどである。しかし、距離的・文化的にちかい韓国でのそれについて、ふれられることはほとんどない。急速に経済発展をとげ、日本と同様に、移民・難民をむかえる隣国ではどのような対応がなされているのだろうか。2006年、2007年、2009年にわたしは韓国をおとずれ、移民・難民の支援団体および国家人権委員会からその状況をききだした。

どの国にいっても、わたしはその国の居心地のよさをかんじてきた。ただそれは、あくまで旅行者として、あるいはお客さんとしてあつかわれているからである。いったんビザがきれ、オーバーステイとなれば、はなしはべつである。

2006年当時の韓国では、非正規移民の取りしまりはきびしかった。わたしがソウル市内をあるいていると、警官によびとめられた。そのとき、韓国の支援団体からもらったバッジを身につけていた。ハングル語で「〝不法〟滞在者の人権をまもろう」とかかれたバッジである。それをめざとくみつけ、警官は不審人物とおもったのだろう。わたしがパスポートをしめしたところ、日本人とわかり、警官はニガわらいしながら、もうしわけなさそうにその場をたちさった。わたしが非正規移民であれば、おそらくきびしく追及されたにちがいない。

韓国の入管・収容所・難民認定制度・研修生制度・医療などで生じる現象や問題点は、日本とおどろくほどにている。それは、韓国が日本の入管政策をそっくりまねているからである。しかしその後の対応に、おおきな差がでてきている。

本章では、収容所および移民・難民の対応について、2006～09年当時の日本と韓国との対比をしめす。韓国の現状はわからないため、機会があれば、ふたたび調査をおこなってみたい。

韓国の外国人収容所

支援団体からの情報

韓国の外国人収容所にかんする情報を日本で手にいれることは、ほとんどない。収容所ではいったいどのような対応がなされているのだろうか。まず、韓国で支援団体事務所をたずね、職員からその状況をききとった。

収容者の部屋にそなえられているトイレが、きたないです。光はほとんどあたらず、換気はされず、冷暖房もありません。運動は毎日30分間とされていますが、実際には週に1回しか運動場はつかわれていません。布団や衣服はほとんどあらわれず、衛生状態はよくありません。女性への生理用品は支給されていません。食事の量はすくなく、おかずは韓国料理の味つけばかりです。

ファソン外国人収容所には常勤医師1名と非常勤医師1名、チョンジュ外国人収容所には非常勤医師1名がいます。医務室での診察はなかなかおこなわれず、治療は対症療法のみで、薬はほとんどきいていないようです。外部病院につれていかれることはありますが、自己負担です。その際、手錠をされたままの受診です。

3ヶ月間以上収容されると健康状態は悪化し、ストレスによる精神的な病気をわずらい、抑うつ状態になる人がおおいです。これまで死亡例が1名みられ、「まちがって階段からとびおり、なくなった」と入管は説明していますが、実際には自殺です。収容定員がすくない地方の収容所では診療はなく、症状をうったえる収容者に入管職員が常備薬をあたえています。

反抗的な態度をとる人やさわぐ人にたいして、電気棒でなぐることもあります。入管職員のなかには言動のあらい人がいて、収容者はつよいストレスをかんじています。

社会活動家やハンガーストライキ実行者などは比較的はやく仮放免されますが、金銭的な問題をかかえている人は3～4年間も収容されます。難民申請者は収容しないのが原則ですが、収容されてから難民申請する人は仮放免されません。


日本の外国人収容所と、ほとんどかわりないようだ。以上の情報をえたうえで、わたしはファソン外国人収容所にむかった。２００６年6月のことである。

収容所課長による説明

ファソン外国人収容所はソウルから南へ40㎞に位置し、電車で1時間、さらに車をつかって40分のところにある。交通の便がわるく、交通費もかさむ。そのためなのか、収容者への面会や支援はほとんどなく、支援団体が数名の収容者に面会しているだけである。

わたしが医師だったためか、でむかえたのは外国人収容所の管理課長および医師だった。彼／彼女らは各部屋を案内しながら、ていねいに説明してくれた。

収容定員数は７００名で、国籍別では中国（朝鮮民族および漢民族）・モンゴル・旧ソ連諸国・フィリピン・

ベトナムとなっています。男女比は7対3です。

一部屋に6名から30名を収容し、収容期間は1週間から1ヶ月、平均15日です。摘発後に難民申請した人は偽装難民としてあつかわれるため、認定結果がでるまで収容しています。韓国でアパートをかりた際の保証金をかえしてもらってない人や金銭問題にからんでいる人は帰国がむつかしく、解決するまではどうしても長期収容にならざるをえません。

衛生面では、歯磨き・歯ブラシ・ちり紙は支給され、シャワーは夜8時以降の使用となっています。以前は毛布や衣服があらわれず不潔となり、皮膚疾患にかかる人がおおかったです。そこで、収容者増加にともない、大型洗濯機を2台購入し、使用ずみの毛布や衣服を洗濯することにしました。

運動場はありますが、冬はさむく、収容人数がおおくなったため、週に1、2度しか開放されていません。

韓国人を配偶者にもつ外国人・難民申請者・労災患者・病人は、収容しません。家族や子どもの収容もありません。夫婦で収容されていても、収容所内でいつでもあうことができます。深刻な病気をわずらった人や裁判中の人は仮放免しています。その際の保証金は300万〜1000万ウォン（32〜120万円）です。

収容所内の見学

収容所長の好意で、わたしは所内を見学することができた。収容者の部屋は鉄格子がつけられ、トイレとシャワーは併設されている。ある程度のひろさがあり、外部との換気はじゅうぶんあり、密閉状態では

図6–1　韓国の外国人収容所における収容者の部屋

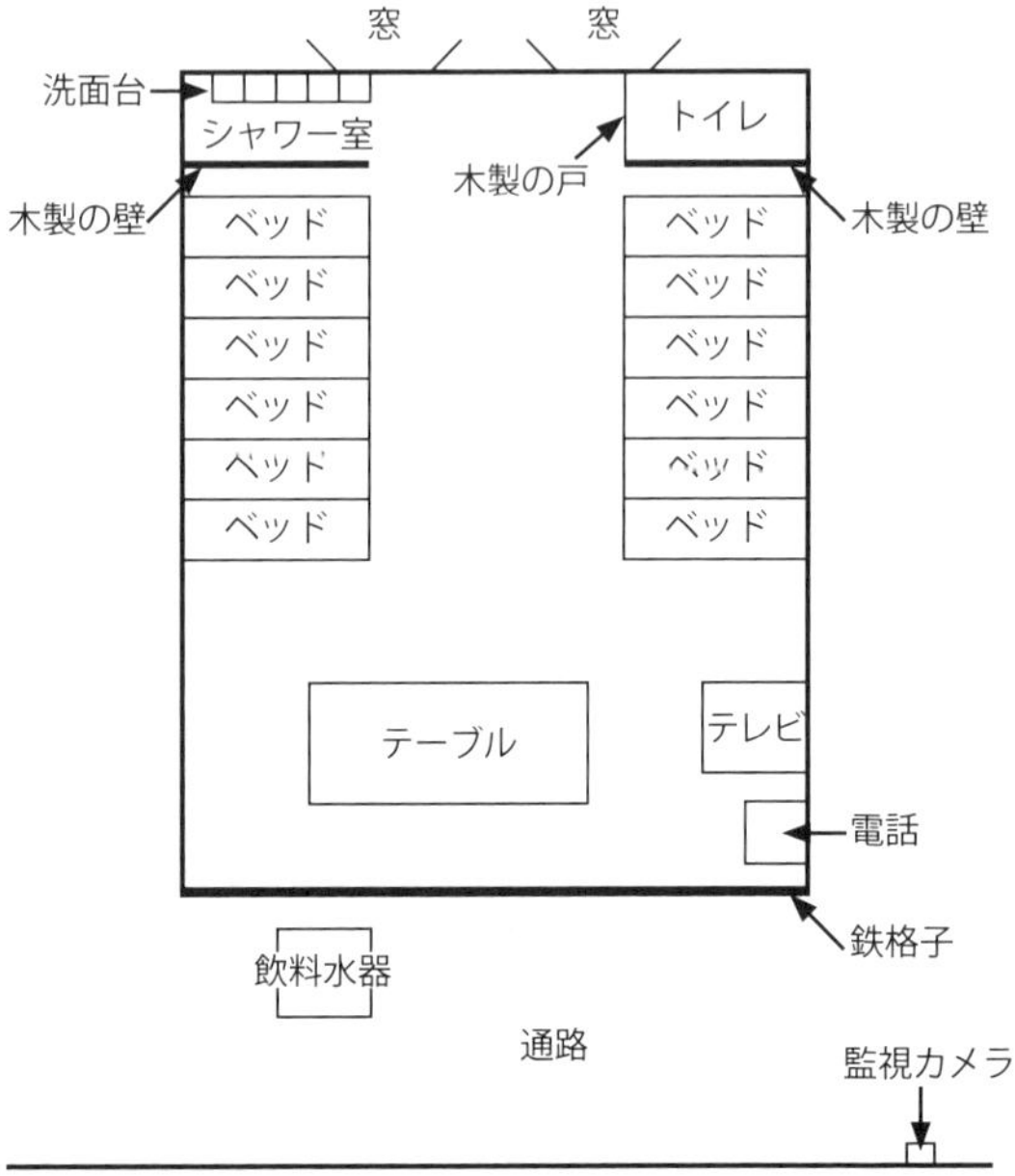

ない。女性部屋では、女性職員が担当していた。

　固定監視カメラは通路側についているため、部屋のシャワー室やトイレをみることはできない。監視モニター室にも案内され、モニター画面をみたところ、鉄格子あたりまでしかうつっていなかった。昼食は鉄格子をとおしてトレイでわたされ、収容者は室内のテーブルで食事していた（図6–1）。

　診療室にも案内された。部屋はひろく、薬の内容は抗生物質もそなえられ、充実しているようだ。常勤医師1名、非常勤医師1名、看護師1名が診療業務にあたり、毎週3回は巡回診療し、2回は診療室で診療している。

　わたしが訪問した前日の患者数は87名で、収容人数４００名にたいして22％の割合であった。連携病院がいくつかあり、必要に応じて外部病院につないでいる。ただし、外部病院での医療費は本人負担である。

　一般人の面会室では、収容者とのあいだにアクリル板か鉄格子がつけられている。見学後に収容者2名

表6-1　韓国と日本の外国人収容所の比較

	韓国	日本
収容期間	6ヶ月以上の長期収容はほとんどない。	長期収容あり。 平均収容期間は14ヶ月である。
収容部屋	トイレが併設されている。冷暖房はない。鉄格子で、ひろい作りになっている。	5～10人用の密閉された部屋、畳部屋もある。すりガラスの窓しかなく、光もあたらない。
家族・こども・病人・難民の収容	なし	あり
運動	毎日30分間。実際には週に1回	毎日30分間
医療	対症療法。外部診療あるが、自己負担となる。	対症療法。外部診療はマレで、ときに自己負担を強要する。
夫婦同士の面会	時間制限なし	制限あり。職員も同席する。
支援者の面会時間	30分間	30分間
収容者	自殺未遂、ハンガーストライキなど問題をおこす人はすぐに放免される。	深刻な病気であっても、自殺未遂でも収容はつづけられる。場合によっては、単独室にいれられてしまう。
仮放免	深刻な病気、裁判中の人など	基準は、はっきりしない。
保証金	300万～1000万ウオン(30～100万円)	30～100万円
外部の視察	可能	一般は不可。国会議員のみ可能

の面会をもうしでたところ、特別面会室があたえられた。面会した2名とも、収容所では充分診察してくれない、と不満をうったえていた。

外国人収容所の日韓比較

支援者および収容所職員の双方から聞きとった内容をまとめる。

韓国では6ヶ月以上の長期収容はほとんどなく、不適切な収容例もない。夫婦同士の面会では時間制限はなく、収容にたえられない人はすぐに仮放免されている。医療にかんしては、治療の不満はあるものの、日本のような全件収容ではなく、仮放免されることもおおいため、病気の発生率はひくく、重症化はほとんどない。かりにあったとしても、外部病院との連携は十分なされているようだ。支援団体がのべていたことも事実であろうが、日本ほどきびしくはなく、韓国では収容者にたいして柔軟な姿勢がみられる(表6－1)。

図6–2　国家人権委員会の報告書

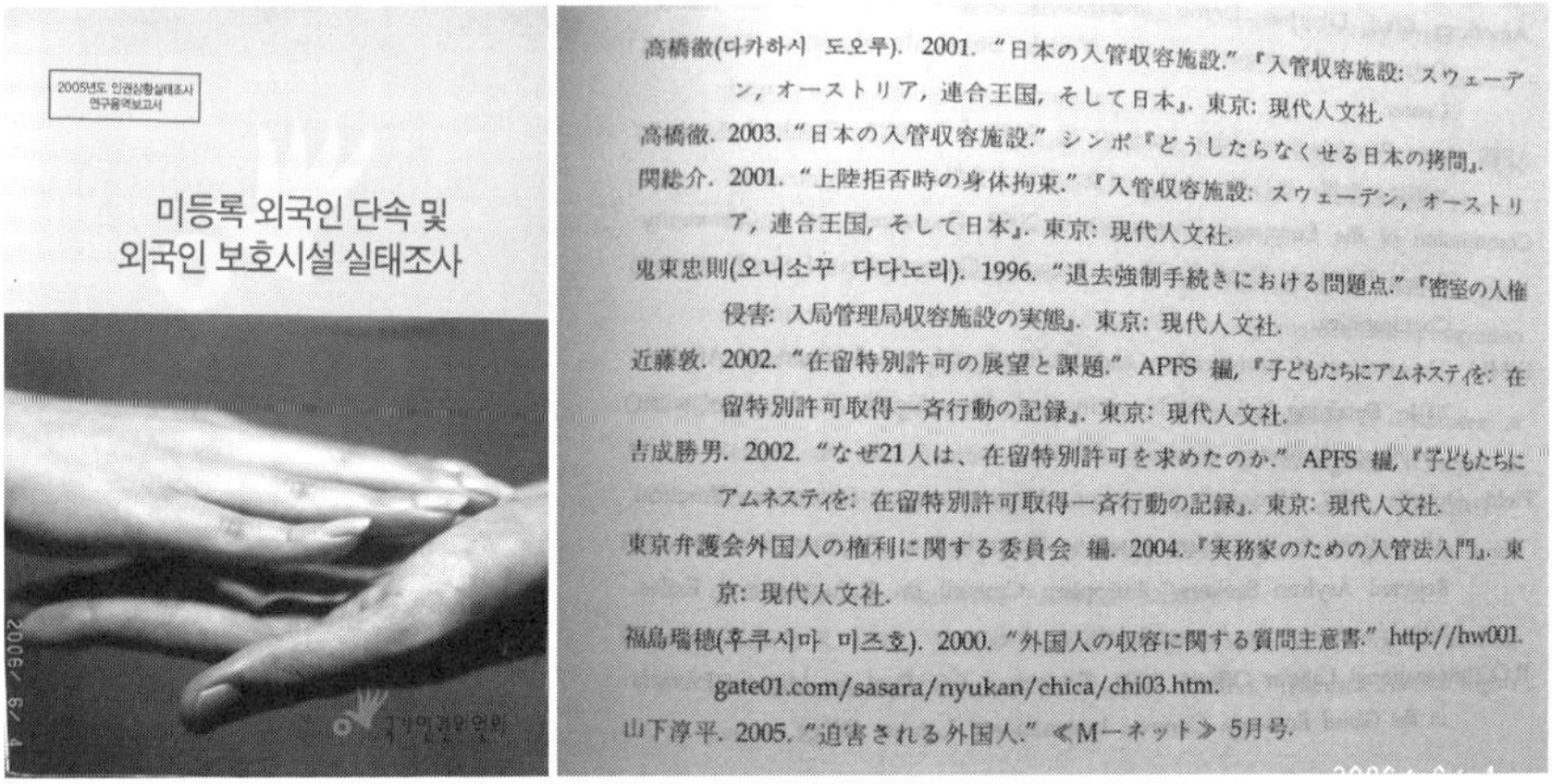

高橋徹(다카하시 도오루). 2001. "日本の入管収容施設."『入管収容施設: スウェーデン, オーストリア, 連合王国, そして日本』. 東京: 現代人文社.
高橋徹. 2003. "日本の入管収容施設." シンポ『どうしたらなくせる日本の拷問』.
関総介. 2001. "上陸拒否時の身体拘束."『入管収容施設: スウェーデン, オーストリア, 連合王国, そして日本』. 東京: 現代人文社.
鬼束忠則(오니소꾸 다다노리). 1996. "退去強制手続きにおける問題点."『密室の人権侵害: 入局管理局収容施設の実態』. 東京: 現代人文社.
近藤敦. 2002. "在留特別許可の展望と課題." APFS 編,『子どもたちにアムネスティを: 在留特別許可取得一斉行動の記録』. 東京: 現代人文社.
吉成勝男. 2002. "なぜ21人は、在留特別許可を求めたのか." APFS 編,『子どもたちにアムネスティを: 在留特別許可取得一斉行動の記録』. 東京: 現代人文社.
東京弁護会外国人の権利に関する委員会 編. 2004.『実務家のための入管法入門』. 東京: 現代人文社.
福島瑞穂(후쿠시마 미즈호). 2000. "外国人の収容に関する質問主意書." http://hw001.gate01.com/sasara/nyukan/chica/chi03.htm.
山下淳平. 2005. "迫害される外国人." ≪M−ネット≫ 5月号.

日本語での引用文献のなかに、わたしの論文がとりあげられている。名前が「山下淳平」となっているのは、ご愛敬。

はじめのころ、韓国の外国人収容所の運営方法は日本のそれを手本としていた。その後はしかし、状況にあわせつつ、支援団体や行政の手によってよい方向へとむかった。その背景に、中国朝鮮族がすくなからず収容されているため、同胞への親近感があるからであろう。

だが、それだけではない。韓国では、人権という概念が浸透しつつあり、実際の行動にそれがあらわれている。人権派の弁護士が法務部（日本の法務省にあたる）長官にえらばれ、「法務部の役割が人権保護にある」と長官自身が強調していることからもうかがわれる。

また、立法・行政・司法から独立した国家人権委員会(一)の存在もおおきい。国家による収容施設では、どの国であっても劣悪な待遇や暴行などが多発している。韓国も例外ではなかった。そこで、２００５年に国家人権委員会が外国人収容所の実態調査にのりだし、報告書を発表し（**図6–2**）、勧告をだしたところ、収容所の待遇が改善され、職員の態度もよくなってきた。

２００７年にヨス外国人収容所で火災事件がおき、たくさんの死傷者がでた。この事件でも、国家人権委員会は施設内の安全対策を入管にはたらきかけた。権力を監視する独立した機関として、国家人権委員会は一定の役割をはたしている。

韓国の入管では、かくすのではなく、おおやけにひらかれる姿勢がつらぬかれている。外国人収容所の見学がわたしのような一個人に簡単にゆるされたのも、そのあらわれである。

現在わたしたちにできることは、となりの国の人権保護や情報公開の姿勢を参考にしながら、日本の外国人収容所を監視しつつ、密室の実態をおおやけにつたえていくことであろう。

追記

大韓弁護士協会による報告書「外国人保護施設実態調査」(韓国在住の移民研究者・長谷川さおり訳)が、わたしの手元にとどいた。2018年に大韓弁護士協会がファソン外国人収容所の調査をおこない、待遇改善などをはたらきかけた内容である。第三者機関による調査をふまえながら、いまも法務部は収容環境をよりよい方へとすすめているようだ。

日本弁護士連合会も、大韓弁護士協会をみならい、日本の外国人収容所の実態調査をおこなってほしいものである。そこでわたしは、大韓弁護士協会の報告書を日本弁護士連合会におくった。

韓国は、うごいている

非正規移民の取りしまり

韓国では、短期滞在ビザで入国したのち非正規移民（オーバーステイ）となる人が多数をしめる。それ以外に、日本の技能実習生にあたる産業研修生から非正規移民になる場合もすくなくない。韓国政府は、これら非正規移民にたいしてあえて規制してこなかった。産業界が安価な労働力を必要とし、しかも同胞の中国朝鮮民族が非正規移民の1／4をしめているため、心情的に彼／彼女らを排除できなかったからである。

その結果、非正規移民はふえるいっぽうで、2002年末には総外国人の80%（29万人）にもたっした。こうした事情から移住労働者と非正規移民とはほぼ同義語となり、厳密に区別はつけられない。

そうしたなか、非正規移民をへらす目的で、産業研修制度が廃止され、2004年に雇用許可制がとりいれられた。並行して、きびしい取りしまりがはじまった。非正規移民は職場やアパートで捜査令状のないまま警察につかまり、2005年には56%（20万人）にまでへってしまった[三]。

この取りしまりの過程で暴行が頻繁におきていた。あまりの対応のひどさに、国家人権委員会・弁護士団体・支援団体がつよく抗議したところ、取りしまりはいったん中止となった。

難民の保護

韓国は1992年に難民条約に加入したが、さいしょの10年間はひとりも認定されなかった。2001

年にはじめて難民が認定され、２００５年には申請者４１０人のうち９人が、２００６年には申請者２７８人のうち11人が認定された。

難民認定制度の問題点として、審査過程の不透明性・不認定理由の非開示・難民担当職員の専門性欠如・入国管理局が同時に難民認定する矛盾・長時間の審査・認定率のひくさなどがあげられる。難民認定制度は日本のそれをそのままとりいれているため、生じる問題点はまったくおなじである。

国家人権委員会は、難民についても積極的にとりあげている。政府や支援団体をまじえた公聴会をひらき、法律改正や状況改善を政府に要求している。なお、難民申請者は取りしまりの対象とされず、不認定となっても、外国人収容所に収容されることはほとんどない。就労禁止はもちろんなく、韓国国内の移動は自由である。日本とはずいぶんことなった対応である。

かつて韓国人は、難民の存在すらしらなかった。ところが、２００３年5月ビルマ（ミャンマー）でおきたアウンサンスーチーさんの暗殺未遂事件をきっかけにビルマ難民がふえはじめ、それがマスメディアをとおして話題になり、難民支援が活発化した。ビルマ難民のつぎの言葉は、韓国人のこころにつよくひびいた。


ビルマと同様に、韓国は独裁・軍事政権だった時代がある。しかし、民主化運動がたかまり、民主政権への移行が成功した。わたしたちは、それにまなびたい。

金大中元大統領とアウンサンスーチー氏は、ともにノーベル平和賞を受賞している。それもまた、韓国の難民支援に拍車をかけている。日本でもアウンサンスーチーさんの暗殺未遂事件後にビルマ難民が増加したが、韓国とは対照的に、マスメディアも、民間も、反応にまったくとぼしかった。

活発な支援団体

移民・難民を支援する団体をおおまかに分類すると、キリスト教系団体・労働組合・市民団体のみっつとなる。

キリスト教系団体は支援団体全体の8割以上をしめ、もっとも精力的な活動をおこなっている。敬虔なキリスト教徒は多額の寄付をするため、活動資金は豊富である。しかも、地域に根づいている。

非正規移民には労働組合への加入がみとめられていない。そこで韓国の労働組合の後おしで、非正規移民自身による組合が2005年に結成された。ところが、その1ヶ月後に代表のバングラデシュ人が〝不法〟滞在を理由に逮捕され、外国人収容所に収容された。こうした状況にもかかわらず、労働組合の支援をえながら、非正規移民の権利闘争がはげしく展開され、抗議集会などが大規模にひらかれた。

そうした強力で強烈な団体のはざまに位置するのが、市民団体である。キリスト教系団体や労働組合とくらべれば、数はすくなく、規模もちいさく、発展途上である。市民団体のもっともおおきな課題は、活動資金である。市民団体が行政にそれを要求し、一定の成果をあげている。政府に緊急医療費の補填や年に2回の無料健診を実現させ、自治体からの援助をうけるようになった。ただ、政府や自治体からの資金提供は、危険な誘惑にもなりうる。

各支援団体はネットワークを形成し、おおきくふたつにわかれている。あるネットワークは、政府からの資金をえて、肥大化しつつある。もうひとつのネットワークは政府からの資金提供をほとんどうけず、それゆえ活動は脆弱である。そのちがいは政府への対応にもあらわれていた。ヨス外国人収容所での火災事件では、前者は政府の不祥事に口をとざし、後者は政府をつよく批判した。移民・難民を支援するといっても、政府に協力する団体は、問題の背景や原因をさぐらず、改善する姿勢にとぼしいようだ（三）。

支援の日韓比較――2009年当時

全体として、日本より韓国の方が移民・難民を積極的に支援しているという印象をうけた。地方自治体は事務所を貸しだし、中央政府は資金を提供し、移民・難民の支援団体の活動をささえている。また、支援団体はメディアをとおして活動をひろくつたえ、支援団体への寄付をつのっている。寄付額がおおきければ、活動が活発化する。それは、各団体が移民・難民自身の団体をささえることが可能となり、彼／彼女らの生活・労働・医療の質的な向上へとつながっている。

非正規移民であっても、国として最低限の医療を保障している。メディアも非正規移民にたいして好意的に報道し、難民についても積極的にとりあげている。

いっぽう日本では、支援団体にあつまる資金はすくなく、寄付の税金控除はきびしく制限され、団体の活力をよわめる一因となっている。移民・難民の労働組合は存在するものの、その活動は各組合員の労働や医療の相談に応じるのみで、韓国のように非正規移民の合法化を要求する運動にまでひろがっていない。

日本の難民保護はなされず、むしろ入管は取りしまりや収容を強化し、難民を迫害している。医療についても、非正規移民や難民申請者の医療保障はなきにひとしい。入管発表をうのみにするメディアは〝不法滞在者〟〝偽装難民〟という言葉をそのまま採用し、入管のイメージ戦略に一役かっている。移民・難民側にたつ報道は、ほとんどみあたらない。

権力を監視する国家人権委員会は、日本では残念ながら存在しない。むしろ人権侵害している法務省がその内部に人権委員会を設置しようとするありさまである。

韓国でも国家人権委員会がつくられる過程でおなじうごきがあり、さいしょは法務部傘下の機関として設置される予定だった。ところが、市民団体や弁護士団体がつよく抗議し、それを阻止した。そして三権から独立した機関として出発したのである。

韓国では総人口の2%を移民・難民がしめるようになり、今後の社会のあり方について活発におおやけに議論されるようになった。その成果として、2005年に永住外国人地方選挙権が成立し、地方参政権が外国人にあたえられ、さらに外国人政策の基本となる外国人処遇基本法が2007年に制定された。

移民・難民によって刺激される活力

韓国社会は急激に変化している。政治的には、独裁・軍事政権をへて民主政権となった。それにともない経済成長もいちじるしくなり、いったん通貨危機により経済は破綻寸前までおいこまれたが、2000年代には回復した。それはわずか数十年のあいだにおきた浮き沈みである。

労働事情もまた、急速にさまがわりしている。かつては海外に労働者をおくりだしていたが、一転して移住労働者をうけいれはじめた。その歴史はまだあさく、それにじゅうぶん対応しきれていない。それが極端な形であらわれたのが、1990年代の移住労働者の死傷者多発事件である。その状況をうけて、各団体が支援を開始し、メディアをとおして、その活動は一般市民にも浸透してきた。

支援団体の活動の源《みなもと》は、1970年代から80年代にかけての独裁・軍事政権にたいする抵抗運動、その後につづく民主化運動にあろう。民主国家への道をみずからきりひらいてきた歴史に由来するのである。おおくの支援者は、移民・難民のおかれている状況を人権の問題としてとらえていた。その人権感覚もまた過去の苦難の体験にもとづいている。かつて国内の強権支配打倒にむけられた活力が、べつの方向へと転換しているかのようだ。

外国人収容所や難民認定制度などは、日本の制度や方法を手本とした。それを韓国の状況にかさねあわせながら、支援団体や行政はよき方向へと努力をつみかさねている。それは、人権保護が社会の安定と向上に不可欠という認識にもとづいているからだろう。人権保護という点で、韓国はあきらかに先進国といってよい。現代社会において世界的に人権意識のたかまりがみられ、韓国は時代のながれにのっている。

その点、日本は人権保護の潮流におおきくとりのこされている。かつて韓国が日本を手本としたように、今度は日本が韓国をみならわなければならないだろう。

韓国では人びとの人権意識のたかさという面があるにしても、国家の思惑がひそんでいる側面も指摘したい。韓国では少子高齢化が日本以上に急速にすすんでおり、将来をみすえ、移民・難民を安価な労働力として確保し、そのうけいれを模索しているのである。

それは、弱肉強食の資本主義社会で生きのこりを賭けるためである。韓国のよい面を世界に表明するため人権保護を積極的にうちだしているのも、そこからきているのかもしれない。

だが世界のなかで生きのこるには、かなりの困難をともなう。韓国では、地理的にも歴史的にも不利な条件がそろっているからである。日本と中国という両大国にはさまれ、過去に日本の植民地時代を経験し、解放後は朝鮮戦争をへて民族が南北に分断されている。

そうした不利な条件のもと、負の影響をこれまでこうむってきたし、今後もそれからまぬがれない。そうであっても、むしろそれが反作用としてはたらき、韓国社会の一員としての意識を高揚させ、移民・難民をむかえいれることでいっそう刺激をうけながら、あらたな活力がうみだされていくだろう。

（一）　公権力による人権侵害を調査する機関で、人権委員長は大統領に任命される。毎年の報告では、外国人にかんする件数は全体の８％にものぼり、そのほとんどが外国人収容所での不適切な待遇と取りしまりである。

（二）　２０２０年現在、韓国の非正規移民は30万人ちかくとなっている。

（三）　日本でも、おなじ現象がみられる。入管収容問題をとおして、政府とつながりのふかい移民・難民の支援団体（国連高等弁務官事務所・駐日事務所をふくむ）の行動にはっきりとあらわれている。政府からの資金獲得のため、入管収容問題をさけるのである。そうした態度では、日本政府の補完団体として利用される運命となろう。

第7章

外国人収容所とはなにか

「ユダヤ人問題の最終解決」は、ナチス・ドイツのエリート官僚によって計画され、実行にうつされた。

アウシュビッツ収容所
（ポーランド　オシフィエンチム市　撮影時1990年）

ルワンダ難民キャンプ
（ザイール〔現コンゴ民主共和国〕ブカブ市　1995年）

「ツチを排除すれば、ルワンダにおけるすべての問題は解決する」
（ルワンダ虐殺当時のフツ政府閣僚の発言）

「外国人は、煮てくおうと、焼いてくおうと、自由」
（法務官僚による元祖ヘイトスピーチ）

外国人収容所
（日本　牛久市　2022年現在）

【解説】

わたしがはじめておとずれた収容所は、オーストリアのマウトハウゼン収容所である。そのとき（1990年）ヨーロッパを自転車でかけめぐっていた。ドナウ川にそってペダルをこいでいたその道すがら、マウトハウゼン収容所の看板をたまたま目にして、なにげなくたちよった。

1940年代にユダヤ人などを強制収容していた建物は、原型をたもったまま公開されていた。収容所のなかにはいると、さいしょに目についたのが人体実験の写真であった。書籍でナチスによるユダヤ人強制収容所のことをしっていたものの、現場で公開されている品々をみてはじめて、そのおぞましさを肌でかんじとった。とくに医学者のおそろしさは、わたしはおなじ職についていたためか、よりいっそう鮮明な記憶としてやきついている。

マウトハウゼン収容所では、ドイツからの若者たちが「遠慮なく、なんでも質問してください」と張り紙をかかげ、くちはてる建物の修繕にとりくんでいた。自分たちの国のいまわしい過去に真正面でむきあう青年たちの姿に、わたしはまぶしさをかんじた。それがたいへん刺激となり、わたしはポーランドのアウシュビッツ収容所へとむかった。

アウシュビッツ収容所では、有名な門「Arbeit Macht Frei」（はたらけば、自由になれる）をくぐり、ユダヤ人が処刑された広場をとおった。レンガづくりの建物のなかにはいると、三段ベッドがたくさんならべられていた。これが、ふたつ目の収容所訪問であった。

ヨーロッパ自転車旅行をおえ、ほどなくしてアジアやアフリカの難民キャンプで医療活動をおこなうようになった。当時は意識がそこまでむかわなかったのだが、のちに日本の外国人収容所で面会をつづけるうちに、わたしは途上国の難民キャンプとの類似性にきづいた。難民キャンプは、途上国での外国人収容所に相当するのである。（一）

日本国内では刑務所をふくめいくつかの収容施設をおとずれ、韓国の収容所もたずねた。さらに過去の収容所の出来事にまで、かんがえをめぐらすようになった。そして、素朴な疑問がわいてきた。なぜ外国人収容所というものができたのだろうか。その問いのこたえが、本章である。

（一）　山村淳平『難民への旅』（現代企画室　2010年）の「難民キャンプたる外国人収容所」にて、両者の共通点と相違点をのべている。

長崎、みっつの資料館

洗練された原爆資料館

２０１０年６月、わたしは長崎大学で話をする機会をえた。話をおえたあと夕食までの時間があったので、大学ちかくの原爆資料館にたちよった。

長崎市の原爆資料館は、おおきなひろい建物である。そこに展示された品々、とくに子どもたちの悲惨な姿やつづられた文章は、被災者のくるしさやかなしみをつたえていた。ただ全体には教科書的にまとまった内容で、きれいにゆきとどいた資料館という印象をもった。

原爆資料館では、原爆を投下したのはアメリカ軍兵士の被害を最小限におさめるため、と説明されていた。しかし、本当のところはどうなのだろう。東西冷戦をみとおして、ソ連を威嚇《いかく》するため、原爆投下にふみきったのがおおきな理由ではないだろうか。また、すでに敗戦濃厚な日本の状況をつかんでいたにもかかわらず、アメリカ軍が一般市民にいきなり原爆をおとしたのは根底に民族・人種差別がひそんでいた、とかんがえるのが妥当ではないだろうか。アメリカ合州国による明確な戦争犯罪という重要な認識が、原爆資料館ではすっぽりぬけおちている。

原爆製造計画の中心人物であるオッペンハイマー氏が原爆の使用をためらっていた、という表示があった。この点についても、原爆のほんとうの悲惨さをしったうえでの苦悩かどうか、うたがわしい[二]。当時も今もアメリカ合州国の大半の人びとは、原爆投下を肯定している。オッペンハイマー氏も、その意識からまぬがれなかったのだろう。

しかも、イラクでの劣化ウラン弾使用などにみられるように、原爆投下以降現在にいたるまで、アメリカ合州国および科学者の戦争犯罪はつづいている。それなのに原爆資料館では、それらについてまったくふれられていない。現在進行形の人類にたいする犯罪を告発していないのである。

こうしてかんがえると、さらなる疑問がわきおこってくる。被爆者の声が展示されているが、それは本当に代弁しているのだろうか。日本軍によってころされ傷つけられたアジアの人びとが日本の戦争犯罪をうったえているように、アメリカ合州国が二度と原爆を人類におとさないよう、被爆者はねがっているのではなかろうか。

日本に侵略されたのは、東アジアや東南アジアの国々である。いっぽう侵略されなかった南アジアや西アジアおよびアフリカの人びとは、ヒロシマやナガサキの悲劇を口にする。と同時に、アメリカ合州国の非道さにも、いかりをあらわしている。彼／彼女らが原爆資料館の展示をみたとき、どのような反応をしめすのだろうか。

つけくわえれば、原子力発電所から放出される放射能の被ばくについても、ひとこともののべられていない。核のことをあつかっているにもかかわらず、〝核〟心にふれていない原爆資料館である。

わたしはベトナムのホーチミン市にある戦争犯罪博物館（現在は戦争証跡博物館）を見学したことがある。ベトナム政府は資金力にとぼしいためか、展示内容の洗練さはなく、建物もふるい。だが、枯葉剤やナパーム弾の被害をしめした写真や映像は、アメリカ合州国の戦争犯罪を告発する姿勢につらぬかれ、圧倒的な迫力でみる者の胸にせまってきた。

質素な平和資料館

原爆のいたましさをうったえ、二度とおこさないように、いのるだけでは不十分である。どういう条件のもとで、どのような行為が、どのような人間によっておこなわれ、それはどうしてなのか。過去の戦争犯罪と現在のあいだに、どのようなつながりがあるのか。それらを分析したうえで、将来の残虐行為をふせがなければならないだろう。

翌日おとずれた岡まさはる記念長崎平和資料館(以下、平和資料館)は、まさにそれをみたしていた。原爆資料館とはくらべものにならないほどこじんまりした建物のなかに、日本による戦争犯罪の展示品がところせましとならべられていた。

朝鮮人が長崎に強制連行されたこと、朝鮮人もまた長崎で被爆したにもかかわらず補償が不十分なこと、「学問のすすめ」をとなえた一万円札の肖像画の人物がアジアの人びとにたいして差別的な言動をしていたことも、容赦なく展示されている。ベトナムの戦争犯罪博物館とおなじ視点でつらぬかれ、原爆資料館とは好対照をなしていた。

アメリカ合州国の原爆投下も、日本のアジアへの侵略も、共通して民族・人種差別が根底にひそんでいる。平和資料館は過去の出来事をていねいに解説したうえで、歴史をつらねる人類の課題として、現代にいきるわたしたちに、するどくといかけている。

原爆資料館のほうは制度の枠内で、だれにも反対されないように工夫をこらし、平穏に安住しているようだ。いっぽう、平和資料館は制度や枠組みから完全にはずれているだけに、はげしいイヤガラセがおきることは想像にかたくない。それでも、ここ長崎において、濁流を清流にかえる浄化作用のはたらきをしながら、人類の平和の礎《いしずえ》として貴重な存在でありつづけている。

生きた資料館、大村収容所

原爆資料館と平和資料館をむすぶみっつ目の資料館が、長崎県に存在する。それが大村収容所(現大村入国管理センター)である。大村収容所と入管令の成立過程をさぐると、アジア太平洋戦争および東西冷戦とはけっして無関係ではない。

戦前の日本において朝鮮半島や台湾でくらす人びとは〝大日本帝国臣民〟であったものの、内地の日本人とは明確に区別されていた。戦火がひろがるにつれ、外地の〝大日本帝国臣民〟は労働力確保のため強制的にかりだされ、日本本土へとおくりこまれた。外地出身で内地にすむ〝大日本帝国臣民〟は、1940年に200万人以上にたっしていた。

1945年の敗戦と同時にほとんどの人びとは帰郷したが、朝鮮人60万人以上が日本本土にのこった。これらの人びとをどのように処遇すればよいのか、日本政府は頭をかかえた。〝大日本帝国臣民〟として日本国籍をもっていても、異民族の朝鮮人をおいだしたかったのである。

1951年に連合国占領軍(GHQ)との話しあいで入管令(出入国管理令、のちの出入国管理及び難民認定法)が発令された。入管令は、アメリカ合州国で1952年に成立した移民国籍法を手本としているが、法律の表面をなぞり、当時の日本政府にとって都合のよい部分だけをとりだしたものであった。

この法令成立は、当時の東西冷戦を色こく反映している。1949年に中国共産党によって中華人民共和国が成立し、1950年に朝鮮戦争が勃発し、アメリカ合州国も日本も共産主義浸透に脅威をかんじとっていた。そこで、日本政府はなんとかして経済的負担のかかる異民族の在日朝鮮人を共産主義者とみなして、排除する方向へとつきすすんだのである。

１９５２年のサンフランシスコ講和条約を機に、とつぜん日本国籍がはく奪された朝鮮半島出身者は外国人としてあつかわれ、朝鮮籍——実質的に無国籍である——となった。国籍はく奪自体が、当時の国際的慣習からしても逸脱していたのはいうまでもない。[二]

朝鮮籍の人びとは、就労・居住・社会保障などの基本的な権利をあたえられず、きびしい管理のもとにおかれ、異をとなえれば、追放された。ほんのささいなことでも、たとえ外国人登録証をたまたまもっていなかったときでさえ、不携帯の罪で〝不法〟状態にさせられた。さいしょから意図的に、在日朝鮮人にたいして不法状態および無権利状態にしつつ、日本からおいだそうとしたのである。それは、のちに北朝鮮への帰国事業として実現した。

入管令というのは、日本にのこった朝鮮人をぜがひでも追いだしたい日本側と、日本への共産主義拡散をふせぎたい一心のＧＨＱ側の政治的意図がみごとに一致した産物だった。

入管令発令前年の１９５０年、大村収容所が外国人の収容施設として開設され、外国人追放機能の一部をになうことになった。アジア太平洋戦争から東西冷戦へと移行する時期に、ふたつの戦争のおとし子として大村収容所は誕生したのである。

平和資料館の創立者は、岡正治さんである。岡さんは近代日本国家によるアジア侵略を告発すると同時に、大村収容所は侵略の過去とふかくつながっている存在としてとらえ、収容所の非道性をうったえていた。[三]その点で、岡さんはすぐれた洞察者である。

原爆資料館や平和資料館は過去の被害者をあつかっているが、大村収容所の被害者はいまそこに現存している。大村収容所でわたしが面会したアフリカ出身男性は、日本人の妻がいるにもかかわらず、オーバーステイという理由で半年以上も収容されていた。しかも、彼は東京入管局から移送されたため、東京在住の妻とは面会できずにいた。このような不当なあつかいは、大村収容所設立以降70年以上もくりかえしおこなわれてきた。[四]

恐怖の代名詞

むかしの大村収容所でも、暴行はもちろんのこと、自殺などの死亡事件もみられていた。1977年、大村収容所に収容されている在日朝鮮人救援対策弁護団会議の調査報告では、「刑期なき獄舎」で割腹自殺をはかり8針もぬった重症者だったにもかかわらず、有無をいわせず強制送還されたことがのべられていた。

ほかにも、書籍や雑誌の内容をぬきがき列挙すると、「20年間に自殺4名、騒じょう事件、ハンスト、暴行」[五]、「1953年警官400人、警備官200人　催涙弾、こん棒の弾圧、1954年警官2000人、刑期なき刑務所」[六]、「船待ち場だが、拘禁すでに4年の兄弟、拘禁性ノイローゼも多い、警官の姿におびえどおし、驚くべき秘密主義、黙殺主義」[七]、「つべこべ抜かすな。もう二度とくるな――医者とはとても思えぬ言葉使い」[八]、「韓国少年（16歳）の首つり自殺をきっかけに、抗議のハンガーストライキ」[九]、「多数の死傷者を出した入管職員・警察による暴行」[一〇]「監獄以上の監獄」[一一]などである。

大村収容所は当時の在日コリアンをふるえあがらせ、恐怖の代名詞となっていた。半世紀以上前の暴力収容と強制送還だが、現在におきかえても不思議ではない。

いっぽう法務省の資料では、収容所職員は収容所に抗議にきたデモ隊にたいして「五月雨にデモ隊いよいよ激昂す」という俳句をつくったり、「湾頭に船を浮かべ、……浮世のさがも、収容所内のさわぎも、どっかに消えてわが身は自然ととけ合うのであった」と当時の所長が思い出を述懐したりしている[一二]。平穏な雰囲気をかもしだしており、あたかもなにごともなかったかのようなそぶりである。べつの資料でも、むかしの自慢話や苦労話に終始している[一三]。これが、当時の入管職員の意識のあらわれなのだろう。さきにあげた書籍内容と好対照をなす。

1950〜70年代の大村収容所（大村市の観光パンフレット）

入管、出生の秘密

それでは、戦前（1945年以前）はどうだったのだろうか。外国人の出入国には勅令や省令が適応され、治安維持の目的で欧米系外国人とアジア系外国人をわけた管理政策がおこなわれていた[一四]。中心となってうごいたのは、警察である。とくにアジア系外国人にたいして、警視庁の特別高等警察（特高警察）に外事課をもうけ、管理・取りしまり・追放の政策をとっていた。

そして〝日本帝国臣民〟である朝鮮人などを担当していたのは、特高警察の内鮮課である。これら特高警察関係者は、戦後になる

表7–1　入管の源《みなもと》

	現在の姿	原型
法令	入管法	1952年　アメリカ合衆国の移民国籍法
行政機関	入管庁	戦前の警視庁の特高警察・内鮮課など
装置	外国人収容所	日系米人収容所　類型にユダヤ人収容所

と入管へとうつった。[一五]入管というのは、特高警察のながれをくみ、特高警察の暴力と隠ぺい体質をうけついでいる。

入管の『出入国在留管理』や業務概況書をみると、入管の歴史が1951年から記載され、あたかも新設されたかのような印象をいだかせる。だが、戦前と戦後はふかくつながっている。戦後になっても、天皇が戦争責任をまぬがれ〝象徴的存在〟となり、戦争犯罪者が首相になっていることなど、あらゆる面において戦前と戦後との連続性がみられる。戦前と戦後は断絶されたかのようにかたられるが、そんなことはない。歴史の通説について、わたしたちは、かんがえをあらためなければならない。

このような歴史的な連続性と同時に、地理的な連続性もみられる（**表7–1**）。大村収容所と同時代につくられた収容所をあげると、アメリカ合州国の日系米人収容所[一六]（1942年）とナチスドイツのユダヤ人強制収容所[一七]（1940年）である。罪のない一般の人びとを収容する点、異民族を排除する点、そして大統領令や国家の政令によって収容を正当化し、人びとをあざむく点において、みっつの収容所になんのちがいもない。外国人収容所というのは、20世紀の国民国家形成期にうぶごえをあげ、発展してきたのである。

外国人収容所の起源と拡大（一八）

外国人収容所の前史

なんら罪をおかしていない民間人を収容する施設がこの世の中にあらわれてきたのは、いつごろからなのだろうか。

非戦闘員の民間人にたいして組織的な収容がはじめられたのは、19世紀末の南アフリカのボーア戦争（一九）からである。それまでは戦争相手国の兵士が捕虜として収容されているだけで、民間人が収容されることはなかった。

第1次世界大戦になると、民間人を動員しながら国家同士が総力をあげてたたかい、相手国の国民さえも敵とみなしたため、民間人も収容されるようになった。イギリスやオーストラリアでは在住ドイツ人が、ドイツでも多数のイギリス人やフランス人が収容された。

第2次世界大戦において収容される民間人は増加の一途をたどり、厳重に管理されるようになった。その時代に有名なのは、さきにのべた日系米人収容所およびユダヤ人強制収容所である。第2次世界大戦前後から、民間人の収容所はより大規模になり、組織的かつ合理的に運営されるようになった。

当時日本でも敵国人抑留所をもうけ、連合国側の捕虜や民間人を収容していた。日本本土の収容者はおもに欧米人であり、彼／彼女らはきびしい監視のもと、不自由な生活をしいられた。

アジア太平洋戦争で日本は完敗におわった。異民族とせっする経験にとぼしく、敗戦でうちのめされていた日本政府が、みずからすすんで外国人収容所を設置できるはずもない。連合国総司令部GHQの意向のもと、大村収容所では合目的かつ合理的な管理方式がとりいれられたのだろう。ちょうど入管令がアメリカ合州国の移民国籍法をまねたように、大村収容所もまた日系米人収容所を手本としたようだ。

収容所の原型としてもうひとつあげられるのは、アメリカ合州国の先住民の居留地である。収容所でないにしても、特定の民族を排除の対象として一定の空間にとじこめておく点で、収容所の性質にかわりない。そのながれから、日系米人収容所があみだされたのだろう。

法や訓令によって収容所を正当化

ところで、殺傷や強盗など人としての過ちをおかしていないにもかかわらず、日系米人・ユダヤ人・朝鮮人など無実の人を収容することが、なぜゆるされるのだろうか。収容所の存在を正当化する根拠は、いったいなんであろうか。

それは、法律や政府による訓令である。敵国民・異民族・反政府勢力を弾圧し排除するための収容は、法律によって、ときに大統領令や訓令でもって遂行される。

近代の国民国家は、徴兵制度や徴税制度などをかわきりに、制度（法令）や装置（施設）を創出し、発展させてきた。軍隊や警察などの暴力装置を法で制度化し、あたかもそれがただしいかのように人びとに認識させてゆく。外国人収容所もまた、国民国家形成のながれのなかで法令を根拠に、暴力装置としてうみおとされた。

文明化による悲劇の法則

世界的な戦争がくりかえされるたびに、収容所は合理的に発展していった。時代がくだるにつれ、収容所の目的は、敵国人の収容から国内の異民族の排除、さらに流入する移民・難民の追放へとかわってゆく。

1991年東西冷戦構造の瓦解後、アジア・アフリカにおいて地域紛争が勃発し、経済格差がはげしくなり、南の途上国の移民・難民が、北の先進国をめざすようになった。くわえて交通機関と交通網の発達が、人びとの移動に拍車をかけた。

ふえすぎた人びとの流入をせきとめるため、1990年以降先進国はつぎつぎと収容所をたてはじめた。日本でも、東日本入国管理センター、西日本入国管理センターなどがあたらしく設置され、現在では17ヶ所の収容所が運営されている。

韓国でも日本の入管法および収容所を参考に、外国人収容所がたてられ、いまでは22ヶ所にもふえている。かつて日本が朝鮮人を収容した施設を、韓国がそのまままねている。アメリカ合州国の日系米人収容所のながれをくむ大村収容所を日本人がつくったと同様に、運命の皮肉である。

「運命の皮肉」現象はほかにもある。第2次世界大戦後、イスラエル建国を名目に、ユダヤ人はその地にくらしていたパレスチナ人をおいだした。収容所の類似形に途上国の難民キャンプがあげられ、パレスチナ人の難民キャンプや自治区もまた、長期にわたる巨大収容所化している。巨大収容所におおきく貢献しているユダヤ人は、アウシュビッツ強制収容所などで過酷な体験をあじわった人びとの末裔である。

こうして収容所は、人間の経験と知識と技術を蓄積しながら、感染力のつよい病原体のように伝播し、

図7–1　外国人収容所の起源と拡大

	1900	1940	1950	1966	1991	2001〜現在
	第一次世界大戦	第二次世界大戦	冷戦（朝鮮戦争、ベトナム戦争）		冷戦終結	
	捕虜の収容	自国内の敵国人や異民族の収容	流入外国人の収容		流入外国人の収容強化と追放促進	
アメリカ合州国	先住民の居留地 →	日系米人収容所			各州の収容所	
日本	＊関東大震災時の朝鮮人虐殺	敵国人抑留所	大村収容所		牛久市の収容所	品川・成田・大阪に新設
		植民地での収容所	横浜収容所		大阪府茨木市の収容所	
韓国					ファソン収容所	
ドイツ	英人・仏人拘留所	ユダヤ人強制収容所			帰国者収容所	
トルコ	＊アルメニア人強制移住および大虐殺					
南アフリカ	ボーア人収容所					
途上国			難民キャンプ			

またたくまに世界中にひろがった。[二〇] いわば文明化によって、制度（入管法などの法体系）と装置（外国人収容所などの施設）が発展してきたのである（図7—1）。

たとえ、それが過去において自身の先祖の破滅をみちびいた危険な制度と装置であっても、統治するため、支配者にとって有用な知識と技術は容易につたわるのである。ヒロシマとナガサキにおとされた原子力爆弾から派生した原子力発電所であっても、日本は簡単にとりいれてしまったように、人間社会において文明化による悲劇の法則が存在するようだ。

刺激される原始感情

時代によって収容目的がことなるにしても、収容所にはいくつかの共通点がみられる。国内の異分子や異民族を一ヶ所にあつめ、一定の空間にとじこめ管理する。一般の人びとから隔離し、その存在をみえなくさせる。情報のいっさいを外部にもれないように、情報統制する。密室なので、抑制されない暴力がはびこる。

いくら法律だからといっても、罪もない民間人が収容され、密室の暴力がゆるされるはずもない。ところが、法律をつくるのも、命令をくだすのも、収容所を管理するのも、暴力行為をはたらくのも、すべて人間である。

そうした人間の意識の底にひそんでいるのは、なんであろうか。

人はほんのわずかの差異をみいだし、序列化し、ことなった人に差別意識——うらがえせば優越感——をはぐくむ。この差別意識こそが、相手を人間とはおもわない思考をそだてあげ、狂暴化へとかりたてる。いかに残虐な行為であろうと、差別意識が正当性をあたえ、人間性をマヒさせ、それが大量虐殺へとつきすすむのである。

人びとの潜在化している差別意識をひきだすため、支配者は子どもを学校で教育し、大人を新聞・雑誌・映画・ラジオ・テレビなどのマスメディアをつかって洗脳する。なにもしていない人に法をおかした人、あるいは犯罪者というイメージをすりこむ。情報は容易に操作されるのである。

差別意識以外に、人間には暴力性・支配欲・排他性などの原始感情がそなわっている。社会がいくら文明化されたといっても、それら原始感情はなくならない。むしろ科学技術の発展により、生物兵器や核爆弾などの殺傷能力のたかい武器がうみだされ、それが巨大な暴力となり、容易に大量虐殺へとむすびつく。

さらに国家による監視と管理と統制がつよまり、警察や軍隊などの暴力装置が高度に肥大化する。統治技術が発達すればするほど、管理される側も、管理する側も、暴力装置にとじこめられ、人間性が破壊されてゆく。

外国人収容所もまた、文明化によって進展しながら、これからも差別や暴力の象徴として存在しつづけるだろう。収容所での非人間的な行為は、やむことはない。

暴力装置の歯止め

わたしは、ときどき収容所の職員とはなすことがある。彼／彼女らがよく口にしたのは、つぎの言葉だった。

わたしたちの仕事は、〝不法〟外国人を収容し、送還することです。

収容所職員はふつうの日本人であり、おだやかな人たちで、終始にこやかに対応している。みずから仕事をこなしていくことに、職員はなんらうたがう余地をはさんでいない。

収容所内で暴力がはびこっても、収容者が自殺しても、難民申請者の強制送還がおきても、入管職員は罪の意識をかんじていない。病状がわるくなった収容者を医療につなげなくても、彼らは平気でいられる。強制送還後の難民迫害について、想像すらしないだろう。なにより優先するのは、職員がいみじくもかたったように「収容し、送還すること」である。その仕事は、国家と法律で保障されている。

この点に、じつはおおきな問題がひそんでいる。法律の枠ぐみで異民族への非人間的な行為が正当化され、国家の命令で忠実に仕事をこなす職員が「おだやかな人たち」であっても、冷酷な性格へと変質し、野蛮な行動へとかりたてられるからである。ナチスのユダヤ人強制収容所のおぞましい出来事は、まさにこれであった。

制御のないまま国家の暴力装置を放置すれば、あらたな悲劇をまねく。移民・難民が増加するにつれ、移民・難民に起因する社会問題でなくても、それをあたかも移民・難民に原因があるかのようにしむけるうごきが、かならずあらわれる。

関東大震災の朝鮮人大虐殺の過去がしめすように、社会の異変がおきるたびに差別や偏見があらわとなり、社会的弱者の悲惨な事件がおきる。(二一) 差別や暴力の芽をつみとらなければ、将来も同様のことがおきるだろう。

移民・難民は目にみえない存在としてあつかわれ、ほとんどの人は移民・難民の状況を実感できない。しかし、異民族への差別や暴力があらわになっている場所がある。それが、外国人収容所である。外国人収容所の奥にひそむ実態をさぐる行動は、将来の悲劇の芽をつみとる第一歩となりうる。

具体的には、収容所をたえず監視し、正確な情報をつかみ、映像や書籍などによって、外国人収容所の出来事を社会に「感染力のつよい病原体のように伝播」させてゆくことである。そして、あらゆる手段を駆使し、外国人収容所の状況を改善してゆくことである。

これらの予防処置をとることで、社会的少数派および民族への差別や暴力を最小限にくいとめられるだろう。それは、「文明化による悲劇の法則」をもおさえることにもつながるのである。

国家による統制システム

もうひとつの管理装置

２００８年わたしは栃木県栃木市の刑務所を見学した。ＪＲ両毛線栃木駅から車にのりこみ、関東平野の田園地帯を15分ほどながめていると、たかいコンクリート塀にかこまれた刑務所についた。民家がまばらに点在する人里はなれた場所である。

門をくぐると、刑務所職員によって集会室へとおされた。そこで職員からひととおりの説明をうけたのち、刑務所のなかを案内された。

ながい通路をわたったさきに、廊下にそって１人部屋や４人部屋がならんでいるのがみられる。そのあとは、洗面所・洗濯場・トイレ・図書館・体育館・運動場などをひととおりまわった。この刑務所の見学で、いくつかおもったことがあった。そのひとつが、外国人収容所との共通点である。

まずあげられるのは、密室状態である。密室内では職員は暴力的となりやすく、刑務所でもなんどか暴力事件がおきていた。この密室の暴力が２番目の共通点である。密室状態と暴力に関連して３番目の共通点は、情報かくしである。１％の都合のよい事実をおおやけにし、99％の都合のわるい事実をかくす。情報公開しても、書類がまっ黒にぬられるのは、暴力などの実態が白日のもとにさらされたくないからである。

もちろん、両者のちがいはある。刑務所では、タテマエであるにしても、社会復帰をめざす。いっぽう外国人収容所では、日本からの追放が目的のため、医療・衛生・生活環境はほとんど整備されず、職業訓

表7–2　外国人収容所と刑務所

	外国人収容所	刑務所
管轄	法務省入管庁	法務省矯正局
目的	国外追放	社会復帰、現世からの追放
究極的な執行	とつぜんの強制送還	とつぜんの死刑
収容の不当性	長期かつ全件の収容	ときに、えん罪による収容
収容期限	なし	あり
密室化	あり	あり
職員による暴力	あり	あり
収容環境	窓のないせまい部屋 外部との連絡制限 運動制限 医療体制と衛生環境は劣悪	せまい部屋、ときに定員オーバー 厳重な面会制限 運動制限 医療体制は不十分
職業訓練	なし	あり
日常品の支給	なし	あり
宗教行為	収容者の要求によってマレに許可	許可

練・娯楽／教養施設・宗教行為はみとめられていない。

なによりも刑務所とのおおきなちがいは、収容期限である。刑務所は期限がさだめられているが、外国人収容所では入管の判断によって期間の長短がきめられ、しかも無期限収容となっている（**表7–2**）。

さらにおもったのは、刑務所および外国人収容所の構造と運営システムが病院とそっくりなのである。個室・二人部屋・大部屋などがあり、きめられた時間に食事をとり、風呂にはいる。風呂・トイレ・洗面所は共有となっている。棟を管理する職員のつめ所は、病院のナースステーションにかさなる。

人びとを一ヶ所にあつめ合理的に管理する技術は、軍隊を原型にしてあみだされた。それは刑務所・外国人収容所・病院に応用され、さらにほかの施設にもおよんでいる。刑務所の運動場や体育館を案内されたとき、いっしょに見学した人が「まるで小学校みたい」とつぶやいた。学校もまた、管理装置なのである。

選別・管理・排除の医療システム

病院をもちだしたついでに、医療による監視施設をあげよう。保健所である。

近代以降、人びとの健康を維持するため、公衆衛生を名目とした役所が必要とされた。コレラなどの感染症発生を契機に、内務省衛生局(のちの厚生省、現厚生労働省)および保健所は、内務省警保局(警察行政機関)と共同歩調をとるようになった。権力のうしろ盾によって、保健所は強制力を発揮しはじめたのである。

それと並行して、国家試験を導入し、医師免許制度を確立し、さらに公営病院などを創設し、国家と医療関係者との従属関係をつよめていった。こうして国家の保健医療システムとして、予防をめざす保健所と治療を目的とする病院がとりいれられた。

医療は人びとの健康にとって、たいへんよいことだとおもわれている。事実、そうした面はある。そのいっぽう、医療は国民を統制するために利用され、国家にとって役だつ人と役だたない人とをふりわけるためのシステムへとくみこまれていった。

保健所の監視対象者は、病人ではなく健康で役だつ人びとである。役だたないとされた人びとは、医療システムのわく外となる。表面上は健康維持としながらも、その裏では人びとの管理と同時に、特定集団の排除がおしすすめられる。

保健所がすすめる健診やワクチン接種は、予防を目的としている。健康維持のためであるにしても、その過程で人をふりわけ、いっぽうを管理しつつ、他方を排除する側面をもちあわせている。

それは、母子保健を名目とした生殖にまでおよぶ。非正規移民および難民申請者の妊婦さんに母子健康手帳や医療券があたえられないのは、排除の好例である。いっぽう、母子健康手帳や医療券をあたえられる妊婦さんは、本人が意識しないように、巧妙にかつ徹底的に管理される。母子健康手帳の原型となった妊産婦手帳は、戦争中の１９４２年に国家総動員体制のなかでうみだされた生殖管理技術の道具である。「健康増進」「社会福祉」「母子健康」をかかげながら、国家の医療システムの監視施設として、保健所は選別・管理・排除の機能をそなえてきた。

こうしてみると、保健所は交番とよくにている。国家のふりわけシステムのなかで、おまわりさんと保健師さんは監視施設にくみこまれる。そして学校の教育委員会もまた、おなじ機能と役割をはたしている。義務教育の学校は、普通と養護にわけへだてられた管理装置となっている。

合理化による非人間化

国民国家を形成する過程で、公共秩序や社会防衛を名目に、あらゆる制度が人びとの生活に介入するようになった。下水処理・ゴミ処理・公園などの環境整備のみならず、健康保険や労働災害保険などの医療保障制度も、くらしのなかにくみこまれていった。病院・保健所・孤児院・養護施設などは、そのシステムを効率よくうごかすための管理装置となってゆく。

それらをじゅうぶん機能させるためには、合理性をつらぬかなければならない。合理性がすすめられると、社会に役だたたない（とおもわれている）人の排除がまかりとおる。国民国家をかたちづけるなかで、選別・管理・排除システム、つまり国家にとって有用の人と無用の人をふりわける非人間化システムが、社会に浸透していったのである。それにともない、システムにたずさわる人も対象相手を人間としてみなくなってしまった。

図7–2　国民国家による排除システム

	病気発生	移民・難民流入	犯罪発生	障がい児
管理装置	病院、精神・結核・ハンセン病棟	外国人収容所	刑務所	養護学校
監視施設	保健所・保健センター・検疫所	地方の入管	交番	教育委員会
行政機関	厚生労働省	法務省・入管庁・検察庁・警視庁		文部科学省
	医療	法律		教育

医療をになう関係者も医療システムにくみこまれ、非人間化してゆく。過去におきた精神病患者やハンセン病患者の長期強制入院・隔離・強制不妊手術に、医療関係者はけっして無縁ではなかった。

移民・難民流入や犯罪発生においても、さらには学校教育においても、この非人間化システムが応用されている（図7–2）。このシステムは、多数派の社会安定のためには有用であろう。その反面、しられざる少数派の犠牲者がおおくうみだされてきた。システムによってかくされた差別と偏見——それは社会の病気といってもよい——が、なんらかのきっかけであらわとなり、いっそうはげしい排除と暴力によってひきおこされた犠牲である。

多数派でよかった、と人は安心するかもしれない。しかし、多数派もまた監視施設によって統制されつつ、国家にとって役だつようにしむけられている。そして、国家にとって無用あるいは有害とされたとき、少数派に転じ排除されることもありうる。

統制の反逆者

統制がつよまれば、すなおにしたがうのが人間の特性なのだろう。このまま統制社会がすすみ、わたしたちはこのまま収容所列島の収容者化してしまうのだろうか。

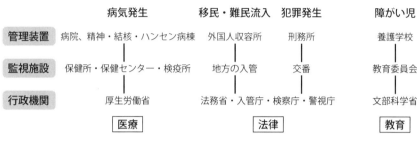

本章「刺激される原始感情」の項で、「支配者は子どもを学校で教育し、大人を新聞・雑誌・映画・ラジオ・テレビなどのマスメディアをつかって洗脳する」としるした。これは、社会の情報化がすすみ、統制がつよまると同時に、一人ひとりの人間の情報の質がたかくなることを意味する。教育やメディアによって高度の情報をとりこめば、それだけ人間がかしこくなり、個を確立するようになる。知恵と教養がますと、社会への疑問がわきおこり、個の自由をもとめはじめ、反統制への要素もたかくなる。

人には従順性がそなわっているいっぽう、他方では反抗という性質ももちあわせている。高度情報化社会によって統制されるにしても、統制にあらがう反統制もつよまる。国家システムから逸脱し、自身が排除の対象になることを自覚しつつも、社会常識に疑問をなげかける反逆者がかならずあらわれる。根底をくつがえし対抗するが、武力ではとても太刀打ちできない。そこで、知力で勝負する。そのいとなみは、現代社会を人間化へとゆりもどそうとする本能のあらわれなのかもしれない。

拙書『移民がやってきた―アジアの少数民族、日本での物語』(現代人文社　2019年)で、20世紀型の国民国家システムがほころびはじめていることを指摘した。人びとの移動が加速すると、おたがい異民族にせっする機会がふえてくる。すると民族のちがいを自覚するとともに、一人ひとりの意識がつよまり、国家の壁を疑問視するようになる。こうして、国家による自国民への統制力は減退しはじめる。その反動で、統治者はなんとかして国家体制の維持をはかろうとし、異民族を排除する。それが、現代社会のながれである。

2022年におこなわれた元首相の国葬は、国家体制の維持を象徴した。たいした業績もない質のひくい政治家の国葬に反対の声をあげる人もいたが、ほとんどは無関心であった。国民の関心をたかめようと、時代おくれの葬式を強行しても、統制力はもはや効果を発揮しなくなった。国民国家システム減弱の徴候のひとつであろう。

人びとは、国民という意識からはなれつつある。国家のタガが、ゆるみはじめている。そうしたなか、国家統制の反逆者をそだてる素地がつくられてゆくのではないだろうか。

（一）松下竜一『平和・反原発の方向』（海鳥社　２００９年）の「パンドラの箱を開けた人」で、松下さんは「十字架を背負うような深甚な苦悩が感じられない」「広島に触れてのこのそっけない記述のどこかに、哀しみや苦悩や悔恨の影を読み取ることができるだろうか」とオッペンハイマー氏の言動に疑問をなげかけている。

（二）第２次世界大戦後、ドイツは併合したオーストリアの人びとにたいし、ドイツかオーストリアかのどちらかの国籍を選択させた。フランスやイギリスもまた、植民地支配した人びとに国籍選択の自由をあたえた。

（三）岡正治『大村収容所と朝鮮被爆者』（「大村収容所と朝鮮被爆者刊行委員会」１９８１年）

（四）１９５０年から80年代にかけて、ビザのないまま船で韓国から日本にくる人たちは密航者とよばれていた。だが、なかにはもともと日本でうまれそだち、敗戦後本国に帰国したものの、戦後の朝鮮半島の混乱のなかで生活ができず、日本にまいもどった人たちもいた。しかも、１９４７年の済州島４・３事件および１９５０年の朝鮮戦争などによって、日本にのがれてきた人たちもみられた。とりわけ本島人から迫害や差別をうける済州島人が、日本をめざした。現在の視点からみれば、難民に相当する人たちである。日本にのがれてきても、外国人収容所にいれられ、強制送還されるのも、現在の難民とおなじ運命をたどっている。その強制送還では、済州島人をふくむ在日コリアンにたいして、日本政府は独特の追放方法をとりいれた。北朝鮮への帰国事業である。１９５９年から１９８４年にかけて、９万３千人あまりの朝鮮人が北朝鮮に〝帰国〟した。そのなかに済州島人もそうとう数ふくまれ、大村収容所から直接北へ〝帰国〟する済州島人もすくなくなかった。在日コリアンの過去をふりかえると、現在の非正規移民や難民申請者の状況にかさなることがたくさんある。むかしの出来事としてみすごされがちだが、それらをふりかえることで移民・難民の過酷な状況が過去から現在までつづいていることが理解できる。

（五）朝日ジャーナル「特集・大村収容所の20年」（朝日新聞社　１９７２年３月17日）

（六）林えいだい『清算されない昭和—朝鮮人強制連行の記録』（岩波書店　2000年）

（七）サンデー毎日「自由なく〝刑期〟なく灰色の日々」（毎日新聞社　1977年8月28日）

（八）朴順兆『韓国・日本・大村収容所』（JDC　1982年）

（九）朴正功『大村収容所』（京都大学出版会　1969年）

（一〇）木元茂夫「入国者収容所における暴行—隠されてきたその歴史」（入管問題調査会編『密室の人権侵害』現代人文社　1996年）

（一一）吉留路樹『大村朝鮮人収容所—知られざる刑期なき獄舎』（二月社　1977年）

（一二）法務省大村入国者収容所『大村収容所二十年史』（1970年）

（一三）法務省入国管理局『出入国管理の回顧と展望—入管発足30周年を記念して』（1981年）

（一四）1899年に外国人労働者の国内移入の原則禁止、1919年に警察による旅行証明制度、1932年に身分証明書の発給制度による入国許可制度の導入などがあげられる。

（一五）大沼保昭『単一民族社会の神話を超えて—在日韓国・朝鮮人と出入国管理体制』（東信堂　1986年）

（一六）アメリカ合州国および中南米諸国にくらしていた日系米人12万人は市民権をもっていたにもかかわらず、敵国人や捕虜交換を名目に、アメリカ合州国の収容所におくられた。

（一七）ドイツではユダヤ人の絶滅をはかるため、アウシュビッツ収容所などが設置された。

（一八）DVD『外国人収容所の闇—クルドの人びとは今』（PARC　2020年）に付録としてくわえた解説資料集の一項目「外国人収容所の起源と伝播」とほぼおなじ内容である。

（一九）イギリスが南アフリカのオランダ国家をけしかけた戦争である。

（二〇）Global Detention Projectによれば、2021年現在世界中に1359ヶ所の外国人収容所が存在する。年間の入退所者数は、アメリカ合州国18万3千人（2020年）、フランス4万7千人（2017年）、イギリス2万4千人（2020年）、日本2万3千人（2019年）、オーストラリア1万人（2018年）、イタリア4千人（2018年）、ドイツ3千人（2018年）で、国によってばらつきがある。

（二一）「朝鮮人が井戸に毒を流した」と流布した官憲は、人々の恐怖感や不安感をあおり、6千人以上の朝鮮人虐殺へとかりたてた。おなじころ、トルコでもおおくのアルメニア人が虐殺された。オスマン帝国が崩壊する時期にかさなる。それは、崩壊後のトルコ国民国家形成期におけるクルド民族への迫害へとつづく。

第**8**章

資料編——黒ぬり文化の伝統破壊

2020年の東日本入国管理センターの業務概況書

1　概況

令和２年における警備関係業務については，新型コロナウイルス感染症への対応に追われた一年であったと総括することができる。

[redacted]

一方，送還業務については，新型コロナウイルス感染症の拡大に伴う人の国際的移動の制限等により，[redacted]している。

- 1 -

黒ぬり作業もたいへんだろう。なにをおもいながら、入管職員は黒ぬりするのかしら。

【解説】

入管職員にさまざまな場で質問をしているが、きまった答えしかかえってこない。「個人情報でこたえられない」「保安上の問題で回答をさしひかえる」「総合的に判断している」。この三つだけである。論理的思考の欠如がいちじるしく、ていねいに説明する訓練がなされていない。そのような人を相手にしなければならず、じつにほねがおれる。

国会における政治家や官僚の答弁でも、おなじ現象がみられる。思考の欠如にくわえ、1％の事実をのべ、99％の事実をかくしながら、人びとをあざむいているのだろう。江戸時代からつづく「民は由らしむべし、知らしむべからず」という統治者のこころえを、21世紀の今日までつらぬいているようだ。

入管の業務報告書を情報公開で請求しても、でてくる書類は黒ぬりだらけで、なにもわからない。しかも、3年たてば入管資料は廃棄されるという。

アジア太平洋戦争敗戦時、陸海軍・内務省・外務省・大蔵省などの行政組織で、いっさいの証拠をのこさぬよう大量の公文書をもやしてしまった。歴史資料として公文書をきちんとのこさなければならないのに、貴重な歴史資料は灰となってきえてしまったのである。

2001年に情報公開法が、2011年に文書管理法が施行されたのだが、あくまで形式にしかすぎない。元首相がふかくからんでいた国有地売却をめぐり、財務省は決裁文書の存在をあいまいにしていた。ところが、その文書がでてきた。しかも、改ざんされていた。記録をのこさないどころか、公文書の改ざんまでおこなう官僚のこざかしさが、戦前も、戦後も、連綿とつづいている。

公文書はあくまで基礎資料である。たとえ行政にとってやましい文書であっても、記録として後世にのこし、将来公開しなければならない。つぎのあらたな困難にたちむかう道しるべになるからである。アメリカ合州国では、作成から30年たてば行政文書は公開する原則がある。公文書は行政の所有物ではなく、国民の知的財産とのかんがえにもとづいている。

わたしは入管庁の業務概況書および報告書などの資料をあつめてきた。それらは、入管職員の視点によるかたよった記述である。しかも、肝心な部分はほとんどが黒ぬりとなっているか、あるいは記述されていないかのどちらかである。

入管職員の選択によって都合のわるい事実ははぶかれ、ほとんどが前年度とほぼおなじ内容となっている。だが、ないよりはマシである。ときに入管の本音や実態がひょっこりあらわれてきて、たいへんおもしろい。入管庁のトップよりも丹念によみこんでいる、と自負している。入管の業務概況書や報告書は、いまではわたしの愛読書となっている。

そのおもしろさをひとり占めするわけにはいかない。そこで、2002年からわたしがあつめてきた入管の資料を整理したうえで、ここに公開する。いまのこさなければ、永久に闇にきえてしまうのである。

入管資料の分析にあたって

東日本入国管理センター・西日本入国管理センター・大村入国管理センターの業務概況書および各センター関連資料について検討した。それらは、情報公開および国会議員による資料請求から入手したものである。すべてそろえられたわけではなく、2009年と2010年の業務概況書は手元にない。

2008年以前の業務概況書は30〜40ページで、黒ぬり部分はあるものの、暴行・死亡・送還などの重要な事件が記載されていた。ところが、2011年以降になると、なぜか業務概況書はわずか10ページたらずに簡素化され、重要な事件はみあたらなくなった。

不思議におもっていたが、どうやら総務課による業務概況書と処遇・執行部門による業務概況書のふたつを作成していたようである。前者がおおやけにだす簡素化されたオモテの業務概況書で、後者が入管内部用のくわしいウラの業務概況書というわけである。わたしがうけとったのは、前者のオモテであった。やましい事実がばれないように、小細工したのだろうか。こんなところでも、入管はこざかしさを発揮していた。

それがわかった段階で、オモテとウラの業務概況書のふたつを請求することにした。ただウラの処遇・執行部門による業務概況書は、2011年以降黒ぬり部分がめだっておおくなり、じゅうぶん検討できずにいる。

こうしたいきさつのため、各センターの動向および解説は2000年代と2010年以降にわけてしるすことにした。なお、黒ぬり部分はそのまま[redacted]とした。また、2010年以降の資料をもとに、経時的

* 一人あたりの平均収容日数※（日）＝年間（365日）のべ収容人数÷出所者数×100
* 仮放免率（％）＝仮放免許可件数÷仮放免申請件数×100
* 庁外診療率（％）＝庁外診療件数÷（庁内診療件数＋庁外診療件数）×100
* 送還率（％）＝送還者数÷出所者数×100

※　１人ずつの収容日数から換算するのが正確だが、えられる情報がかぎられているため、この計算式をもちいた。

変化が一目で把握できるように作図し、その説明とともに分析をくわえた。各図における日数と率の計算はうえのとおりである。

なお重複をさけるため、収容所別の隔離件数（図2-5b）、かい具使用回数（図2-6b）、充足率（図2-9）は、第2章「傷つけられる人びと」に挿入した。

東日本入国管理センターの業務概況書

2001～08年のうごき（表8-1）

2004年から入所者数がふえているのは、〝不法〟滞在者半減5年計画によって取りしまりがきびしくなったからである。

2007年以降に入所者数がへっているのは、ビルマ難民申請者の仮放免がおくだされたからである。ビルマで僧侶の反政府デモとともに、日本人ジャーナリスト射殺事件がおき、世界中に報道された。ビルマ難民申請者を収容するのは得策でない、と入管は判断したのだろう。

このころビルマ難民申請者がたくさん収容されており、わたしが面会した人の7割以上がビルマ難民申請者であった。彼／彼女らがいっせいに仮放免されるようになり、よろこばしさとともに、収容がいかに恣意的かつ無意味なのかも理解するようになった。

表8-1　東日本入国センターの業務概況書より抜粋

	2001年	2002年	2003年	2004年	2005年	2006年	2007年	2008年
入所者数	2780	1619	1760	4810	7244	8573	5919	5682
平均日数	36	40	39		25	23	27	29
最長日数					530	492		
61日以上収容人数					193（2.7%）	274（3.3%）		
庁内診療件数	4706	4504	5767	4663	3067	3512	3180	3422
庁外診療件数	230	699	489	186	39	41	56	45
面会許可件数			10183	15335	18378	23699	29351	22183
通信件数			8301	10246	16649	16643	16654	15541
請願件数			25187	23070	20131	21813	29371	29063
仮放免			33	42	94	67	275	143
放免			5	2	0	2	0	
隔離件数（複数）　合計	45	62	50	116	66	61	51	56
他の被収容者への暴行					32	34	22	21
職員への暴行					12	6	2	3
職務執行反抗・妨害					10	19	14	
器物破損					7	4	3	3
自損行為		34	8	2	3	5	13	5
刑罰法令定職行為					1	2	1	1
逃走を企てる					1	0		1
かい具使用件数	13	14	7	7	5	1	2	15
国費送還件数　合計	11	31	52	58	49	92	121	115
忌避（護送官付き）		6	23	15	15	23	27	14
忌避（護送官なし）					8	28	42	53
帰国（翻意だが金なし）					8	19	合計で 52	13
帰国（金なし）					18	22		35

２００４年から庁外診療件数がすくなくなっているのは、医師が常駐するようになったからである。隔離件数は毎年50〜60件と一定しているが、かい具使用件数にばらつきがある。収容者の不満にたいして、暴力をつかっておとなしくさせているようだ。

筆者の選択した特記事項および注釈

【2002年】

- アフガニスタン人の自殺企図がおおくなっている。

　注：２００１年10月におおくのアフガニスタン難民申請者が外国人収容所にいれられた。わたしは、これをきっかけに外国人収容所とのかかわりをもつようになった。

- 外部の病院から「信頼関係が成り立たない」との発言があった。

　注：収容者との信頼関係だけでなく、入管職員との信頼関係もふくまれるだろう。

【2003年】

- 水道の水質の汚濁がみられた。

　注：このとき、わたしは収容所の面会者用の洗面所で水道水をしらべてみた。さいわいにも、問題はなかった。

- [redacted]局から受け入れた[redacted]人の[redacted]発症で入院先の病院で死亡。遺骨を[redacted]大使館に引き渡した。

　注：肺炎で死亡したようだ。国籍の黒ぬり部分が二文字なので、おそらく中国かタイと推測する。

- 誤投薬事件が発生した。

注：いつものことである。入管職員が薬を所有し、収容者にあたえているからである。危険きわまりない。

・2003年2月から医師赴任。医師1名、看護婦2名、薬剤師1名の体制。

注：医師は台湾出身の女性で、その後ながきにわたり収容所で診療をおこなっていた。収容者の評判は、すこぶるわるかった。

・4月から面会の立会いの省略。

注：それまでは、面会中に職員がかならずついていた。時間のムダということをようやくさとったようだ。

・ハンセン病疑い患者。

【2004年】

・隔離件数116名。職務執行の妨害、器物損壊、職員への暴行、他の収容者への暴行、自損行為など。

・「入管プロジェクト2004」が策定され、不法滞在者半減する取り組みが実施された。収容定員700名に増加、年間4810名の収容、11月には1日の収容定員670名を記録、年間送還人数が4287名となった。

注：仕事の成果をほこっている。自慢は、官僚の特徴である。

【2007年】

・収容者の国籍は、中国34・1%、フィリピン18・2%、韓国16・3%、タイ4・6%、バングラデシュ1・9%、その他12・1%、[redacted]4ヶ所。

・護送官つき国費送還者数は27名で、国籍は中国5、バングラデシュ4、[redacted]4、フィリピン2、韓国2、[redacted]7ケ所。

・難民を主張する[redacted]人収容者の増加。

注：文面から推察すると、〝偽装〟難民としてうたがっているようだ。

・自損行為者の増加延べ15人。

・運動中の受傷事故の増加、受傷者10名。運動靴の購入、小型のフットサル用ボールの使用。

注：運動場の地面がコンクリートになっているため、ケガになりやすい。やわらかい人工芝生にすべきである。

・処遇での特異事案

＊行政書士が介在した被収容者の苦情及び人権救済申立事案。

＊仮放免許可後に国家賠償請求訴訟に及んだ中国人について。

＊外部病院への入院。右足関節骨折、急性心筋梗塞、急性肝炎の3名。

・送還での特異事案

＊入管初の[redacted]向け護送官付で国費送還。

注：「入管初」は、どこの国なのかしら？

＊退去強制令書執行停止申立の提起により送還中止。

＊送還忌避していた[redacted]人の国費送還、再収容及び難民認定申請。

注：あきらかに送還失敗例なのだが、まちがってもそのような表現はとらない。

【2008年】

・収容者の国籍は、中国37・0％、フィリピン18・6％、韓国10・7％、タイ3・8％、バングラデシュ2・0％、その他13・9％、[redacted]4ヶ所。

・護送官つき国費送還者数14名で、国籍はフィリピン5、中国2、パキスタン1、[redacted]7ヶ所。

注：送還費用は、いくらかかったのかしら。

・収容者に対する処遇の改善で、飲料自動販売機の設置と温水シャワーの休日使用。

注：それまでは、なんと冷水シャワーであった。

・官給食に係る異物混入事案の増加。

注：よくある話。

・処遇での特異事案

＊収容隔離が4回に及んだ[redacted]人。

＊休養室に長期収容した[redacted]人。

・送還での特異事案

＊[redacted]国の逮捕状が出ている[redacted]の国費送還1例。

＊統合失調で破壊行為を繰り返す[redacted]人の国費送還1例。

＊テロ対策機関が注目する[redacted]人の国費送還1例。

＊送還を拒否していた[redacted]の国費送還4例。

・機内で暴れた[redacted]人の送還中止・再収容2例。搭乗口で大声を挙げた[redacted]人の送還中止・再収容1例。

図8–1　入所者数および出所者数

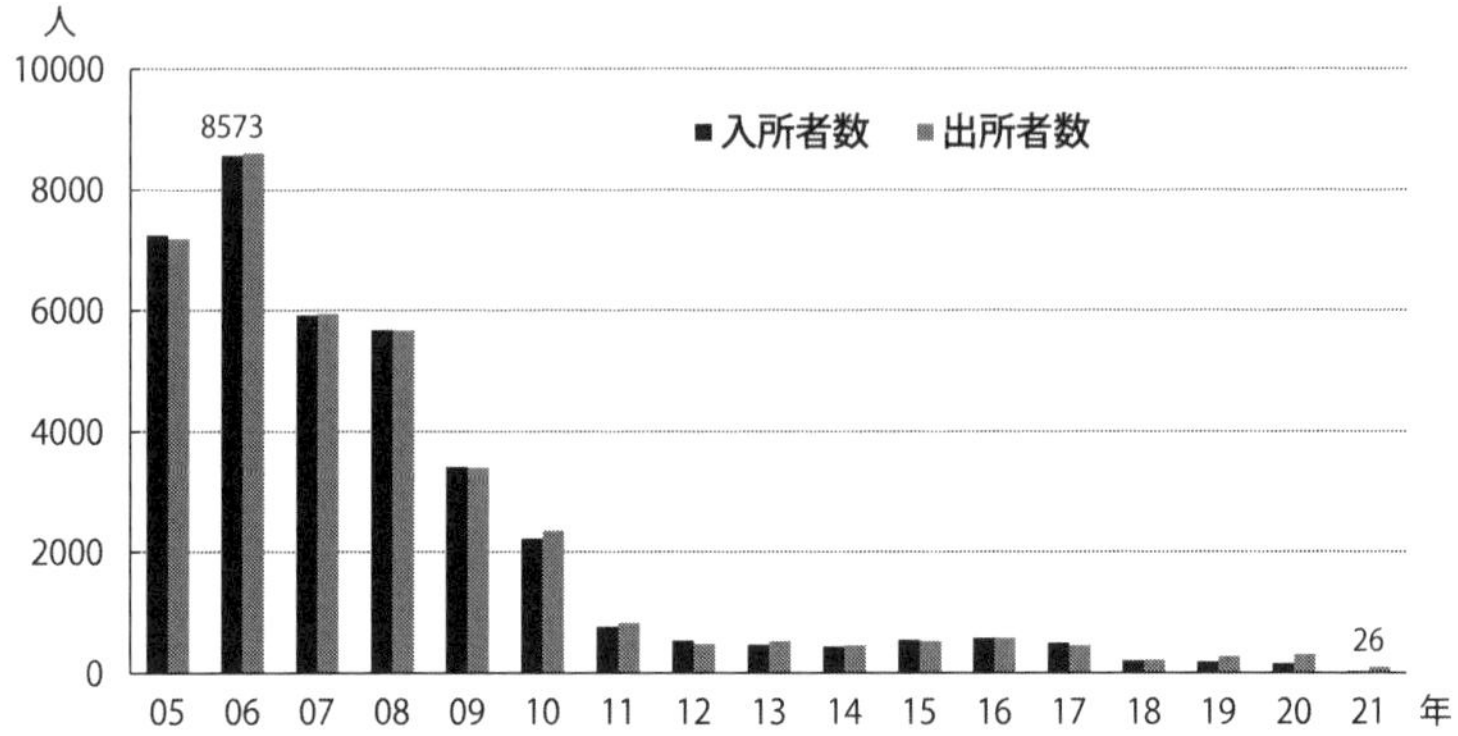

注：ようするに送還失敗例である。入管職員の苦労は理解できなくもないが、説明もなしにむりやり送還するから、必死に抵抗するのである。

2005～21年のうごき

入所者数は06年の8573人をピークに、その後減少の一途をたどっている。とくに11年以降は700人以下となり、21年はコロナ感染の影響でわずか26人である。08年以降の減少は、〝不法〟滞在者半減5年計画がその年に終了したためである。毎年の入所者数と出所者数はほぼおなじとなっており、数あわせをしているようだ（図8–1）。

ひとりあたりの平均収容日数では、05年は24日だったのが、19年は627日と収容期間が大幅にのびている（図8–2）。20年以降では、コロナ感染の影響で積極的に仮放免をだした。それでも、21年は363日（1年）となっている。

入所者の国籍をみると、07年から10年にかけて、中国・フィリピン・韓国出身者などがおおくをしめていた（図8–3a）。11年以降では、それら3ヶ国出身者はすくなくなり、スリランカ・トルコ・イ

図8-2　一人あたりの平均収容日数

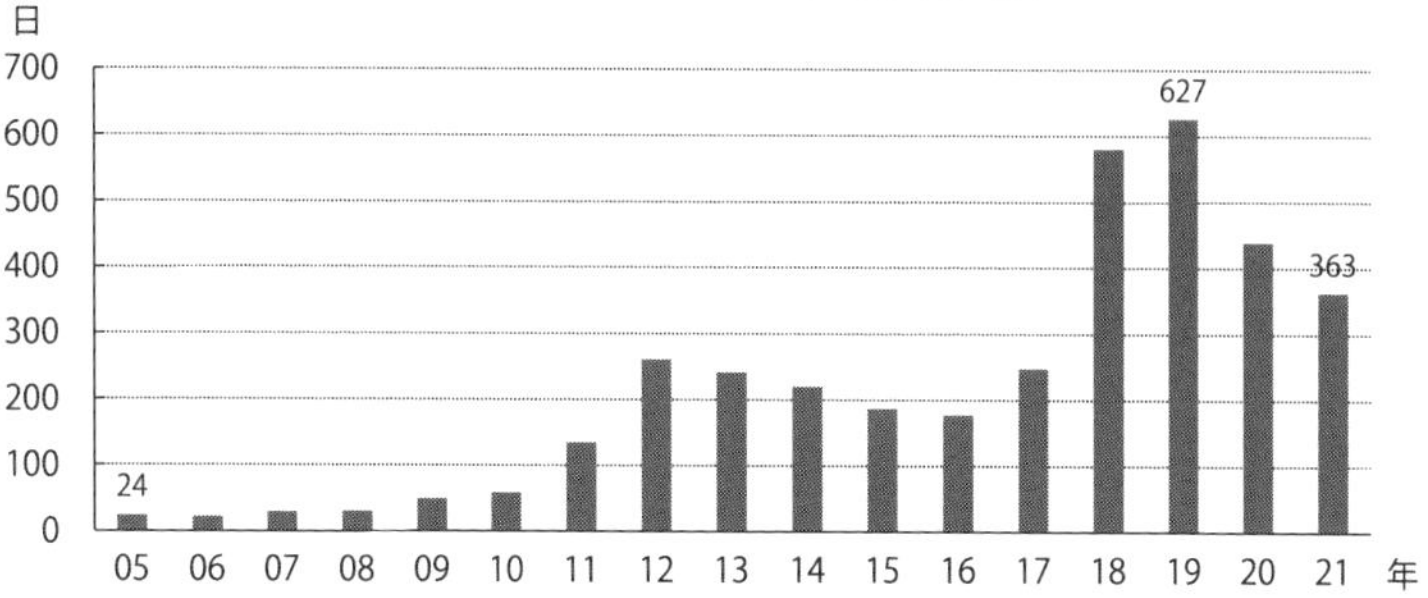

図8-3a　国籍別入所者数（2007〜21年）

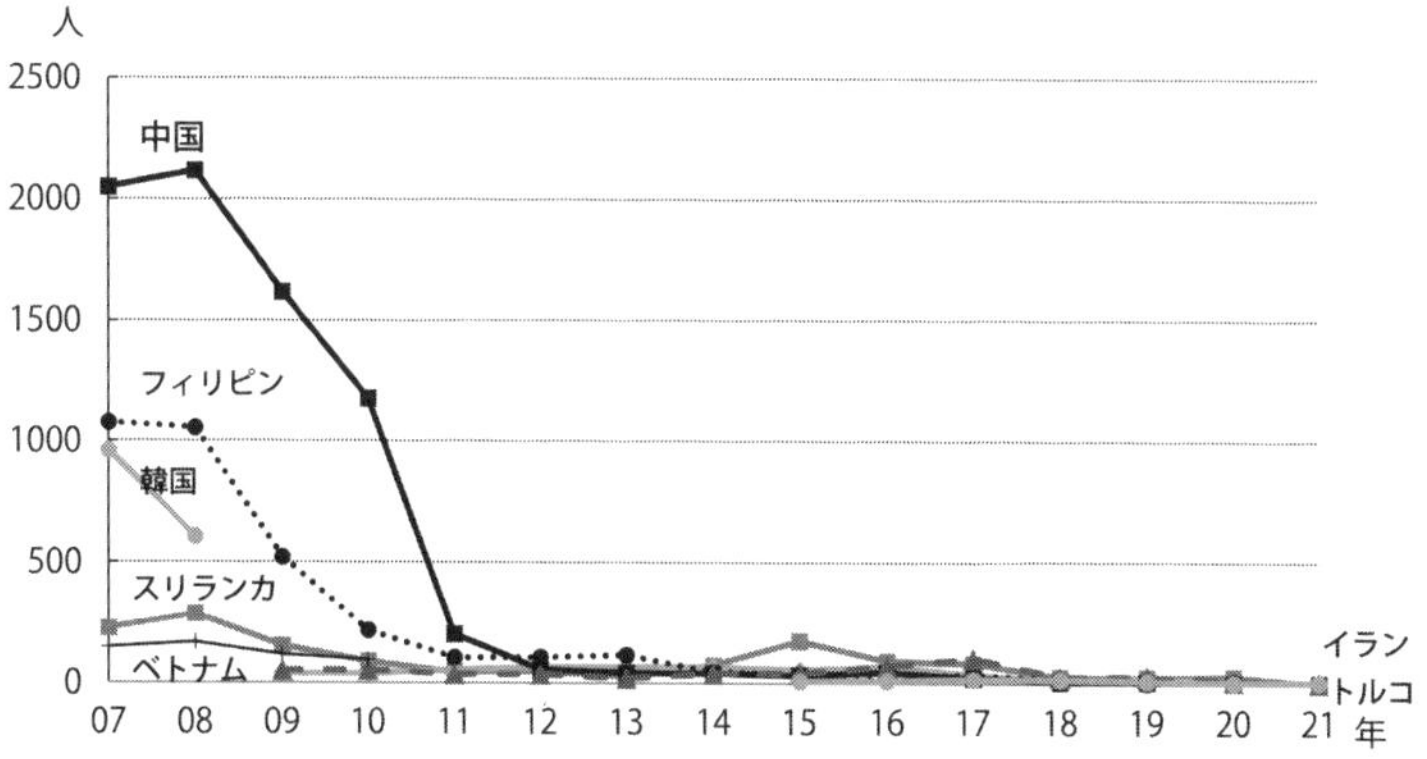

図8-3b　国籍別入所者数（2011〜21年）

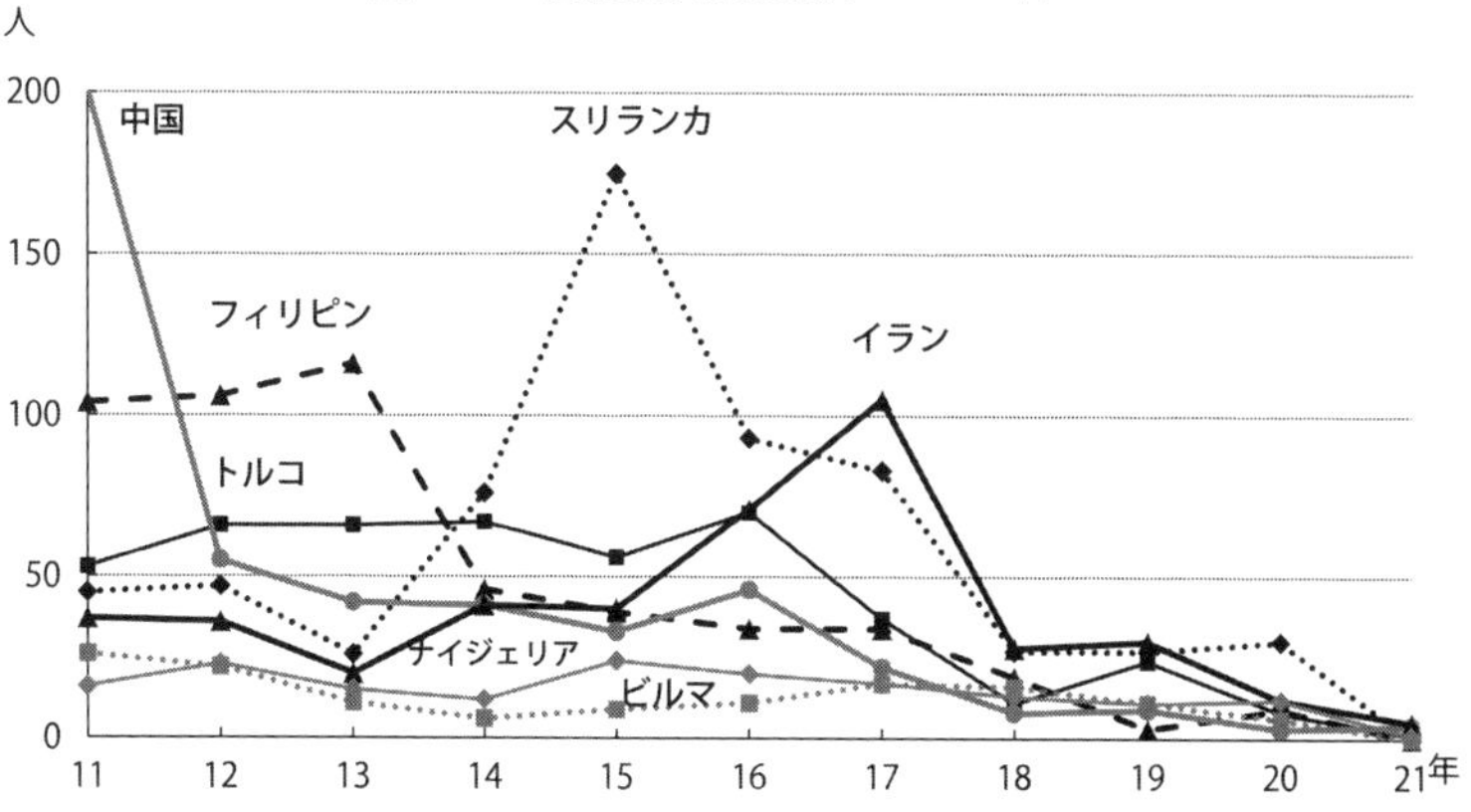

ラン出身者などが収容されるようになった（図8－3b）。

庁外診療率では、11年が2％だったのが、13年以降は20％前後となっている。常勤の内科医がやめた結果、庁外診療をふやさざるをえなくなったからである。16年以降は、ふたたび減少している（図8－4）。

仮放免許可率は20～50％で推移しているが、各年によってバラつきがはげしい（図8－5）。ほかの図をみてもわかるとおり、統計図というのはなだらかな線をえがくものである。率がはげしくうごく仮放免というのは、そのときどきの状況によって恣意的に判断されているからである。

送還率をみると、08年が95％だったが、その後急減している。これは、10年におきた強制送還の死亡事件の影響で強制送還がひかえられたからである。17年以降は増加したものの、20年以降は極端に減少している。これは、コロナ感染の影響である（図8－6）。

業務概況書の解読

2010～12年の業務概況書に「当面する問題点」として、以下の文章が記載されていた。

難民不認定処分等取消請求等の訴訟を提起する者もおり、送還が困難化する傾向がある。

この文面から、入管職員は難民の裁判をうける権利よりも送還を優先していることがよみとれる。また、同書につぎの文面もしるされていた。

図8-4　庁外診療率

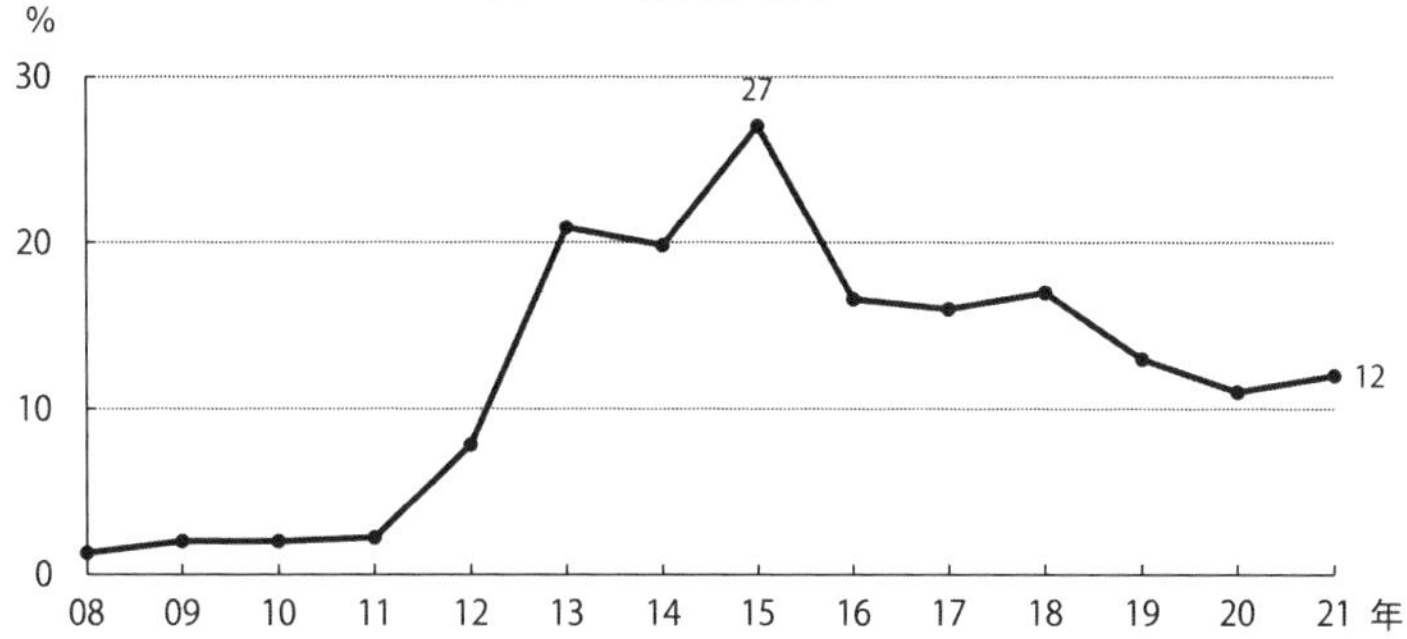

図8-5　仮放免許可率

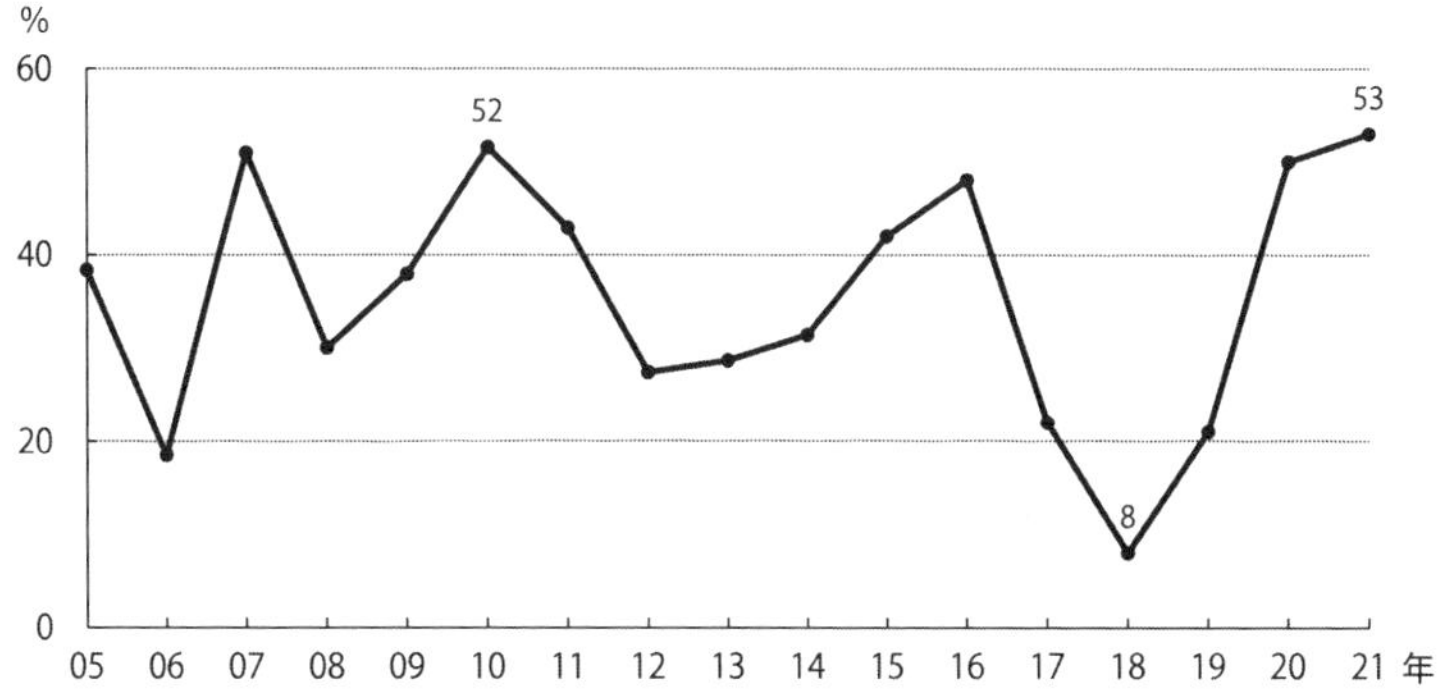

図8-6　送還率

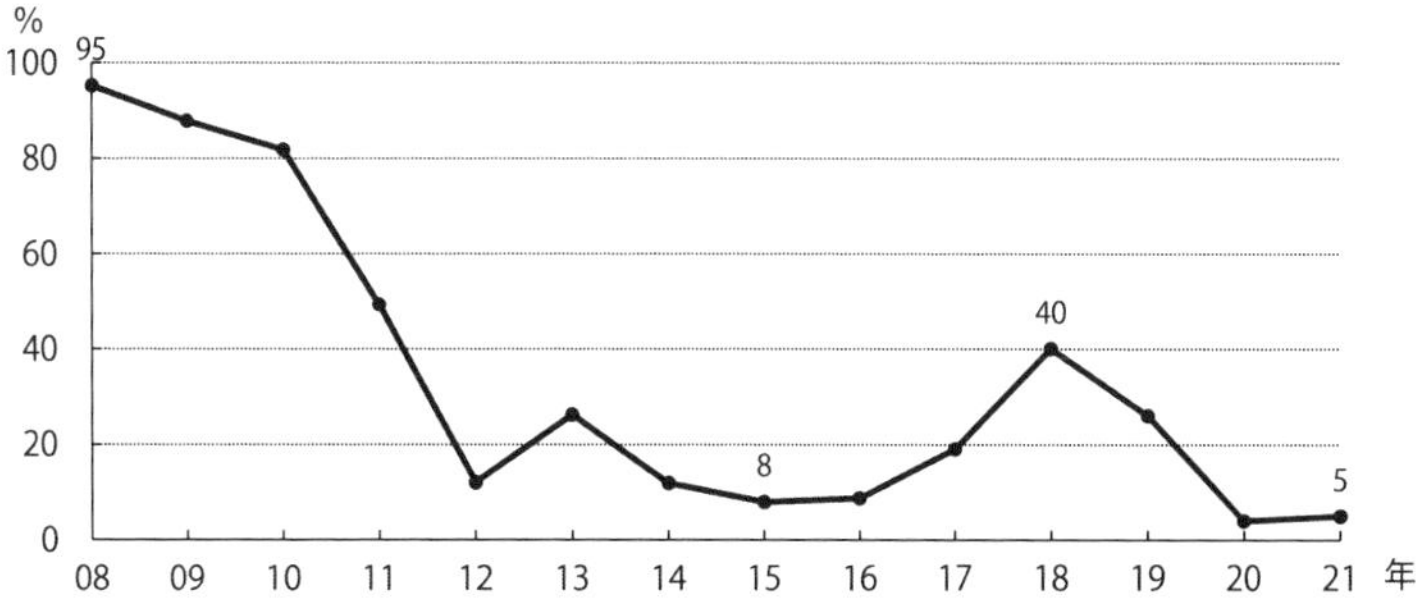

収容そのものに対する不満から、詐病やささいな疾病により診療を要求するものが多い。

職員は、患者の症状を「詐病」としてみている。それは、患者を医療につなげないことを意味する。こうした対応が、収容所の死亡事件をひきおこし、患者の重症化をまねいている。

診断過程というのは、患者の身体所見や検査などの情報をえたうえで、ほかのあらゆる病気を除外しながら、最終的に特定の病気を診断する。うたがう病気は膨大で、診断のながれからしても、「詐病」かどうかの判断は困難をきわめる。入管職員はどのようにして「詐病」と判断したのだろうか。じつに不思議である。

しかも、「詐病」と判断することは、あきらかに医療行為にあたり、資格のないものがおこなえば医師法違反となる。2021年のウィシュマさん死亡事件では詐病発言がとりあげられたが、はるか以前から入管職員は収容者の病状を詐病あつかいしていた。

東日本入国管理センターでは、2014年にイラン人とカメルーン人、2017年にベトナム人、2018年にインド人がなくなっている。重要な事件にもかかわらず、業務概況書にその記述はない。ひょっとして、黒ぬり個所がそれにあたるかもしれない。すでにおおやけになっているし、やましさがなければ、かくすこともないだろう。

2014年の業務概況書には、

平成25年度（2013年）予算で初めて措置されたチャーター機送還経費を用いて、同年7月6日、当センターが中心となって送還忌避のフィリピン人をチャーター機でフィリピン本国に送還した。とある。東日本入国管理センターが2013年のチャーター機集団強制送還の「中心となって」いたとは、初耳である。入管は強制送還の手柄を自慢げにかたるが、そのいっぽうで自身の失態をかくそうとする。〝お上〟体質が、ここにもはっきりみてとれる。

大村入国管理センターの業務概況書

2001〜08年のうごき（表8-2）

2008年以降、収容者の減少がいちじるしい。〝不法〟滞在者半減5年計画がその年に終了したこと、また大阪入管局および名古屋入管局の新庁舎がたてられ、そこに収容されることがおおくなったからであろう。

2001年から03年までの隔離件数がおおいが、その内訳が自損行為以外黒ぬりとなっている。

筆者選択による特記事項および注釈

【2001年】

- 入管局からの収容者1名が入所時の健診により結核と判明した。2ヶ月病院に入院し、排菌がとまり、その直後送還された。

表8-2　大村入国センターの業務概況書より抜粋

	2001年	2002年	2003年	2004年	2005年	2006年	2007年	2008年
入所者数	1815	1203	1384	1387	1540	1979	1473	633
平均日数						23	25	24
最長日数								
61日以上収容人数								
庁内診療件数	6749	6605	7170	5065		4364	3657	
庁外診療件数	113	79	57			81	29	12
面会許可件数						1107	1388	1206
通信件数							2924	1349
請願件数						15705	12536	
仮放免	1	1	5	5	5	15	36	7
放免								
隔離件数（複数）　合計	42	49	70	6				
他の被収容者への暴行								
職員への暴行								
職務執行反抗・妨害								
器物破損								
自損行為	1	7	1	3				
刑罰法令定職行為								
逃走を企てる								
かい具使用件数		2						
国費送還件数　合計							8	11
護送官付き							1	0
帰国（金なし）							7	11

注：結核治療を完全に終了しないまま、送還している。本国で治療を中断するかもしれない。本来であれば、完治したうえで送還しなければならない。

・骨髄異形成症候群1例　血小板が1万台　緊急入院後、収容され、定期的な輸血をおこない、国費送還された。

注：紹介状がないまま送還している可能性があり、帰国後の治療中断もありうる。

・サルコイドーシス1例　病院で通院治療し、その後送還された。

注：紹介状がないまま送還している可能性があり、帰国後の治療中断もありうる。

・中国人の集団送還。

注：2004年まで、毎年集団送還が実施されていた。チャーター機でないのは確実だが、民間航空会社をつかったのだろうか。そうだとすれば、一般旅客といっしょとなる。乗客にとって、いい迷惑である。

・自傷行為1件。

【2002年】

・入管局からの収容者1名が入所時の健診により結核であったが、排菌はしていないと判明し、定期的通院したうえで、6ヶ月の投薬をうけた後に帰国費用の援助をうけ、出国した。

注：完全治療後の帰国なので、問題ない。いつもこうしたまともな治療をすれば、よいのだが……。

・統合失調の患者1例。

・子宮筋腫で入院1例　不正性器出血の貧血があり、貧血改善後に送還。

・中国人の集団送還。

・自傷行為7件。

【2003年】

・研修が実施された。内容は人権教育、ビジネスマナー、職場におけるメンタルヘルス研修、第二種手錠の使用方法。

注：手錠のつかいかたをおしえながら、同時に人権教育をほどこす。入管ならではの人権感覚である。

・収容人数の定員削減で５００名から３００名になる。

・[redacted]入管局からの収容者１名が入所時の健診により結核（排菌）と判明した。病院に入院した。

・自殺企図１例。

・統合失調の精神疾患１例。

・大腸ガン疑い例。

注：診療室長（医師）が「早期送還が望ましい」とのべている。ガンの疑いにもかかわらず、この医師の発言は問題である。本来であれば、検査したうえで、送還後のことを考慮し、紹介状をわたさなければならない。診療室長が紹介状をかいたかどうか、不明である。

・中国人の集団送還。

・自傷行為３件。

【２００４年】

・民間活力の導入。

注：民間人が入管の手先となるのかしら。

・腹部の激痛により病院受診し、進行性の肝ガンと判明した。

注：その後どうなったのだろうか。

・拒食し、栄養剤を摂取する。「体力保持の限界が認められ生命への危険も懸念されたことから、護送官つきで国費送還」された。

注：体力回復しないまま送還したようだ。対応にかなり問題がある。

・ある難民申請者について、UNHCRから「難民として保護の是非を検討中であるので送還を見合わせてほしい」とのこと。最終的に自費出国した。

・骨髄異形成症候群1例は仮放免された。

・たびかさなる官給食の異物混入。

注：毎度のこと。

・中国人の集団送還。

・自殺企図3例。

【2007年】

・収容定員は男100人、女100人の合計200人である。

・収容者の国籍は、中国775人、韓国169人、フィリピン156人、[redacted]153人、[redacted]93人。

・入院は、胸椎黄色靭帯骨化症の手術と肺結核の2例である。

【2008年】

・8月以降、収容定員が男のみ100人となる。

注：2007年には定員が200人にへらされ、2008年には定員が100人となった。収容定員の減少が、

図8-7　入所者数および出所者数

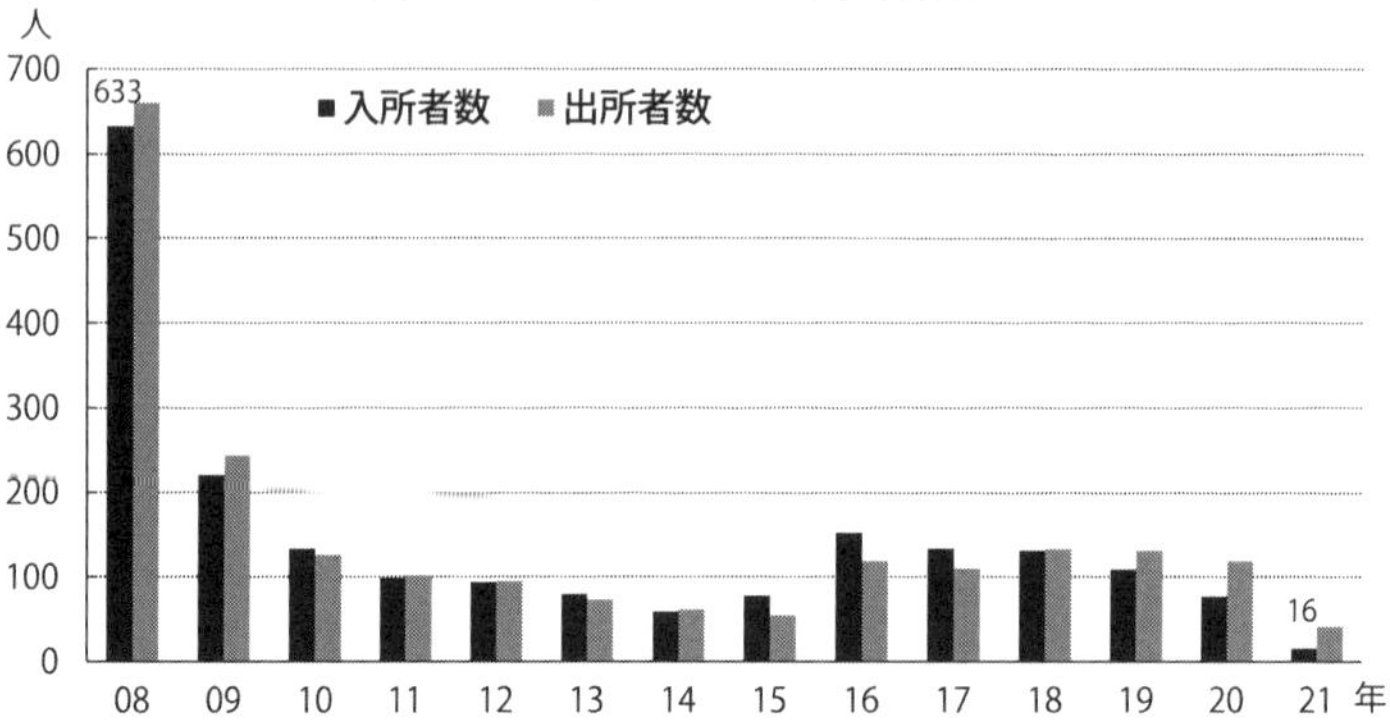

きわだっている。この時点で、センター閉鎖を検討すべきなのだろう。

- 収容者の国籍は、中国382人、韓国43人、[redacted]74人。
- 肺結核入院は1例。

2008~21年のうごき

入所者数は2008年の633人をピークに、その後減少の一途をたどっている。とくに11年以降は100人以下となり、21年は16人となっている(図8-7)。

収容者の国籍をみると、2011年から15年にかけては、中国・フィリピン・イラン出身者がおおかった。16年以降になると、ベトナム出身者が急激にふえている(図8-8)。

庁外診療率では、各年にばらつきがみられる。2013年と14年では10%以上だったが、2016年では4%以下におちている。その後、ふたたび上昇し、その後下降している。(図8-9)。

仮放免許可率は5~20%台を推移していたが、20年以降はコロナ感染の影響で30~40%に上昇した(図8-10)。

送還率では、各年にばらつきがみられ、一定していない(図8-11)。

図8-8　国籍別収容者数

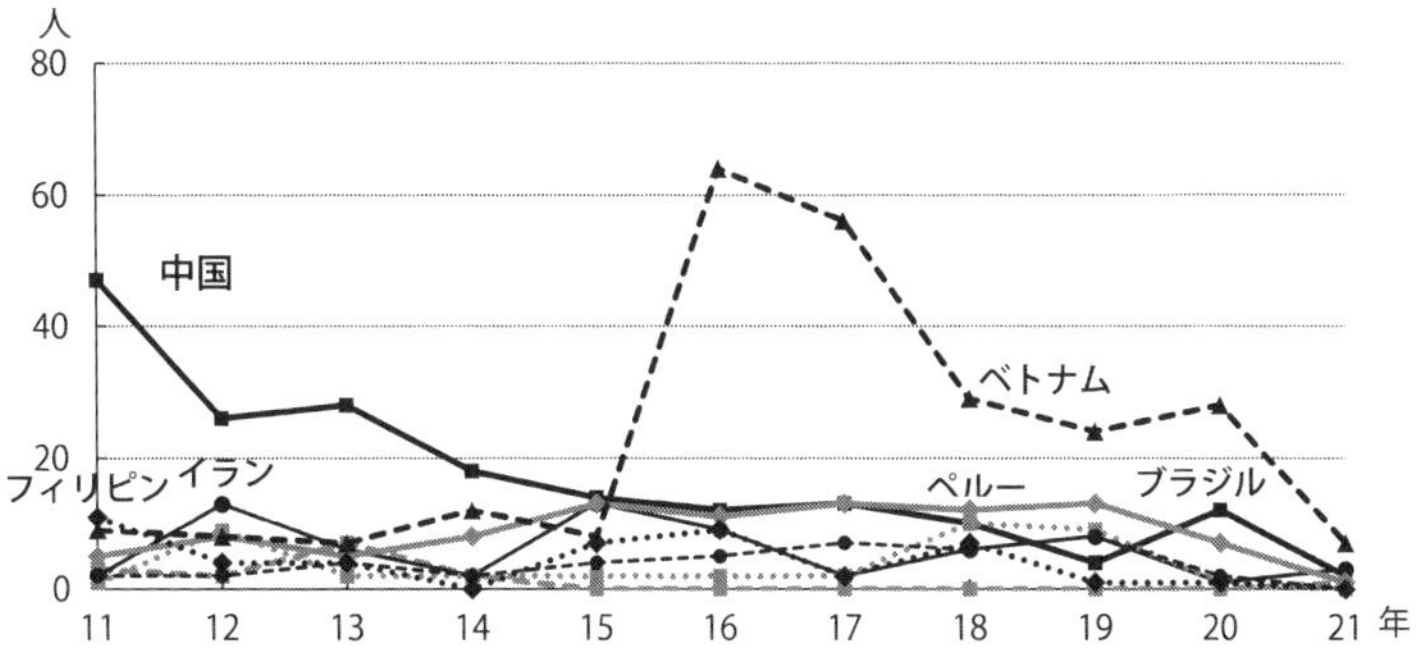

図8-9　庁外診療率

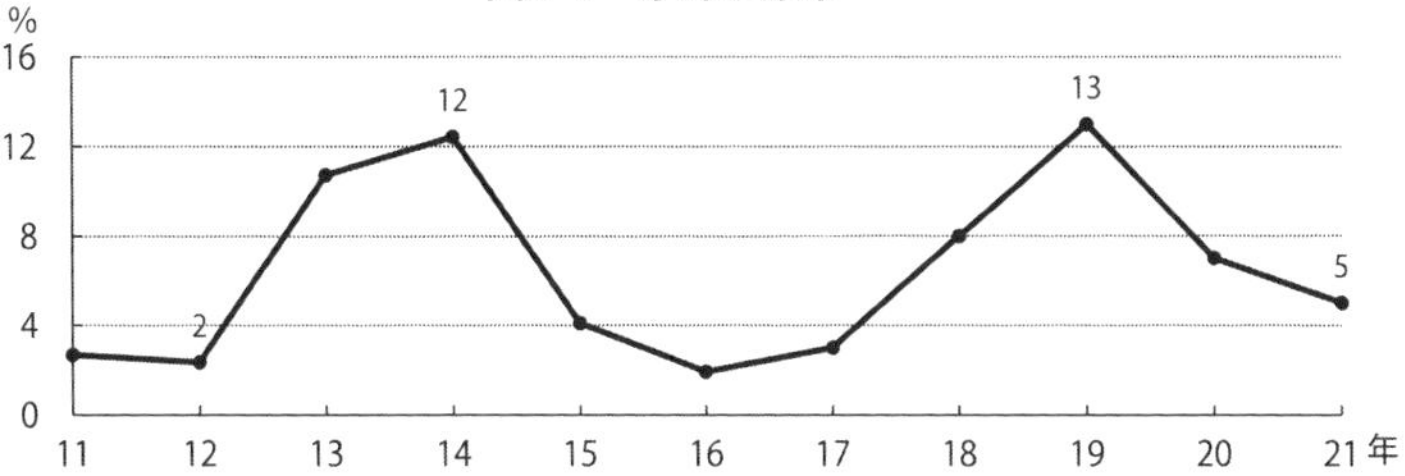

図8-10　仮放免許可率

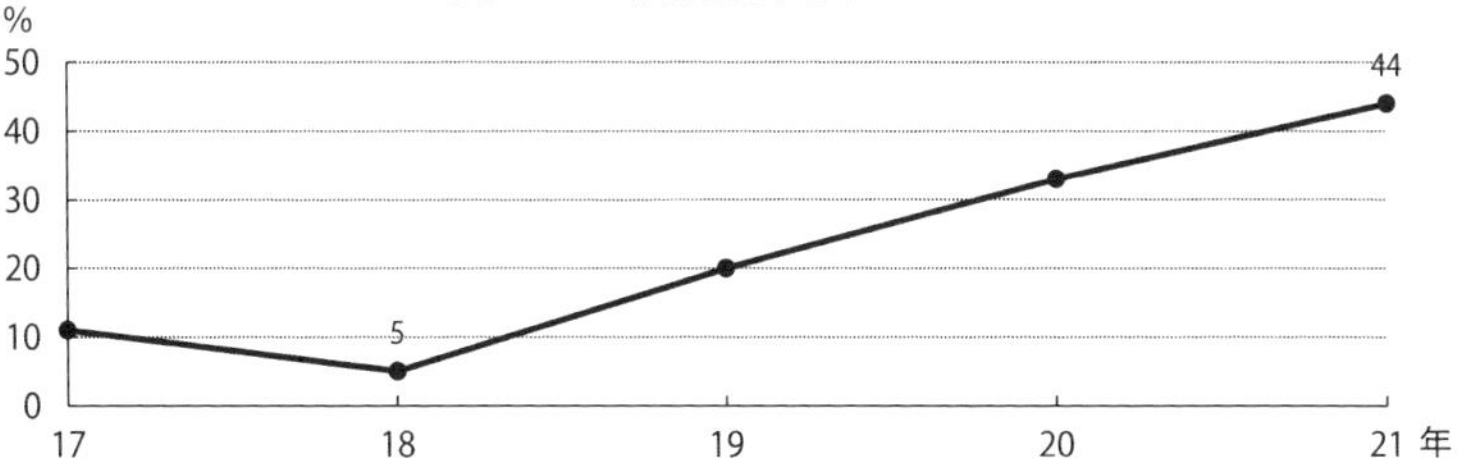

図8-11　送還率

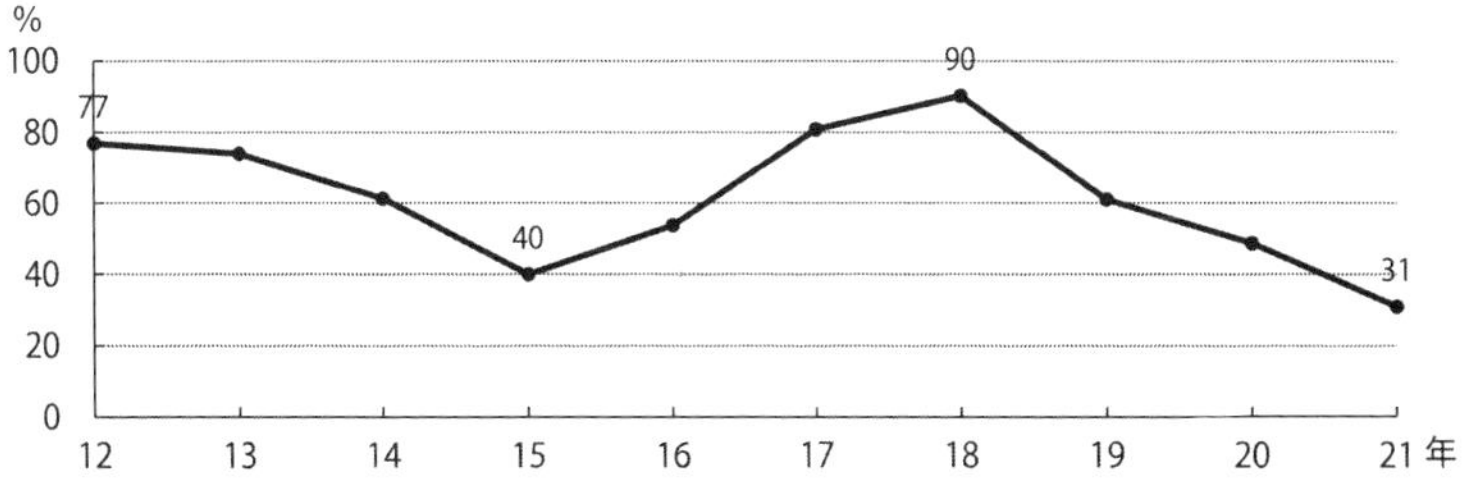

西日本入国管理センターの業務概況書

2001〜08年のうごき（表8－3）

２００８年の減少は、〝不法〟滞在者半減５年計画がその年に終了したためである。それ以外に、07年の大阪局新庁舎の開設、08年の名古屋局新庁舎の開設にともない、西日本入国管理センターへの移送が減少したからでもある。

２００４年から07年にかけての隔離件数は、同時期の東日本入国管理センターとくらべても、かなりおおい。それだけ暴力的制圧がさかんだったのだろう。

筆者の選択による特記事項および注釈

【２００１年】

- 精神疾患の患者の扱いが困難１件。
- 自殺１件。
- 入管職員によるセクハラで国家賠償請求１名。

 注：むかしから、セクハラ事件はおきていた。
- 問題とおもわれる疾患は、喘息11名、結核３名、妊娠６名。

 注：喘息をわずらっても、妊娠していても、収容はつづけられている。

表8-3　西日本入国センターの業務概況書より抜粋

	2001年	2002年	2003年	2004年	2005年	2006年	2007年	2008年
入所者数						2579	2389	813
平均日数					29	28	31	49
最長日数								
61日以上収容人数								
庁内診療件数	5733	5665	7852	4399	4795	3772	2468	2228
庁外診療件数				248	241	154	114	209
面会許可件数			11211	8523	10821	12432	12054	6090
通信件数			5361	5681	5654	6224	7269	5904
請願件数			28479	30007	28035	27974	24444	13009
仮放免						47	68	79
放免								
隔離件数（複数）　合計	16	10	49	102	74	76	52	22
他の被収容者への暴行								
職員への暴行								
職務執行反抗・妨害								
器物破損								
自損行為	1	4	4	0				
刑罰法令定職行為								
逃走を企てる								
かい具使用件数	7	5	9				1	
国費送還件数　合計						78	60	73
護送官付き						9	13	12
帰国（金なし）						69	47	61

【2002年】

・制圧時の肋骨骨折1件。

注：いつもの暴力的制圧が、たまたま表面化したのだろう。たいていはかくすのだが、業務概況書にあらわれるのは、たいへんめずらしい。ひょっとして黒ぬりをわすれた？

・自殺未遂4件。

・問題とおもわれる疾患は、喘息5名、妊娠10名。

【2003年】

・精神疾患患者3件。

・自殺未遂4件。

・急性虫垂炎1件。
・高齢者収容2件。
・問題とおもわれる疾患は、喘息12名、結核1名、妊娠2名。

【2004年】

・集団ハンスト行為、暴行、けんか事案が多数発生。
・国費送還27名。そのうちあばれたため搭乗拒否された2例がふくまれ、うち1例は船舶で護送官つきであらためて国費送還。
　注：あきらかな送還失敗例である。再送還の船では、あばれなかったのかしら?
・11月9日　収容期間が6ヶ月を超える収容者20名に健診（問診、血圧、検尿、血液検査、レントゲン検査）を実施、8名が拒否した。
　注：拒否したのは、おそらく入管の医療を信用していなかったからだろう。
・処遇困難例に対して、月2回のカウンセリングをおこなっている。
　注：収容環境が、精神状態を悪化させている。いくらカウンセリングをおこなったところで、精神の安定をえられるものではない。カウンセリングは、適切に対応していますよという口実でしかない。
・集団拒食[redacted]名。
　注：毎年どこかの収容所でハンガーストライキがおこなわれている。
・疾患：喘息114名、結核13名、妊娠5名。

注：西日本と大村の各入国管理センターに、結核患者がなんどか記載されている。潜在的に結核患者がたくさんいる証《あかし》である。また、収容環境はきわめて劣悪なので、喘息が誘発されやすい。喘息患者は、収容に適さない。

【2007年】

- 収容者の国籍は、中国742名、フィリピン303名、韓国283名、タイ50名、他は[redacted]。
- 支援団体関係が一斉面会。集会・講演会の申し入れをしている。
- 難民を主張する[redacted]人収容者の増加。

　注：文面から推察すると、〝偽装〟難民あつかいなのだろう。

- 07年2月から常駐の男性医師を採用し、5月から収容期間6ヶ月を超える収容者の健康診断の実施。
- 診療内容で、結核5名と妊娠6名が記載。
- 処遇での特異事案

　＊異物混入事案

　　注：よくある話。

　＊面会件数の急増に伴う対応措置

【2008年】

- 収容者の国籍は、中国181名、フィリピン137名、韓国23名、タイ6名、パキスタン6名、バン

図8−12　入所者数および出所者数

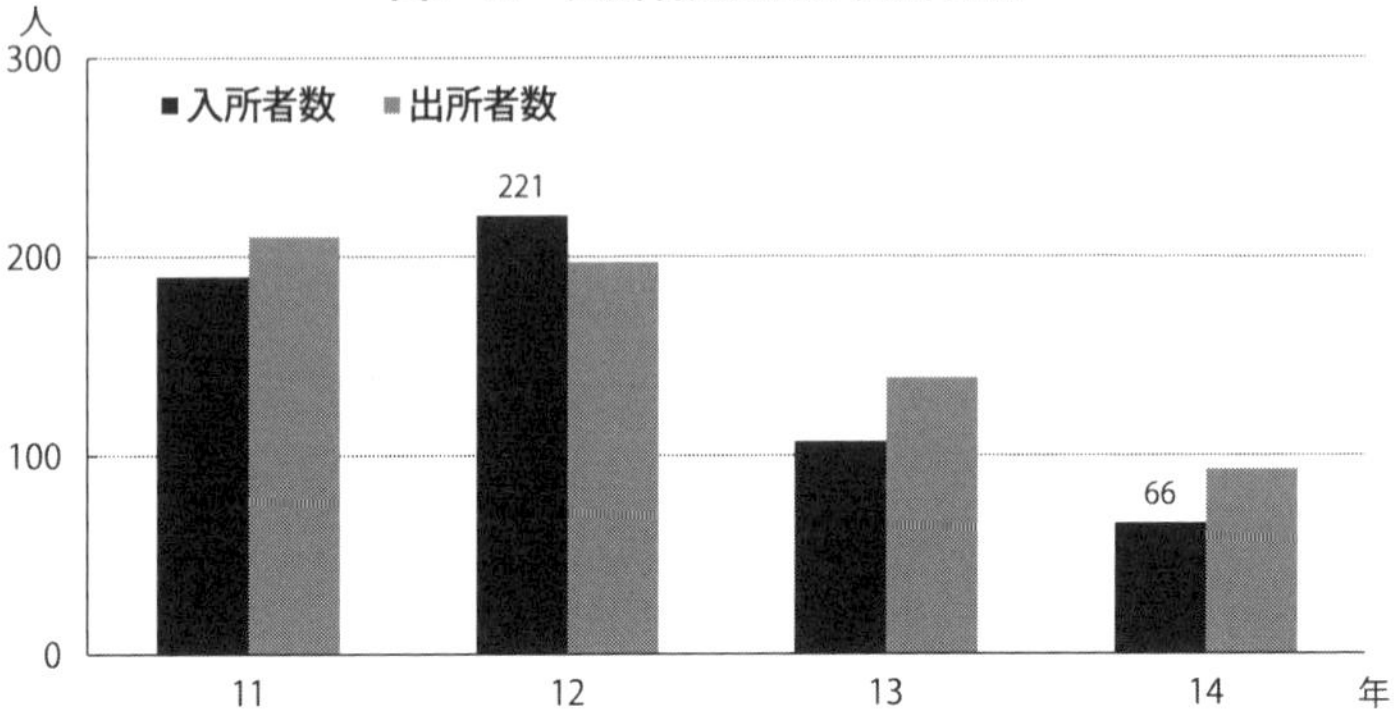

図8−13　一人あたりの平均収容日数

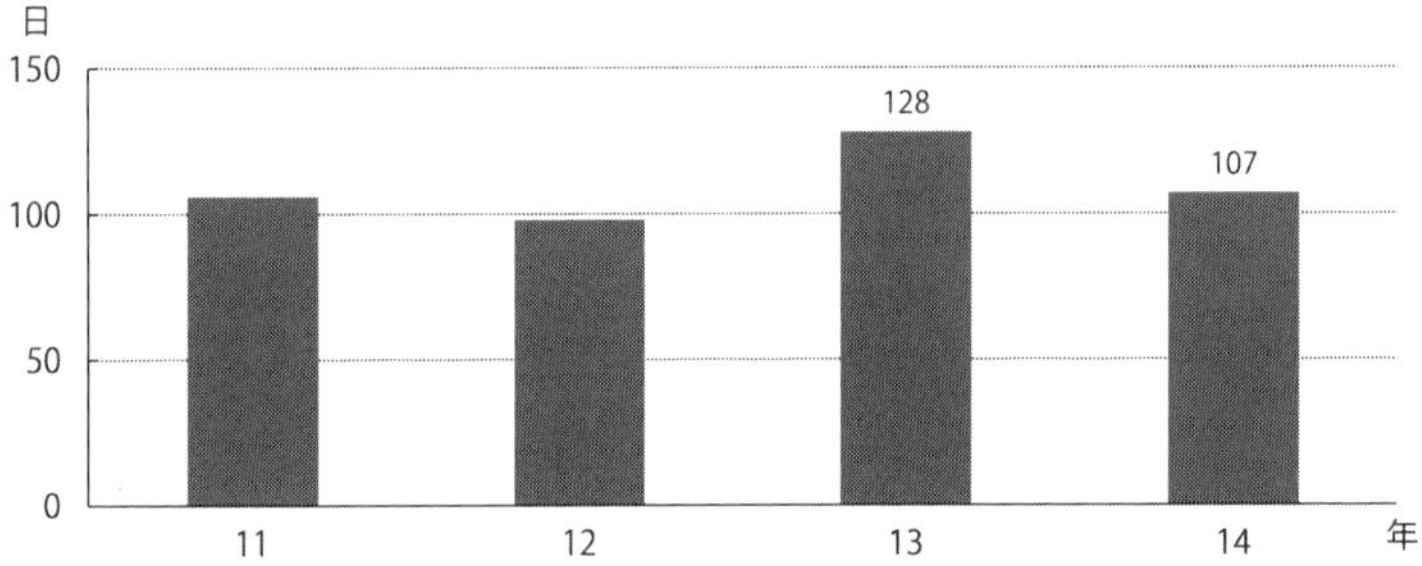

グラデシュ3名、あとは[redacted]。

・処遇での特異事案

＊元日に[redacted]人収容者の縊死事件

注：インド人の自殺である。

＊4月処方薬投与に係る過誤事案

注：前年につづいて、おきている。薬の管理がよほどズサンなのだろう。

＊3月に発生した収容者の騒じょう事件

注：各収容所では、ハンガーストライキ以外にも、騒ぎがなんども発生している。

2010～14年のうごき

入所者数は2012年の221人をピークに、その後は減少の一途をたどっている。閉鎖にむけて、縮小している（**図8−12**）。

ひとりあたりの平均収容日数は、100

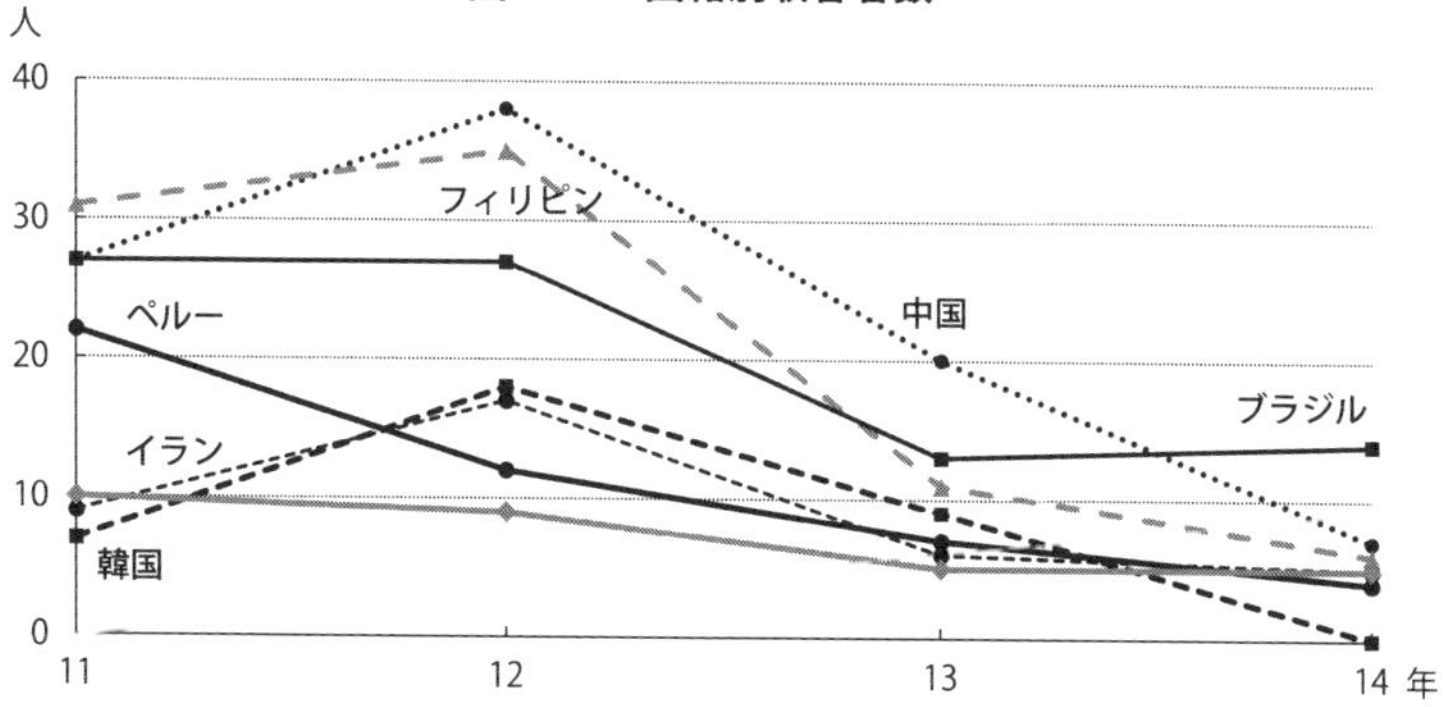

図8–14　国籍別収容者数

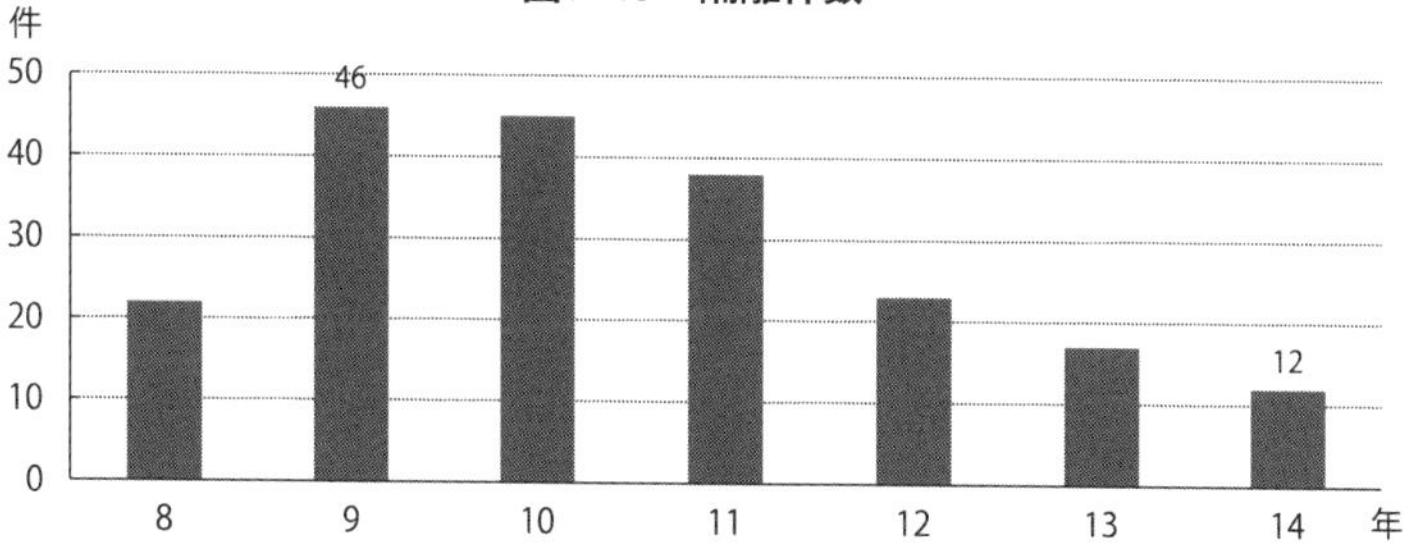

図8–15　隔離件数

日前後となっている（図8–13）。

国籍別では、2011年から14年にかけて、中国・フィリピン・ブラジル・ペルー出身者などが多数をしめていた（図8–14）。

隔離件数では、2009年の46件をピークに、減少している（図8–15）。

庁外診療率は、おおよそ10%前後となっている（図8–16）

送還率をみると、2011年以降さがりつづけている（図8–17）。

業務概況書の解読

西日本入国管理センターは2015年に閉鎖された。2012年の業務概況書には、縮小が「寝耳に水」としるされてある。現場の職員に閉鎖はしらされず、秘密裏にすすめられたようだ。法務官僚は、末端の入管職員にたいしても〝黒ぬり〟ですませ

図8-16　庁外診療率

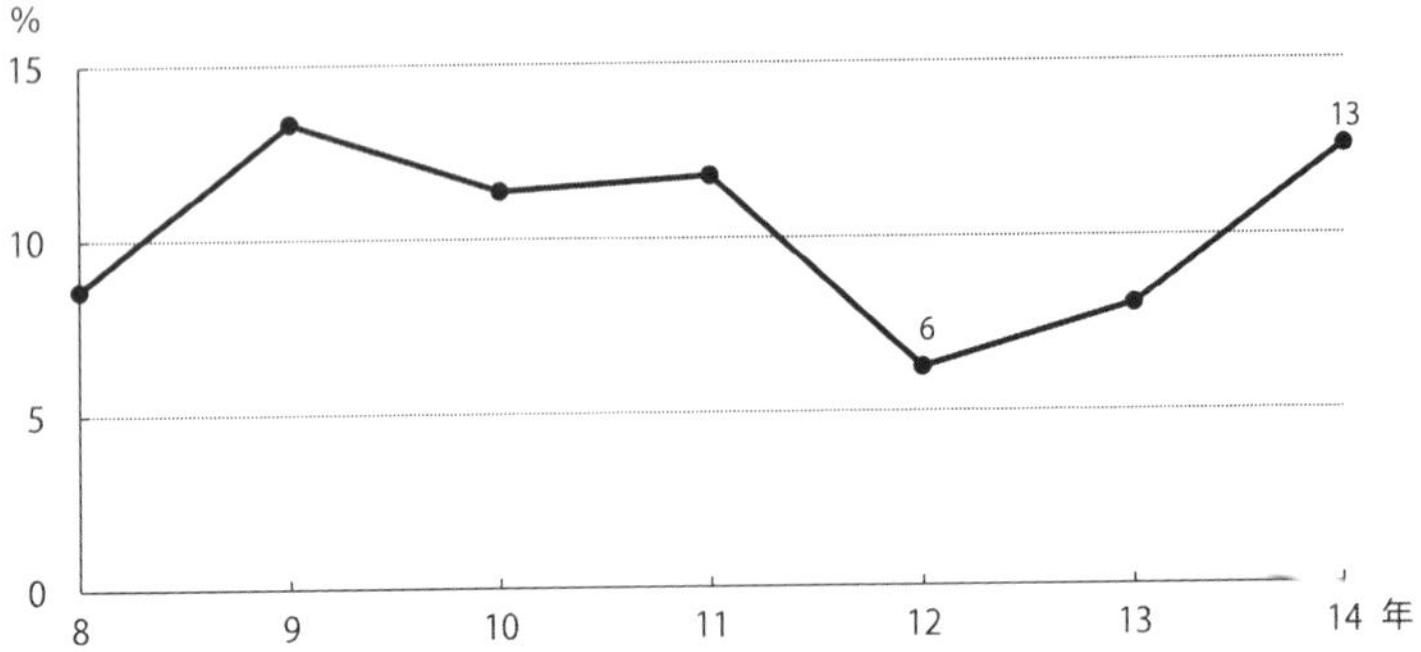

図8-17　送還率

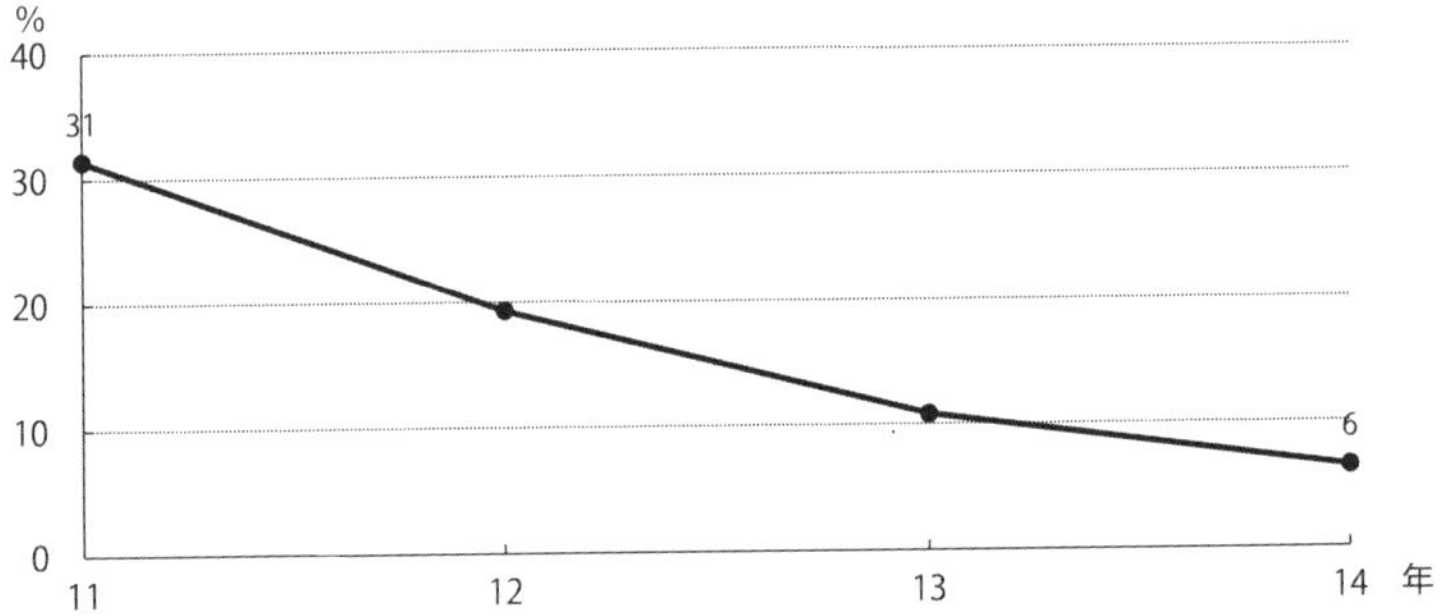

ていたようだ。

おそらく、センター閉鎖はその数年前から検討されていたのだろう。それにしても、効率を無視してまで、大村入国管理センターではなく、なぜ西日本入国管理センターが閉鎖されたのだろうか。いまだにナゾである。

また、２０１３年の業務概況書には、

> 被収容者、弁護士、支援者らは仮放免許可狙いの一環として、過大な罹病状況を訴えたり、被収容者及び外部支援者からの診療及び仮放免全般についての不満や要求を訴える者が後を絶たない状態となっている。

と記載されている。入管職員は、収容者の病状のうったえを「仮放免許可狙い」

としてうたがっている。これは、「詐病あつかい」とおなじ言動である。

しかも、不十分な医療体制を指摘する収容者・弁護士・支援者にたいして、迷惑がっているふしがある。職員は、収容者の病状悪化を入管みずからまねいた結果とおもわず、収容者や支援者に責任をおしつけている。

業務概況書をよむと、入管職員は支援者の動向を観察していることがうかがわれ、しかも入管職員の本音をつぶさにしることもできる。

おわりに

1980年に山形大学を卒業し、わたしは山形県の全日本民主医療機関連合会の病院で3年間の研修医時代をすごした。上司からきびしくきたえられたものの、ひろくあさい医療実践だったため、みたされないものがあった。そこで呼吸器疾患に的をしぼり、それをみきわめたいと希望したところ、東京都清瀬市にある結核研究所付属病院（現複十字病院）がこころよくうけいれてくれた。

夕方にルーチンの仕事をおえると、結核研究所の倉庫にむかった。その倉庫には、過去にあつかった数千例が保存されており、結核・肺ガン・喘息など呼吸器疾患の宝庫であった。管理責任者に過去の診療記録と胸部レントゲン写真をとりだしてもらい、丹念にその内容をひとつひとつ検討していった。

膨大な量のデータをみなおすという地道な作業であるが、苦痛はまったくかんじなかった。むしろ探求するおもしろさ、そして発見するよろこびをあじわった。データをまとめ、学会に発表し、論文もかきまくった。年輩の医師たちはイヤな顔ひとつせず、若輩の青年医師を指導した。そのおかげで、それまで身についていなかった文章作成や論理思考をみがくことができた。

今回、入管にかんする膨大な資料と情報をどのようにさばいてゆくのか、かんがえあぐねた。しかも、収容者に面会しても、録音や録画はいっさい禁止で、収容所はとざされた世界となっている。それでも、試行錯誤しつつ、わたしは作業にとりかかった。ひとつひとつ、地道に丹念にしらべてゆくほかなかった。

問題（病気）が発生する。移民・難民コミュニティや外国人収容所におもむき、彼／彼女らから状況を聞きとる（診察）。入管資料などの客観データ（検査）によって正確性をたかめる。そのうえで彼／彼女らの状態を分析（診断）し、必要な支援（治療）をほどこす。支援と並行して、移民・難民・収容者周辺の環境状況をくわしくしらべる（疫学調査）。膨大な情報を整理し、系統立て、分析する（調査結果の整理と分析）。そこから問題の根源をさぐり、問題の所在と責任をはっきりさせたうえで、改善にむけて努力する（提言）。そして、えられた調査結果をおおくの人びとにつたえる（報告）。一連の過程は、医療における診断・治療・予防・論文発表とかわるところはない。

外国人収容所や入管の病態を追求するさい、わたしは医療現場の実践からまなんだ方法を応用したのである。１９８０年代に結核研究所でやしなわれた経験が活かされているのを実感する。「探求するおもしろさ」と「発見するよろこび」は、もちろんあじわっている。

入管や外国人収容所をさぐっていくなかで、わたしは『解体新書』をふとおもいうかべた。18世紀に出版された人体解剖学の訳書である。辞書もないため、翻訳作業は困難をきわめた。それでも訳者たちは、ながい年月をかけて完成させた。

原著『ターヘル アナトミア』のみたこともない単語をひとつひとつ日本語におきかえるのは、入管の黒ぬり部分をはぎとる作業とおなじである。『解体新書』では、ページごとに精密な解剖図がえがかれている。わたしは本書に図表や写真をふんだんにとりいれ、入管や外国人収容所の解剖をこころみたつもりである。

移民・難民コミュニティでの診療や収容所での面会が出発点となっているのだが、病気のおおもとをたどれば、社会環境や収容環境のみならず、法律そして法を運用する入管体質が移民・難民・収容者の病気を生じさせ、悪化させているのがわかってくる。

外国人収容所とそれを運用する入管。そのしられざる暗闇の世界への探求は、収容所にとどまらず類似のほかの社会現象をみいだし、日本と世界の理解をふかめる知的行為にもなる。わたしは、脳細胞を刺激する営みをこれからもつづけるだろう。

わたしに収容者を紹介したのは、カトリック教会助祭の斉藤伸二さん（故人）、在日クルド人と共にの松澤秀延さん、牛久入管収容所問題を考える会の田中喜美子さん・細田三枝子さん・都留孝子さん・渡辺由美子さん・大滝妙子さん、外国人収容所を改善する会の片野正房さんと清水千亜紀さん、カトリック東京国際センターの大迫こずえさん、原町田教会牧師の宮島牧人さん、東京バプチスト教会牧師の渡辺聡さん、カトリック川口教会のシスター・マリア・ランさんである。彼／彼女らのながきにわたるたゆまぬ面会活動は、称賛にあたいする。それゆえ入管の〝ブラックリスト〟に登録されているのは、想像にかたくない。ここにあらためて感謝の意をあらわしたい。

ビルマ難民弁護団の渡邉彰悟弁護士、クルド難民弁護団の大橋毅弁護士および渡部典子弁護士、マイルストーン法律事務所の児玉晃一弁護士および駒井知会弁護士、外国人労働者弁護団の指宿昭一弁護士、芝浦法律事務所の小河宏美弁護士、恵比寿西法律事務所の高橋ひろみ弁護士などにもお世話になった。彼／彼女らは、入管の〝ブラックリスト〟上位にランクされる人たちである。

共同通信社の平野雄吾記者とは、外国人収容所の暴行被害者のみならず、ベトナムにおいて強制送還者の追跡や技能実習生の送りだし団体などの調査をいっしょにおこなった。平野記者の取材方法は事実をより正確に追求する姿勢につらぬかれ、しかも映画監督マイケル・ムーアなみの突撃取材だった。現在彼はイスラエル・エルサレムに赴任しているため、入管問題からはなれているが、入管の光栄ある〝ブラックリスト〟からまだ削除されていないだろう。日本では、メディアによる権力批判はきわめてとぼしい。もちあげ記事洪水のなかにあって、平野記者のジャーナリズム精神は健在であった。

本書の出版にあたっては、現代人文社の成澤壽信さんと西村吉世江さんにたいへんお世話になった。

山村淳平（やまむら・じゅんぺい）
1990年代にアジアやアフリカで被災民や難民への医療支援をおこなう。2000年代から現在まで横浜市の診療所で内科医としてつとめている。そのかたわら、日本の移民・難民の医療にたずさわっている。
著書に『壁の涙――法務省「外国人収容所」の実態』（共編著、現代企画室、2007年）、『難民への旅』（現代企画室、2010年）、『移民がやってきた――アジアの少数民族、日本での物語』（陳天璽との共著、現代人文社、2019年）等がある。

入管解体新書――外国人収容所、その闇の奥

2023年3月7日　第1版第1刷発行

著　者●山村淳平
発行人●成澤壽信
編集人●西村吉世江
発行所●株式会社 現代人文社
〒160-0004 東京都新宿区四谷2-10 八ッ橋ビル7階
電話: 03-5379-0307（代表）/ FAX: 03-5379-5388
Eメール: henshu@genjin.jp（編集）/ hanbai@genjin.jp（販売）
発売所●株式会社 大学図書
印刷所●株式会社 平河工業社
装　丁●野田雅也

検印省略　Printed in JAPAN
ISBN978-4-87798-830-2 C0036